御纂周易折中

影印本

㈠

（清）李光地 撰

九州出版社
JIUZHOUPRESS

圖書在版編目（CIP）數據

御纂周易折中 /（清）李光地撰 . -- 影印本 . -- 北京：九州出版社，2024.7
ISBN 978-7-5225-1264-8

Ⅰ . ①御… Ⅱ . ①李… Ⅲ . ①《周易》－研究 Ⅳ . ① B221.5

中國版本圖書館 CIP 數據核字 (2022) 第 190220 號

御纂周易折中

作　　者　（清）李光地　撰
責任編輯　黃瑞麗
裝幀設計　吕彦秋
出版發行　九州出版社
地　　址　北京市西城區阜外大街甲 35 號（100037）
發行電話　（010）68992190/3/5/6
網　　址　www.jiuzhoupress.com
電子信箱　jiuzhou@jiuzhoupress.com
印　　刷　三河市東方印刷有限公司
開　　本　787 毫米 ×1092 毫米　32 開
印　　張　63.25
字　　數　600 千字
版　　次　2024 年 7 月第 1 版
印　　次　2024 年 7 月第 1 次印刷
書　　號　ISBN 978－7－5225－1264－8
定　　價　248.00 元

【出版説明】

《御纂周易折中》乃『御纂七經』之第一部，成書于清康熙五十四年。本書由康熙皇帝下詔編纂，文淵閣大學士李光地總裁修訂，共輯録二百一十八位易學名家之説，上自漢晋，下迄元明，使二千年易道淵源皆可覽見。作爲清代官方易學的集大成之作，本書自問世後，便作爲士子讀易的欽定教科書而頒賜各級學校，流傳甚廣。

李光地（一六四二——一七一八），字晋卿，號榕村，福建安溪人，康熙九年進士。康熙四十四年冬，拜文淵閣大學士。康熙五十二年，奉敕編纂《周易折中》《朱子全書》《性理精義》等。康熙五十七年五月，卒于官，謚號『文貞』。

此次影印以康熙五十四年内府刻本爲底本，按底本原貌單頁影印，對頁面不做描補，底本圖文模糊、變形處不做修改，以期最大限度保留底本原貌。

九州出版社

【总目録】

一

二

【本冊目錄】

引用姓氏

漢

董氏仲舒

孔氏安國 子國

司馬氏遷 子長

京氏房 君明

劉氏向 子政

揚氏雄 子雲

班氏固 孟堅

馬氏融 季長

服氏虔 子慎

御纂周易折中 姓氏

荀氏爽 慈明 一名諝

鄭氏玄 康成

宋氏衷 仲子 一作忠

虞氏翻 仲翔

陸氏績 公紀

王氏肅 子邕

姚氏信 德祐

王氏弼 輔嗣

翟氏子玄 未詳世次見荀爽九家易今附於此

晉

干氏寶 令升

范氏長生 蜀才 一名賢

韓氏伯 康伯

齊

沈氏驎士 雲禎

北魏

關氏朗 子明

隋

王氏通 仲淹 文中子

唐

陸氏玄朗 德明

孔氏穎達 仲達 一作沖遠

房氏喬　玄齡

侯氏行果　李鼎祚集解作侯果

陸氏贄　敬輿

韓氏愈　退之

王氏凱沖

崔氏憬

李氏鼎祚

以上二人未詳世次見李鼎祚集解今附於此

陸氏希聲　君陽遯叟

劉氏蛻　復愚

宋

王氏昭素　酸棗

句氏微

代氏淵 仲顏

范氏仲淹 希文

劉氏牧 長民

胡氏瑗 翼之 安定

王氏逢 會之

石氏介 守道 徂徠

歐陽氏脩 永叔 廬陵

蘇氏舜欽 子美

周子敦頤 茂叔 濂溪

邵子雍 堯夫 康節

王氏安石 介甫 臨川

司馬氏光 君實 涑水

張子載 子厚 橫渠

程子顥 伯淳 明道

程子頤 正叔 伊川

蘇氏軾 子瞻 東坡

呂氏大臨 與叔 藍田

楊氏繪 元素

陸氏佃 農師

沈氏括 存中

晁氏說之 以道 嵩山

龔氏 原 深父 括蒼

薛氏 溫其

盧氏

集氏

以上三人未詳世次見房審權義海今附於此

謝氏 良佐 顯道 上蔡

游氏 酢 定夫 廣平

楊氏 時 中立 龜山

尹氏 焞 彥明 和靖

郭氏 忠孝 立之 兼山

耿氏 南仲 希道 開封

李氏 元量

閻氏 彥升

李氏 彥章 元達

李氏 開 去非 小舟

張氏 浚 德遠 紫巖

劉氏 子翬 彥沖 屏山

鄭氏 剛中 亨仲

沈氏 該 守約

朱氏 震 子發 漢上

郭氏 雍 子和 白雲

程氏 迥 可久 沙隨

鄭氏 東卿 少梅 合沙

鄭氏汝諧　舜舉　東谷
楊氏萬里　庭秀　誠齋
蘭氏廷瑞　惠卿
馮氏當可　時行　縉雲
王氏宗傳　景孟　童溪
林氏栗　黄中
袁氏樞　機仲　梅巖
鄭氏樵　漁仲　夾漈
朱子熹　元晦　紫陽
張氏栻　敬夫　南軒
呂氏祖謙　伯恭　東萊

陸氏九淵 子靜 象山
李氏舜臣 子思 隆山
項氏安世 平父 平庵
易氏祓 彥章 山齋
趙氏彥肅 子欽 復齋
蔡氏元定 季通 西山
陳氏淳 安卿 北溪
黃氏榦 直卿 勉齋
董氏銖 叔重 盤澗
陳氏埴 器之 潛室
楊氏簡 敬仲 慈湖

蔡氏淵 伯靜 節齋
李氏過 季辦 西溪
馮氏椅 儀之 厚齋
毛氏璞 伯玉
柴氏中行 與之
眞氏德秀 希元 西山
魏氏了翁 華父 鶴山
趙氏汝騰 茂實
趙氏汝楳
李氏心傳 微之 秀巖
劉氏彌劭 壽翁 習靜

御纂周易折中 姓氏

錢氏 時 子是 融堂

饒氏 魯 仲元 雙峯

税氏 與權 巽父

潘氏 夢旂 天錫

楊氏 文煥 彬夫 釋褐

徐氏 幾 子與 進齋

翁氏 泳 永叔 思齋

丘氏 富國 行可 建安

吴氏 綺 終畝

田氏 疇 典齋 雲閒

徐氏 直方 立大 古爲

陳氏友文 隆山
王氏應麟 伯厚 深寧叟
吳氏應回
鄭氏湘鄉
陳氏
劉氏
董氏
楊氏
鄭氏
以上五人未詳世次或失其名字今附於此

金

單氏渢

雷氏思 西仲

元

許氏衡 平仲 魯齋

李氏簡 蒙齋

王氏申子 巽卿 秋山

熊氏朋來 與可

胡氏方平 師魯 玉齋

吴氏澄 幼清 草廬 臨川

龔氏煥 幼文 泉峰

胡氏允 潛齋

齊氏夢龍 覺翁 節初

胡氏一桂 庭芳 雙湖
鮑氏雲龍 景翔 魯齋
徐氏之祥 麒父 方塘
胡氏炳文 仲虎 雲峯
張氏清子 希獻 中溪
熊氏良輔 任重 梅邊
萬氏善 明復
余氏芑舒 德新 息齋
龍氏仁夫 觀復
黃氏瑞節 觀樂
董氏眞卿 季眞 番陽

保氏八 公孟 普庵

俞氏琰 玉吾 石澗

明

梁氏寅 孟敬 石門

蔣氏悌生 仁叔

薛氏瑄 德溫 敬軒

劉氏定之 主靜 保齋

胡氏居仁 叔心 敬齋

蔡氏清 介夫 虛齋

邵氏寶 國賢 二泉

林氏希元 懋貞 次厓

陳氏琛 思獻 紫峯

余氏本 子華

金氏賁亨 汝白

豐氏寅初 復初

葉氏良佩 敬之

姜氏寶 廷善 鳳阿

楊氏時喬 宜遷 止庵

歸氏有光 熙甫 震川

趙氏玉泉

沈氏一貫 肩吾 蛟門

錢氏一本 國瑞 啓新

唐氏鶴徵 元卿 凝庵

高氏萃

蘇氏濬 君禹 紫溪

顧氏憲成 叔時 涇陽

鄭氏維嶽 孩如

姚氏舜牧 虞佐 承庵

潘氏士藻 去華 雪松

高氏攀龍 存之 景逸

許氏聞至 長聖

焦氏竑 弱侯 澹渏

陸氏銓 君啓

來氏知德　矣鮮　瞿唐
章氏潢　本清
江氏盈科　楚餘　綠蘿
方氏時化　雨若
楊氏啓新　文源
趙氏光大
陸氏振奇　庸成
繆氏昌期　當時　西谿
方氏應祥　孟旋
陳氏仁錫　明卿
張氏振淵　彥陵

谷氏 家杰 拙侯
喬氏 中和 還一
何氏 楷 玄子
黃氏 淳耀 蘊生 陶庵
錢氏 志立 爾卓
趙氏 振芳 胥山
徐氏 在漢 天章 寒泉
顧氏 象德 善伯
錢氏 澄之 幼光
吳氏 曰慎 徽仲 敬齋
葉氏 爾瞻

汪氏 砥之

程氏 敬承

張氏 雨若

孫氏 質卿

吴氏 一源

汪氏 咸池

盧氏 中庵

郭氏 鵬海

游氏 讓溪 以上十人未詳世次或失其名字今附於此

御纂周易折中

綱領一　此篇論作易傳易源流

周禮大卜掌三易之灋。一曰連山。二曰歸藏。三曰周易。其經卦皆八。其別皆六十有四。○陸氏德明曰。宓犧氏之王天下。仰則觀於天文。俯則察於地理。觀鳥獸之文。與地之宜。近取諸身。遠取諸物。始畫八卦。因而重之爲六十四。文王拘於羑里作卦辭。周公作爻辭。孔子作彖辭象辭文言繫辭說卦序卦雜卦十翼。班固曰。孔子晚而好易。讀之韋編三絕。而爲之傳。傳卽十翼也。自曾商瞿子木受易於孔子。以授魯橋庇子庸。子庸授江東馯臂子弓。子弓授燕周醜子家。子家授東武孫虞子乘。子乘授齊田何子莊。及秦燔書。易爲卜筮之書。獨不禁。故傳授者不絕。隋書云。秦焚書。周易獨以卜筮得存。惟失說卦三篇。後河內女子得之。漢興。田何以齊田徙杜陵。號杜田生。授東武王同子中。及洛陽周王孫。梁人丁寬。齊服生。皆著易傳。漢初言易者本之田生。同授淄川楊何。寬授同郡碭田王孫。王孫授施讎及孟喜梁丘賀。由是有施孟梁丘之學焉。施讎傳易授張禹及琅邪魯伯。禹授淮陽彭宣及沛戴崇。伯授太山屯莫如及琅邪邴丹。後漢劉昆受施氏易於沛人戴賓其子軼。孟喜父孟卿善爲禮春秋。孟卿以禮經多。春秋繁雜。乃使喜從田王孫受易。喜爲易章句。授同郡白光及沛翟牧。後漢洼丹鮭陽鴻任安皆傳孟氏易。梁丘賀本從太中大夫京房受易。後更事田王孫。傳子臨。臨傳五鹿充宗及琅邪王駿。充宗授平陵士孫張及沛鄧彭祖齊衡咸。後漢苑升傳梁丘易。以授京兆楊政。又潁川張興傳梁丘易。弟子著錄且萬人。子魴傳其業。京房受易梁人焦延壽。延壽云嘗從孟喜問易。房以延壽易即孟氏學。翟牧白生不肯曰非也。房爲易章句。說長於災異。以授東海段嘉及河東姚平河南乘弘。皆爲郎博士。由是前漢多京氏學。後漢戴馮孫期魏滿並傳之。費直傳易授琅邪王璜。爲費氏學。本以古字。號古文易。無章句。徒以彖象繫辭文言解說上下經。漢成帝時。劉向典校書。考易說。以爲諸易家說皆祖田何楊叔元丁將軍大義畧同唯京氏爲異向又以中古文易經校施孟梁丘三家之易經或脫去无咎悔亡唯費氏經與古文同范氏後漢書云京兆陳元扶風馬融河南鄭衆北海鄭康成潁川荀爽並傳費氏易沛人高相治易與費直同時其易亦無章句專說陰陽災異自言出丁將軍傳至相相授子康及蘭陵毋將永爲高氏學漢初立易楊氏博士宣帝復立施孟梁丘之易元帝又立京氏易費高二家不得立民間傳之後漢費氏興而高氏遂微永嘉之亂施氏梁丘之易亡孟京費之易人無傳者唯鄭康成王輔嗣所注行於世而王氏爲世所重其繫辭以下王不注相承以韓康伯注續之○孔氏穎達曰繫辭

云。河出圖洛出書聖人則之。故孔安國馬融王肅姚信等並云。伏犧得河圖而作易。是則伏犧雖得河圖。復須仰觀俯察。以相參正。然後畫卦。伏犧初畫八卦。萬物之象。皆在其中。故繫辭曰。八卦成列。象在其中矣。是也。雖有萬物之象。其萬物變通之理。猶自未備。故因其八卦而更重之。卦有六爻。遂重爲六十四卦也。繫辭曰。因而重之。爻在其中矣。是也。然重卦之人。諸儒不同。凡有四說。王輔嗣等以爲伏犧重卦。鄭康成之徒以爲神農重卦。孫盛以爲夏禹重卦。史遷等以爲文王重卦。其言夏禹及文王重卦者。案繫辭。神農之時。已有蓋取益與噬嗑。以此論之。不攻自破。其言神農重卦。亦未爲得。今依輔嗣以伏犧既畫八卦。即自重爲六十四卦。爲得其實。其重卦之意。備在說卦。此不具敘伏犧之時。道尚質素。畫卦重爻。足以垂法。後代澆訛。德不如古。爻象不足以爲教。故作繫辭以明之。○桉周禮大卜三易。一曰連山。二曰歸藏。三曰周易。杜子春云。連山伏犧。歸藏黃帝。鄭康成易贊及易論云。夏曰連山。殷曰歸藏。周曰周易。鄭康成又釋云。連山者。象山之出雲。連連不絕。歸藏者。萬物莫不歸藏於其中。周易者。言易道周普。無所不備。康成雖有此釋。更無所據之文。先儒因此遂爲文質之義。皆繁而無用。今所不取。桉世譜等羣書。神農一曰連山氏。亦曰列山氏。黃帝一曰歸藏氏。既連山歸藏並是代號則周易稱周取岐陽地名毛詩云周原膴膴是也又文王作易之時正在羑里周德未興猶是殷世也故題周別於殷以此文王所演故謂之周易猶周書周禮題周以別餘代也○其周易繫辭凡有二說一說卦辭爻辭並是文王所作知者桉繫辭云易之興也其於中古乎作易者其有憂患乎又曰易之興也其當殷之末世周之盛德邪當文王與紂之事邪故史遷云文王囚而演易即是作易者其有憂患乎鄭學之徒並依此說二以爲驗爻辭多是文王後事桉升卦六四王用亨于岐山武王克殷之後始追號文王爲王若爻辭是文王所制不應云王用亨于岐山又明夷六五箕子之明夷武

王觀兵之後箕子始被囚奴文王不宜豫言箕子之明夷又左傳韓宣子適魯見易象云吾乃知周公之德周公被流言之謗亦得爲憂患也驗此諸說以爲卦辭文王爻辭周公馬融陸績等並同此說今依而用之所以只言三聖不數周公者以父統子業故也然則易之爻辭蓋亦是文王本意故但言文王也○其彖象等十翼之辭以爲孔子所作先儒更無異論但數十翼亦有多家既文王易經本分爲上下二篇則區域各別彖象釋卦亦當隨經而分故一家數十翼云上彖一下彖二上象三下象四上繫五下繫六文言七說卦八序卦九雜卦十鄭學之徒並同此說今亦依之○晁氏說之曰漢

藝文志易經十二篇。施孟梁丘三家。顔師古曰。上下經及十翼故十二篇。是則彖象文言繫辭。始附卦爻而傳於漢與。先儒謂費直專以彖象文言參解易爻。以彖象文言雜入卦中者。自費氏始。其初費氏不列學官。惟行民閒。至漢末陳元鄭康成之徒學費氏。古十二篇之易遂亡。孔穎達又謂輔嗣之意。彖本釋經。宜相附近。分爻之象辭。各附當爻。則費氏初變亂古制時。猶若今乾卦彖象繫卦之末與。古經始變於費氏。而卒大亂於王弼。惜哉。奈何後之儒生。尤而效之。杜預分左氏傳於經。宋衷范望輩散太玄贊與測於八十一首之下。是其明比也。揆觀其初。乃如古文尚書司馬遷班固序傳揚雄法言序篇云爾。今民閒法言列序篇於其篇首。與學官書不同。槩可見也。唐李鼎祚又取序卦冠之卦首。則又效小王之過也。劉牧云小象獨乾不係於爻辭尊君也。石守道亦曰。孔子作彖象於六爻之前。小象係逐爻之下。惟乾悉屬之於後者讓也。嗚呼。他人尚何責哉 ○ 朱子門人問伏羲始畫八卦。其六十四者。是文王後來重之邪。抑伏羲已自畫邪。看先天圖。則有八卦便有六十四。疑伏羲已有畫矣。曰周禮言三易經卦皆八。其別皆六十有四。便見不是文王漸畫。又問然則六十四卦名是伏羲元有。抑文王所立。曰此不可攷。子善問據十三卦所言。恐伏羲時已有。曰十三卦所謂蓋取諸離蓋取諸

益者言結繩而爲網罟有離之象非覩離而始有此也

○古文周易經傳十二篇東萊呂祖謙伯恭父之所定而音訓一篇則其門人金華王莘叟所筆受也某嘗以爲易經本爲卜筮而作皆因吉凶以示訓戒故其言雖約而所包甚廣夫子作傳亦畧舉其一端以見凡例而已然自諸儒分經合傳之後學者便文取義往往未及玩心全經而遽執傳之一端以爲定說於是一卦一爻僅爲一事而易之爲用反有所局而無以通乎天下之故若是者某蓋病之是以三復伯恭父之書而有發焉非特爲其章句之近古而已也

○呂氏祖謙曰漢興言易者六家獨費氏傳古文易而不立於學官劉向以中

古文易經校施孟梁丘經。或脱去无咎悔亡。惟費氏經與古文同。然則眞孔氏遺書也。東京馬融鄭康成皆爲費氏學。其書始盛行。今學官所列王弼易。雖宗莊老。其書固鄭氏書也。費氏易在漢諸家中最近古。最見排擯。千載之後。巋然獨存。豈非天哉。自康成輔嗣合彖象文言於經。學者遂不見古本。近世嵩山晁氏編古周易。將以復於其舊。而其刊補離合之際。覽者或以爲未安。祖謙謹因晁氏書參考傳記。復定爲十二篇。篇目卷帙。一以古爲斷。○文王卦下之辭謂之彖。孔子序述其彖之意而已。故名其篇曰彖。使文王卦下之辭不謂之彖。孔子何爲言知者觀其彖辭則思過半矣。爻下辭謂之象。

爻辭多文王後事故諸說皆以爲爻辭出於周公大象卦畫是也天地水火雷風山澤觀卦畫則見其象也大象之辭如天行健君子以自彊不息之類小象釋周公之辭如潛龍勿用陽在下也之類皆象之傳也經文王周公所作也傳孔子所作也司馬談論六經要指引天下同歸而殊塗一致而百慮謂之易大傳班固謂孔子晚而學易讀之韋編三絕而爲之傳傳卽十翼也前漢六經與傳皆別行至後漢諸儒作註始合經傳爲一耳魏高貴鄉公問博士淳于俊曰今彖象不連經文而注連之何也俊對曰鄭康成合彖象於易者欲使學者尋省易了孔子恐其與文王相亂是以不合則鄭未注六

經之前。彖象不連經文矣。自鄭康成合彖象於經。故加彖曰象曰以別之。諸卦皆然。○稅氏與權曰。按呂汲公元豐壬戌昉刻周易古經十二篇於成都學官。景迂晁生建中靖國辛巳并爲八篇。號古周易。繕寫而藏於家。巽巖李文簡公紹興辛未謂北學各有師授。經名從呂。篇第從晁。而重刻之。逮淳熙壬寅。新安朱文公表出東萊呂成公古文周易經傳音訓。迺謂編古易自晁生始。豈二公或不見汲公蜀本與。然成公則議晁生并上下經爲非。而文公易本義。則篇第與汲公暗合。○王氏應麟曰。說卦釋文引荀爽九家集解。得八卦逸象三十有一。隋唐志十卷。唯釋文序錄列九家名氏。云不知何人所集稱荀爽者以爲主故也其序有荀爽京房馬融鄭康成宋衷虞翻陸績姚信翟子玄爲易義注內又有張氏朱氏並不詳何人荀悅漢紀云馬融著易解頗生異說爽著易傳據爻象承應陰陽變化之義以十篇之文解說經意由是兖豫言易者咸傳荀氏學今其說見於李鼎祚集解

綱領二

此篇論易道精縕經傳義例

司馬氏遷曰易本隱以之顯春秋推見至隱○班氏固曰六藝之文樂以和神詩以正言禮以明體書以廣聽春秋以斷事五者蓋五常之道相須而備而易爲之原故曰易不可見則乾坤或幾乎息矣言與天地爲終始

也。○王氏弼曰。夫彖者何也。統論一卦之體。明其所由之主者也。故六爻相錯。可舉一以明也。剛柔相乘。可立主以定也。自統而尋之。物雖衆。則知可以執一御也。由本以觀之。義雖博。則知可以一名舉也。故舉卦之名。義有主矣。觀其彖辭。則思過半矣。一卦五陽而一陰。則一陰爲之主。五陰而一陽。則一陽爲之主。夫陰之所求者陽也。陽之所求者陰也。陽苟一焉。五陰何得不同而歸之。陰苟隻焉。五陽何得不同而從之。故陰爻雖賤。而爲一卦之主者。處其至少之地也。或有遺爻而舉二體者。卦體不由乎爻也。繁而不憂亂。變而不憂惑。約以存博。簡以濟衆。其唯彖乎。○夫爻者何也。言乎變者也。變者何也。情僞之所爲也。是故情僞相感。遠近相追。愛惡相攻。屈伸相推。非天下之至變。其孰能與於此哉。是故卦以存時。爻以示變。○夫卦者時也。爻者適時之變者也。時有否泰。故用有行藏。卦有小大。故辭有險易。一時之制。可反而用也。一時之吉。可反而凶也。故卦以反對而爻亦皆變。尋名以觀其吉凶。舉時以觀其動靜。則一體之變。由斯見矣。夫應者同志之象也。位者爻所處之象也。承乘者逆順之象也。遠近者險易之象也。內外者出處之象也。初上者終始之象也。故觀變動者存乎應。察安危者存乎位。辨逆順者存乎承乘。明出處者存乎內外。遠近終始。各存其會。辟險尚遠。趣時貴近。比復好先。

乾壯惡首。吉凶有時。不可犯也。動靜有適。不可過也。犯時之忌。罪不在大。失其所適。過不在深。觀爻思變。變斯盡矣。○夫象者出意者也。言者明象者也。盡意莫若象。盡象莫若言。言生於象。故可尋言以觀象。象生於意。故可尋象以觀意。意以象盡。象以言著。故言者所以明象。得象而忘言。象者所以存意。得意而忘象。存言者非得象者也。存象者非得意者也。象生於意而存象焉。則所存者乃非其象也。言生於象而存言焉。則所存者乃非其言也。然則忘象者乃得意者也。忘言者乃得象者也。爻苟合順。何必坤乃爲牛。義苟應健。何必乾乃爲馬。而或者定馬於乾。案文責卦。有馬無乾。則僞說滋漫。難可

紀矣互體不足遂及卦變變又不足推致五行一失其
原巧喻彌甚縱復或値義無所取蓋存象忘意之由也
忘象以求其意義斯見矣○桉彖無初上得位失位之
文又繫辭但論三五二四同功異位亦不及初上何乎
唯乾上九文言云貴而无位需上六云雖不當位若以
上爲陰位邪則需上六不得云不當位也若以上爲陽
位邪則乾上九不得云貴而无位也陰陽處之皆云非
位而初亦不說當位失位也然則初上者是事之終始
無陰陽定位也故乾初謂之潛過五謂之无位未有處
其位而云潛有位而云无者也歷觀衆卦盡亦如之初
上無陰陽定位亦以明矣位者列貴賤之地待才用之

宅也。爻者守位分之任。應貴賤之序者也。位有尊卑。爻有陰陽。尊者陽之所處。卑者陰之所履也。故以尊爲陽位。卑爲陰位。去初上而論位分。則三五各在一卦之上。亦何得不謂之陽位。二四各在一卦之下。亦何得不謂之陰位。初上者。體之終始。事之先後也。故位無常分。事無常所。非可以陰陽定也。尊卑有常序。終始無常主。故繫辭但論四爻功位之通例。而不及初上之定位也。然事不可無終始。卦不可無六爻。初上雖無陰陽本位。是終始之地也。統而論之。爻之所處則謂之位。卦以六爻爲成。則不得不謂之六位時成也。○凡彖者。統論一卦之體者也。象者。各辨一爻之義者也。故履卦六三爲兌之主以應於乾成卦之體在斯一爻故彖敘其應雖危而亨也象則各言六爻之義明其吉凶之行去六三成卦之體而指說一爻之德故危不獲亨而見咥也訟之九二亦同斯義一卦之體必由一爻爲主則指明一爻之美以統一卦之義大有之類是也卦體不由乎一爻則全以二體之義明之豐卦之類是也○薛收問一卦六爻之義王氏通曰卦也者著天下之時也爻也者做天下之動也趨時有六動焉吉凶悔吝所以不同也收曰敢問六爻之義曰六者非他也三才之道誰能過乎○孔氏穎達曰易者變化之總名改換之殊稱自天地開闢陰陽運行寒暑迭來日月更出孚萌庶類亭毒羣

品新新不停生生相續莫非資變化之力換代之功然
變化運行在陰陽二氣故聖人初畫八卦設剛柔兩畫
象二氣也布以三位象三才也謂之爲易取變化之義
鄭康成作易贊及易論云易一名而含三義易簡一也
變易二也不易三也崔覲劉貞簡等並用此義云易者
謂生生之德有易簡之義不易者言天地定位不可相
易變易者謂生生之道變而相續周簡子云不易者常
體之名變易者相變改之名故今之所用同鄭康成等
作易所以垂教者孔子曰上古之時人民無別羣物未
殊未有衣食器用之利伏犧乃仰觀象於天俯觀法於
地中觀萬物之宜於是始作八卦以通神明之德以類

萬物之情。故易者。所以斷天地理人倫。而明王道。是以畫八卦。建五氣以立五常之行。象法乾坤。順陰陽。以正君臣父子夫婦之義。度時制宜。作爲罔罟。以佃以漁。以贍民用。於是人民乃治。君親以尊。臣子以順。羣生和洽。各安其性。此其作易垂敎之本意也。○乾坤者。陰陽之本始。萬物之祖宗。故爲上篇之始而尊之也。離爲日。坎爲月。日月之道。陰陽之經。所以始終萬物。故以坎離爲上篇之終也。咸恆者。男女之始。夫婦之道。人道之興。必繇夫婦。所以奉承祖宗。爲天地之主。故爲下篇之始而貴之也。既濟未濟爲最終者。所以明戒愼而全王道也。以此言之。則上下二篇。文王所定。○周子曰。聖人之精畫卦以示。聖人之緼。因卦以發。卦不畫。聖人之精。不可得而見。微卦。聖人之緼。殆不可悉得而聞。易何止五經之原。其天地鬼神之奥乎。○邵子曰。天變而人效之。故元亨利貞。易之變也。人行而天應之。故吉凶悔吝。易之應也。以元亨爲變。則利貞爲應。以吉凶爲應。則悔吝爲變。元則吉。吉則利。應之亨則凶。凶則應之以貞。悔則吉。吝則凶。是以變中有應。應中有變也。變中之應。天道也。故元爲變。則亨應之。利爲變。則應之以貞。應中之變。人事也。故變則凶。應則吉。變則吝。應則悔也。悔者吉之先。而吝者凶之本。是以君子從天不從人。○易有意象。立意皆所以明象。統下三者。有言象。不擬物而直言以明事。有像象擬一物以明意。有數象七日八月三年十年之類是也。○張子曰。大易不言有無。言有無。諸子之陋也。○易爲君子謀。不爲小人謀。故撰德於卦。雖爻有小大。及繫辭其爻。必告以君子之義。○程子曰。有理而後有象。有象而後有數。得其義。則象數在其中矣。必欲窮象之隱微。盡數之豪忽。乃尋流逐末。術家之所尚。非儒者之所務也。管輅郭璞之學是也。○理無形也。故因象以明理。理見乎辭矣。則可由辭以觀象。故曰得其義則象數在其中矣。○看易且要知時。凡六爻人人有用。聖人自有聖人用。賢人自有賢人用。衆人自有衆人用。學者自有學者用。君有君用。臣有臣用。無所不通。○大抵卦爻始立義既具聖人別起義以錯綜之如春秋前既立例到後來書得全別一般事便書得別有意思若依前例觀之殊失之也○作易者自天地幽明至於昆蟲草木之微無一而不合○陰之道非必小人也其害陽則小人其助陽成物則君子也利非不善也其害義則不善也其和義則非不善也○傳序云易變易也隨時變易以從道也其爲書也廣大悉備將以順性命之理通幽明之故盡事物之情而示開物成務之道也聖人之憂患後世可謂至矣去古雖遠遺經尚存然而前儒失意以傳言後學誦言而忘味自秦而下蓋無傳矣予生千載之後悼斯文之湮晦將俾後人沿流而求源此

傳所以作也易有聖人之道四焉以言者尚其辭以動者尚其變以制器者尚其象以卜筮者尚其占吉凶消長之理進退存亡之道備於辭推辭考卦可以知變象與占在其中矣君子居則觀其象而玩其辭動則觀其變而玩其占得其辭不達其意者有矣未有不得於辭而能通其意者也至微者理也至著者象也體用一源顯微無閒觀會通以行其典禮則辭無所不備故善學者求言必自近易於近者非知言者也予所傳者辭也由辭以得其意則在乎人焉○易之為書卦爻彖象之義備而天地萬物之情見聖人之憂天下來世其至矣先天下而開其物後天下而成其務是故極其數以定

天下之象。著其象。以定天下之吉凶。六十四卦。三百八十四爻。皆所以順性命之理。盡變化之道也。散之在理。則有萬殊。統之在道。則無二致。所以易有太極。是生兩儀。太極者道也。兩儀者陰陽也。陰陽一道也。太極無極也。萬物之生。負陰而抱陽。莫不有太極。莫不有兩儀。絪縕交感。變化不窮。形一受其生。神一發其智。情僞出焉。萬緒起焉。易所以定吉凶而生大業。故易者陰陽之道也。卦者陰陽之物也。爻者陰陽之動也。卦雖不同。所同者奇耦。爻雖不同。所同者九六。是以六十四卦爲其體。三百八十四爻互爲其用。遠在六合之外。近在一身之中。暫於瞬息。微於動靜。莫不有卦之象焉。莫不有爻之義焉。至哉易乎。其道至大而無不包。其用至神而無不存。時固未始有一。而卦亦未始有定象。事固未始有窮。而爻亦未始有定位。以一時而索卦。則拘於無變。非易也。以一事而明爻。則窒而不通。非易也。知所謂卦爻彖象之義。而不知有卦爻彖象之用。亦非易也。故得之於精神之運。心術之動。與天地合其德。與日月合其明。與四時合其序。與鬼神合其吉凶。然後可以謂之知易也。雖然。易之有卦。易之已形者也。卦之有爻。卦之已見者也。已形已見者。可以言知。未形未見者。不可以名求。則所謂易者。果何如哉。此學者所當知也。○朱子曰漢書易本隱以之顯。春秋推見至隱。易與春秋。天人之道也。

易以形而上者。說出在那形而下者上。春秋以形而下者。說上那形而上者去。○問易有交易變易之義如何。曰。交易是陽交於陰。陰交於陽。是卦圖上底。如天地定位山澤通氣云云者是也。變易是陽變陰。陰變陽。老陽變爲少陰。老陰變爲少陽。此是占筮之法。如晝夜寒暑屈伸往來者是也。○易是陰陽屈伸。隨時變易。大抵古今有大闔闢。小闔闢。今人說易都無著摸。聖人便於六十四卦。只以陰陽奇耦寫出來。至於所以爲陰陽。爲古今。乃是此道理。○聖人作易之初。蓋是仰觀俯察。見得盈乎天地之間。無非一陰一陽之理。有是理。則有是象。有是象。則其數便自在這裏。非特河圖洛書爲然。而圖書爲特巧而著耳於是聖人因之而畫卦卦畫既立便有吉凶在裏蓋是陰陽往來交錯於其閒其時則有消長之不同長者便爲主消者便爲客事則有當否之或異當者便爲善否者便爲惡卽其主客善惡之辨而吉凶見矣故曰八卦定吉凶吉凶既決定而不差則以之立事而大業自此生矣此聖人作易敎民占筮而以開天下之愚以定天下之志以成天下之事者如此自伏羲而下但有此六畫而未有文字可傳到得文王周公乃繫之以辭故曰聖人設卦觀象繫辭焉而明吉凶大率天下之道只是善惡而已但所居之位不同所處之時既異而其幾甚微只爲天下之人不能曉會所以聖

人因占筮之法以曉人。使人居則觀象玩辭。動則觀變玩占。不迷於是非得失之途。所以是書夏商周皆用之。其所言雖不同。其辭雖不可盡見。然皆大卜之官掌之。以爲占筮之用。自伏犧而文王周公雖自畧而詳。所謂占筮之用則一。蓋卽占筮之中。而所以處置是事之理。便在裏了。故其法若粗淺。而隨人賢愚皆得其用。雖是有定象。有定辭。皆是虛說此箇地頭。合是如此處置。初不黏著物上。故一卦一爻足以包無窮之事。此所以見易之爲用。無所不該。無所不徧。但看人如何用之耳。易如鏡相似。看甚物來都能照得。如所謂潛龍。只是有箇潛龍之象。自天子至於庶人。看甚人來都使得。孔子說作龍德而隱便是就事上指殺說來然會看底雖孔子說也活也無不通不會看底雖文王周公說底也死了須知得他是假託說是包含說假託謂不惹著那事包含是說箇影像在這裏無所不包○易之有象其取之有所從其推之有所用非苟爲寓言也然兩漢諸儒必欲究其所從則既滯泥而不通王弼以來直欲推其所用則又疎畧而無據二者皆失之一偏而不能闕其所疑之過也且以一端論之乾之爲馬坤之爲牛說卦有明文矣馬之爲健牛之爲順在物有常理矣至於案文責卦若屯之有馬而無乾離之有牛而無坤乾之六龍則或疑於震坤之牝馬則當反爲乾是皆有不可曉者

是以漢儒求之說卦而不得。則遂相與創爲互體變卦五行納甲飛伏之法。參互以求。而幸其偶合。其說雖詳。然其不可通者。終不可通。其可通者。又皆傅會穿鑿。而非有自然之勢。唯其一二之適然而無待於巧說者。爲若可信。然上無所關於義理之本原。下無所資於人事之訓戒。則又何必苦心極力以求於此。而欲必得之哉。故王弼曰。義苟應健。何必乾乃爲馬。爻苟合順。何必坤乃爲牛。而程子亦曰。理無形也。故假象以顯義。此其所以破先儒膠固支離之失。而開後學玩辭玩占之方。則至矣。然觀其意。又似直以易之取象。無復有所自來。但如詩之比興。孟子之譬喻而已。如此則是說卦之作。爲無所與於易而近取諸身遠取諸物者亦剩語矣故疑其說亦若有未盡者因竊論之以爲易之取象固必有所自來而其爲說必已具於大卜之官顧今不可復考則姑闕之而直據辭中之象以求象中之意使足以爲訓戒而決吉凶如王氏程子與吾本義之云者其亦可矣固不必深求其象之所自來然亦不可直謂假設而遽欲忘之也○易之象似有三樣有本畫自有之象如奇畫象陽耦畫象陰是也有實取諸物之象如乾坤六子以天地雷風之類象之是也有只是聖人自取象來明是義者如白馬翰如載鬼一車之類是也○易有象辭有占辭有象占相渾之辭○問王弼說初上無陰陽

御纂周易折中

定位如何。曰伊川說陰陽奇耦。豈容無也。乾上九貴而无位。需上六不當位。乃爵位之位。非陰陽之位。此說最好。○易只是爲卜筮而作。故周禮分明言大卜掌三易。連山歸藏周易。古人於卜筮之官立之凡數人。秦去古未遠。故周易亦以卜筮得不焚。今人纔說易是卜筮之書。便以爲辱累了易。見夫子說許多義理。便以爲易只是說道理。殊不知其言吉凶悔吝皆有理。而其教人之意無不在也。今人却道聖人言理。而其中因有卜筮之說。他說理後。說從那卜筮上來作麽。○上古之時。民心昧然。不知吉凶之所在。故聖人作易。教之卜筮。使吉則行之。凶則避之。此是開物成務之道。故繫辭云以通天下之志。以定天下之業。以斷天下之疑。正謂此也。初但有占而無文。往往如今之环珓相似耳。今人因火珠林起課者。但用其爻而不用其辭。則知古者之占。往往不待辭而後見吉凶。又云。如左氏所載得屯之比。既不用屯之辭。亦不用比之辭。卻自別推一法。至文王周公方作彖爻之辭。使人得此爻者。便觀此辭之吉凶。至孔子又恐人不知其所以然。故又復逐爻解之。謂此爻所以吉者。謂以中正也。此爻所以凶者。謂不當位也。明明言之。使人易曉耳。至如文言之類。卻是就上面發明道理。非是聖人作易專爲說道理以教人也。須見聖人本意。方可學易。○聖人作易。本是使人卜筮。以決所行之可否。而因之以教人爲善。如嚴君平所謂與人子言依於孝。與人臣言依於忠者。故卦爻之辭。只是因依象類虛設於此。以待叩而決者。使以所值之辭。決所疑之事。似若假之神明。而亦必有是理而後有是辭。理無不正。故其丁寧告戒之辭。皆依於正天下之動。所以正夫一。而不謬於所之也。○卦爻之辭。本爲卜筮者斷吉凶。而因以訓戒。至彖象文言之作。始因其吉凶訓戒之意。而推說其義理以明之。後人但見孔子所說義理。而不復推本文王周公之本意。因鄙卜筮爲不足言。而其所以言易者。遂遠於日用之實。類皆牽合委曲。偏主一事而言。無復包含該貫曲暢旁通之妙。若但如此。則聖人當時自可別作一書。明言義理。以詔後世。

何用假託卦象爲此艱深隱晦之辭乎○大抵易之書本爲卜筮而作故其辭必根於象數而非聖人已意之所爲其所勸戒亦以施諸筮得此卦此爻之人而非反以戒夫卦爻者近世言易者殊不知此所以其說雖有義理而無情意雖大儒先生有所不免比因玩索偶幸及此私竊自慶以爲天啓其衷而以語人人亦未見有深曉者○易中都是貞吉不曾有不貞吉都是利貞不曾說利不貞如占得乾卦固是大亨下則云利貞蓋正則利不正則不利至理之權輿聖人之至教寓其間矣大率是爲君子設非小人盜賊所得竊取而用○蔡氏元定曰天下之萬聲出於一闔一闢天下之萬理出於

一動一靜。天下之萬數。出於一奇一耦。天下之萬象。出於一方一圓。盡起於乾坤二畫。○許氏衡曰。初位之下。事之始也。以陽居之。才可以有爲矣。或恐其不安於分也。以陰居之。不患其過越矣。或恐其懦弱昏滯。未足以趨時也。大抵柔弱則難濟。剛健則易行。或諸卦柔弱而致凶者。其數居多。若總言之。居初者易貞。居上者難貞。易貞者。由其所適之道多。難貞者。以其所處之位極。故六十四卦初爻多得免咎。而上每有不可救者。始終之際。其難易之不同蓋如此。○二與四。皆陰位也。四雖得正。而猶有不中之累。況不得其正乎。二雖不正。而猶有得中之美。況正而得中者乎。四。近君之位也。二。遠君之位也其勢又不同此二之所以多譽四之所以多懼也二中位陰陽處之皆爲得中中者不偏不倚無過不及之謂其才若此故於時義爲易合時義既合則吉可斷矣○卦爻六位惟三爲難處蓋上下之交內外之際非平易安和之所也○四之位近君多懼之地也以柔居之則有順從之美以剛居之則有僭逼之嫌然又須問居五者陰邪陽邪以陰承陽則得於君而勢順以陽承陰則得於君而勢逆勢順則無不可也勢逆則尤忌上行而凶咎必至以陽承陽以陰承陰皆不得於君也然陽以不正而有才陰以得正而無才故其勢不同有才而不正則貴於寡欲故乾之諸四多得免咎無才而得

正則貴乎有應故艮之諸四皆以有應爲優無應爲劣獨坤之諸四能以柔順處之雖無應援亦皆免咎此又隨時之義也○五上卦之中乃人君之位也諸爻之德莫精於此能首出乎庶物不問何時克濟大事傳謂五多功者此也○上事之終時之極也其才之剛柔內之應否雖或取義然終莫及上與終之重也是故難之將出者則指其可由之方事之既成者則示以可保之道義之善或不必勸則直云其吉也勢之惡或不可解則但言其凶也質雖不美而冀其或改焉則猶告之位雖處極而見其可行焉則亦諭之大抵積微而盛過盛而衰有不可變者有不能不變者大傳謂其上易知豈非

事之已成乎○胡氏一桂曰上下體雖相應其實陽爻
與陰爻應陰爻與陽爻應若皆陽皆陰雖居相應之位
則亦不應矣然事固多變動在因時故有以有應而得
者有以有應而失者亦有以無應而吉者有以無應而
凶者斯皆時事之使然不可執一而定論也至若比五
以剛中上下五陰應之大有五以柔中上下五陽應之
小畜四以柔得位上下五剛亦應之又不以六爻之應
例論也○六十四卦皆以五爲君位者此易之大畧也
其閒或有居此位而非君義者有居他位而有君義者
斯易之變不可滯於常例○胡氏炳文曰易卦之占亨
多元亨少爻之占吉多元吉少元亨大善而亨元吉大

善而吉也人之行事善百一大善千一故以元爲貴然玆事也請論心之初善不善皆自念慮之微處充之即是此善之最大處蓋有一豪之不善非元也有一息之不善非元也○吳氏澄曰時之爲時莫備於易程子謂之隨時變易以從道夫子傳六十四彖獨於十二卦發其凡而贊其時與時義時用之大一卦一時則六十四時不同也一爻一時則三百八十四時不同也始於乾之乾終於未濟之未濟則四千九十六時各有所值引而伸觸類而長時之百千萬變無窮而吾之所以時其時者則一而已○薛氏瑄曰六十四卦只是一奇一耦但因所遇之時所居之位不同故有無窮之事變如八

只是一動一靜但因時位不同故有無窮之道理此所以爲易也○蔡氏淸曰乾卦卦辭只是要人如乾坤卦卦辭只是要人如坤至如蒙蠱等卦則又須反其義此有隨時而順之者有隨時而制之者易道只是時時則有此二義在學者細察之○周公之繫爻辭或取爻德或取爻位又或取本卦之時與本爻之時又或兼取應爻或取所承所乘之爻有承乘應與時位兼取者有僅取其一二節者又有取一爻爲衆爻之主者大槩不出此數端

綱領三

此篇論讀易之法及諸家醇疵

王氏通曰易之憂患業業焉孜孜焉其畏天憫人思及

時而動乎。繁師玄曰。遠矣吾視易之道。何其難乎。曰。有是夫。終日乾乾可也。○劉炫問易。曰。聖人於易。沒身而已。況吾儕乎。炫曰。吾談之於朝。無我敵者。不荅退謂門人曰。默而成之。不言而信。存乎德行。○北山黃公善醫。先寢食而後針藥。汾陰侯生善筮。先人事而後說卦。○邵子曰。知易者不必引用講解。是爲知易。孟子之言未嘗及易。其間易道存焉。但人見之者鮮耳。人能用易。是爲知易。如孟子可謂善用易者也。○程子曰。觀易須看時。然後觀逐爻之才。一爻之中。常包函數意。聖人常取其重者而爲之辭。亦有易中言之已多。取其未嘗言者。又有且言其時。不及其爻之才者。皆臨時參考。須先看卦乃看得辭。○古之學者皆有傳授。如聖人作經本欲明道。今人若不先明義理。不可治經。蓋不得傳授之意云爾。如繫辭本欲明易。若不先求卦義。則看繫辭不得。○易須是默識心通。只窮文意。徒費力。○朱子曰。看易須是看他卦爻未畫以前。是怎模樣。却就這上見得他許多卦爻象數。是自然如此。不是杜撰。且詩則因風俗世變而作。書則因帝王政事而作。易初未有物。只是懸空說出。當其未有卦畫。則渾然一太極。在人則是喜怒哀樂未發之中。一旦發出。則陰陽吉凶。事事都有在裏面。人須是就至虛靜中。見得這道理周遮通瓏。方好。若先靠定一事說。則滯泥不通。所謂潔靜精微。易之教也。

○經書難讀而此經爲尤難蓋未開卷時已有一重象數大槩功夫開卷之後經文本意又多被先儒硬說殺了令人看得意思局促不見本來開物成務活法○易不比詩書他是說盡天下後世無窮無盡底事理只一兩箇字便是一箇道理人須是經歷天下許多事變讀易方知各有一理精審端正今既未盡經歷非是此心大段虛明寧靜如何見得○看易若是靠定象去看便滋味長若只恁地懸空看也沒甚意思又曰說易得其理則象數在其中固是如此然泝流以觀却須先見象數的當下落方說得理不走作不然事無實證則虛理易差也○今人讀易當分爲三等看伏羲之易如未有

許多彖象文言說話方見得易之本意只是要作卜筮用及文王周公分為六十四卦添入乾元亨利貞坤元亨利牝馬之貞已是文王周公自說出一般道理了然猶是就人占處說如占得乾卦則大亨而利於正耳及孔子繫易作彖象文言則以元亨利貞為乾之四德以上論讀易

○孔氏穎達曰龍出於河則八卦宣其象麟傷於澤則十翼彰其用業資幾聖時歷三古及秦亡金鏡未墜斯文漢理珠囊重興儒雅其傳易者西都則有丁孟京田東都則有荀劉馬鄭大體更相祖述非有絕倫唯魏世王輔嗣之注獨冠古今所以江左諸儒並傳其學河北學者罕能及之其江南義疏十有餘家皆辭

尚虛玄義多浮誕原夫易理難窮雖復玄之又玄至於垂範作則便是有而教有若論住內住外之空就能就所之說斯乃義涉於釋氏非爲教於孔門也○程子曰邵堯夫先生之學得之於李挺之挺之得之穆伯長伯長得之華山希夷陳圖南先生遡其源流遠有端緒今穆李之言及其行事槩可見矣而先生淳一不雜汪洋浩大乃其所自得者多矣○尹氏焞曰伊川先生踐履盡易其作傳只是因而寫成熟讀玩味即可見矣○朱子門人問當朞曰易卦之位震東離南兌西坎北者爲一說十二辟卦分屬十二辰者爲一說及焦延壽爲卦氣直日之法乃合二說而一之既以八卦之震離兌坎

二十四爻直四時。又以十二辟卦直十二月。且爲分四十八卦爲之公侯卿大夫。而六日七分之說生焉。若以八卦爲主。則十二卦之乾不當爲巳之辟。坤不當爲亥之辟。艮不當侯於申酉。巽不當侯於戌亥。若以十二卦爲主。則八卦之乾不當在西北。坤不當在西南。艮不當在東北。巽不當在東南。彼此二說。互爲矛盾。且其分四十八卦爲公侯卿大夫。以附於十二辟卦。初無法象。而直以意言。本已無所據矣。不待論其減去四卦二十四爻。而後可以見其失也。揚雄太玄。次第乃是全用焦法。其八十一首。蓋亦去其震離兌坎者。而但擬其六十卦耳。諸家於八十一首。多有作擬震離兌坎者。近世許翰始正其誤至立踦贏二贊則正以七百二十九贊又不足乎六十卦六日七分之數而益之恐不可反據其說以正焦氏之說也○先天圖非某之說乃康節之說非康節之說乃希夷之說非希夷之說乃孔子之說但當日諸儒旣失其傳而方外之流陰相付授以爲丹竈之術至希夷康節乃反之於易而後其說始得復明於世○問伊川易說理太多曰伊川言聖人有聖人用賢人有賢人用若一爻只作一事則三百八十四爻止作得三百八十四事也說得極好然他解依舊是三百八十四爻止作得三百八十四事用也○詩書畧看訓詁解釋文義令通而已却只玩味本文其道理只在本文下

面小字儘說如何會過得他若易傳却可脫去本文程子此書平淡地漫漫委曲說得更無餘蘊不是那敲磕逼匝出底義理平鋪地放在面前只如此等行文亦自難學如其他峭拔雄健之文却可作若易傳淡底文字如何可及○問易傳大槩將三百八十四爻作人說恐通未盡否曰也是即是不可裝定作人說看占得如何有就事言者有以位言者以吉凶言之則爲事以終始言之則爲時以高下言之則爲位隨所作而看皆通繫辭云不可爲典要唯變所適豈可裝定作人說○此書近細讀之恐程傳得之已多但不合全說作義理不就卜筮上看故其說有無頓著處耳今但作卜筮看而以

其說推之道理自不可易。○自秦漢以來考象辭者泥於術數而不得其弘通簡易之法談義理者淪於空寂而不適乎仁義中正之歸求其因時立教以承三聖不同於法而同於道者則唯伊川先生程氏之書而已○老蘇說易專得於愛惡相攻而吉凶生以下三句他把這六爻似那累世相讎相殺底人相似看這一爻攻那一爻這一畫克那一畫全不近人情東坡見他恁地太粗疎却添得些佛老在裏面其書自作兩樣○王氏應麟曰以義理解易自王弼始何晏非弼比也淸談亡晉衍也非弼也范甯以王弼何晏並言過矣○程子言易謂得其義則象數在其中朱子以爲先見象數方說得理。不然。事無實證。則虛理易差。愚嘗觀顏延之庭誥云。馬陸得其象數。取之於物。荀王舉其正宗。得之於心。其說以荀王爲長。李泰發亦謂一行明數而不知其義。管輅明象而不通其理。蓋自輔嗣之學行。而象數之說隱。然義理象數。一以貫之。乃爲盡善。以上論諸家說易

御纂周易折中 綱領三

義例

時

消息盈虛之謂時。泰否剝復之類是也。又有指事言者。訟師噬嗑頤之類是也。又有以理言者。履謙咸恆之類是也。又有以象言者。井鼎之類是也。四者皆謂之時。

位

貴賤上下之謂位。王弼謂中四爻有位。而初上兩爻無位。非謂無陰陽之位也。乃謂爵位之位耳。五。君位也。四。近臣之位也。三雖非近。而位亦尊者也。二雖不如三四之尊。而與五爲正應者也。此四爻皆當時用事。

御纂周易折中　義例

故謂之有位。初上則但以時之始終論者爲多。若以位論之。則初爲始進而未當事之人。上爲既退而在事外之人也。故謂之無位。然此但言其正例耳。若論變例。則如屯泰復臨之初。大有觀大畜頤之上。皆得時而用事。蓋以其爲卦主故也。五亦有時不以君位言者。則又以其卦義所取者臣道。不及於君故也。故朱子云。常可類求。變非例測。

德

剛柔中正不中不正之謂德。剛柔各有善不善。時當用剛。則以剛爲善也。時當用柔。則以柔爲善也。惟中與正。則無有不善者。然正尤不如中之善。故程子曰。正未必中中則無不正也。六爻當位者未必皆吉。而二五之中。則吉者獨多。以此故爾。

應比

應者。上下體相對應之爻也。比者。逐位相比連之爻也。易中比應之義。惟四與五比。二與五應。爲最重。蓋以五爲尊位。四近而承之。二遠而應之也。然近而承者。則貴乎恭順小心。故剛不如柔之善。遠而應者。則貴乎強毅有爲。故柔又不如剛之善。夫子曰。二與四同功而異位。二多譽。四多懼。近也。柔之爲道。不利遠者。其要无咎。其用柔中也。夫言柔之道不利遠。可見剛之道不利近矣。又可見柔之道利近。剛之道利遠矣。

夫子此條。實全易之括例。

凡比與應。必一陰一陽。其情乃相求而相得。若以剛應剛。以柔應柔。則謂之無應。以剛比剛。以柔比柔。則亦無相求相得之情矣。

以此例推之。易中以六四承九五者。凡十六卦。皆吉。比曰外比於賢。小畜曰有孚惕出。觀曰利用賓于王。坎曰納約自牖。家人曰富家。益曰中行告公從。井曰井甃无咎。漸曰或得其桷。巽曰田獲三品。渙曰渙其羣元吉。節曰安節亨。中孚曰月幾望。皆吉辭也。惟屯需與蹇。則相從於險難之中。故曰往吉。曰出自穴。曰來連。既濟則交儆於未亂之際。故曰終日戒。亦皆吉辭。

以九四承六五亦十六卦則不能皆吉而凶者多如離之焚如死如棄如恆之田无禽晉之鼫鼠鼎之覆餗震之遂泥皆凶爻也大有之匪彭睽之睽孤解之解拇歸妹之愆期旅之心未快小過之往厲必戒雖非凶爻而亦不純吉惟豫之四一陽而上下應噬嗑之四一陽爲用獄主豐之四爲動主以應乎明大壯之壯至四而極未濟之未濟至四而濟皆卦主也故得吉利之辭而免凶咎

以九二應六五者凡十六卦皆吉蒙之子克家師之在師中泰之得尚于中行大有之大車以載蠱之幹母蠱而得中道臨之咸臨吉而无不利恆之悔亡大壯

御纂周易折中

之貞吉。睽之遇主于巷。解之得黃矢。損之弗損益之。升之利用禴。鼎之有實。皆吉辭也。惟大畜之輿說輹。則時當止也。歸妹利幽貞。則時當守也。未濟曳輪貞吉。則時當待也。亦非凶辭也。

以六二應九五。亦十六卦。則不能皆吉。而凶吝者有之。如否之包承也。同人之于宗吝也。隨之係小子失丈夫也。觀之闚觀可醜也。咸之咸其腓凶也。皆非吉辭也。屯之屯如邅如。遯之鞏用黃牛。蹇之蹇蹇匪躬。既濟之喪茀勿逐。則以遭時艱難。而顯其貞順之節者也。惟比之自內也。无妄之利有攸往也。家人之在中饋貞吉也。益之永貞吉也。萃之引吉无咎也。革之已

日乃孚征吉也漸之飲食衎衎也皆適當上下合德之時故其辭皆吉夫子所謂其要无咎其用柔中者信矣

自二五之外亦有應焉自四五之外亦有比焉然其義不如應五承五者之重也

以應言之四與初猶或取相應之義三與上則取應義者絕少矣其故何也四大臣之位也居大臣之位則有以人事君之義故必取在下之賢德以自助此其所以相應也上居事外而下應於當事之人則失清高之節矣三居臣位而越五以應上則失勿二之心矣此其所以不相應也然四之應初而吉者亦惟以

六四應初九耳。蓋初九爲剛德之賢。而六四有善下之美。故如屯賁之求婚媾也。頤之虎視眈眈也。損之使遄有喜也。皆吉也。若九四應初六。則反以下交小人爲累。大過之不橈乎下。解之解而拇。鼎之折足。是也。

以比言之。惟五與上。或取相比之義。餘爻則取比義者亦絕少。其故何也。五君位也。尊莫尚焉。而能下於上者。則尚其賢也。此其所以有取也。然亦惟六五遇上九。乃取斯義。蓋上九爲高世之賢。而六五爲虛中之主。故如大有大畜之六五上九。孔子則贊之以尚賢。頤鼎之六五上九。孔子則贊之以養賢。其辭皆最吉。

若以九五比上六則亦反以尊寵小人爲累如大過之老婦得其士夫咸之志末夬之莧陸兌之孚于剝皆是也獨隨之九五下上六而義有取者卦義剛來下柔故爾若初與二二與三三與四則非正應而相比者或恐陷於朋黨比周之失故其義不重

此皆例之常也若其爻爲卦主則羣爻皆以比之應之爲吉凶焉故五位之爲卦主者不待言矣如豫四爲卦主則初鳴而三盱剝上爲卦主則三无咎而五无不利復初爲卦主則二下仁而四獨復夬上爲卦主則三壯頄而五莧陸姤初爲卦主則二包有魚而四包无魚此又易之大義不可以尋常比應之例論也

卦主

凡所謂卦主者。有成卦之主焉。有主卦之主焉。成卦之主。則卦之所由以成者。無論位之高下。德之善惡。若卦義因之而起。則皆得爲卦主也。主卦之主。必皆德之善。而得時得位者爲之。故取於五位者爲多。而他爻亦閒取焉。其成卦之主。卽爲主卦之主者。必其德之善。而兼得時位者也。其成卦之主。不得爲主卦之主者。必其德與時位參錯而不相當者也。大抵其說皆具於夫子之彖傳。當逐卦分別觀之。

若其卦成卦之主。卽主卦之主。則是一主也。若其卦有成卦之主。又有主卦之主。則兩爻皆爲卦主矣。或其成卦者兼取兩爻，則兩爻又皆爲卦主矣。或其成卦者兼取兩象，則兩象之兩爻又皆爲卦主矣，亦當逐卦分別觀之。

乾以九五爲卦主，蓋乾者天道，而五則天之象也。乾者君道，而五則君之位也。又剛健中正，四者具備，得天德之純，故爲卦主也。觀彖傳所謂時乘六龍以御天，首出庶物者，皆主君道而言。

坤以六二爲卦主，蓋坤者地道，而二則地之象也。坤者臣道，而二則臣之位也。又柔順中正，四者具備，得坤德之純，故爲卦主也。觀彖辭所謂先迷後得主，得朋喪朋者，皆主臣道而言。

屯以初九九五爲卦主。蓋卦惟兩陽。初九在下。侯也。能安民者也。九五在上。能建侯以安民者也。

蒙以九二六五爲主。蓋九二有剛中之德。而六五應之。九二在下。師也。能教人者也。六五在上。能尊師以教人者也。

需以九五爲主。蓋凡事皆當需。而王道尤當以久而成。彖傳所謂位乎天位。以正中也。指五而言之也。

訟以九五爲主。蓋諸爻皆訟者也。九五則聽訟者也。彖傳所謂利見大人。尚中正也。亦指五而言之也。

師以九二六五爲主。蓋九二在下。丈人也。六五在上。能用丈人者也。

比以九五爲主。蓋卦惟一陽居尊位。爲上下所比附者也。

小畜以六四爲成卦之主。而九五則主卦之主也。蓋六四以一陰畜陽。故彖傳曰。柔得位而上下應之。九五與之合志。以成其畜。故彖傳曰。剛中而志行。

履以六三爲成卦之主。而九五則主卦之主也。蓋六三以一柔履衆剛之閒。多危多懼。卦之所以名履也。居尊位尤當常以危懼存心。故九五之辭曰貞厲。而彖傳曰。剛中正履帝位而不疚。

泰以九二六五爲主。蓋泰者上下交而志同。九二能盡臣道以上交者也。六五能盡君道以下交者也。二爻皆成卦之主。亦皆主卦之主也。

否以六二九五爲主。蓋否者上下不交。六二否亨。儉德辟難者也。九五休否。變否爲泰者也。然則六二成卦之主。而九五則主卦之主也。

同人以六二九五爲主。蓋六二以一陰能同衆陽。而九五與之應。故彖傳曰。柔得位得中而應乎乾。

大有以六五爲主。蓋六五以虛中居尊。能有衆陽。故彖傳曰。柔得尊位大中。而上下應之。

謙以九三爲主。蓋卦惟一陽。得位而居下體。謙之象也。故其爻辭與卦同。傳曰三多凶。而惟此爻最吉。

豫以九四爲主。卦惟一陽。而居上位。卦之所由以爲豫者。故彖傳曰。剛應而志行。

隨以初九九五爲主。蓋卦之所以爲隨者。剛能下柔也。初五兩爻。皆剛居柔下。故爲卦主。

蠱以六五爲主。蓋諸爻皆有事於幹蠱者。至五而功始成。故諸爻皆有戒辭。而五獨曰用譽也。

臨以初九九二爲主。彖傳所謂剛浸而長是也。

觀以九五上九爲主。彖傳所謂大觀在上是也。

噬嗑以六五爲主。彖傳所謂柔得中而上行是也。

賁以六二上九爲主。彖傳所謂柔來而文剛。剛上而文柔是也。

剝以上九爲主。陰雖剝陽。而陽終不可剝也。故爲卦主。

復以初九爲主。彖傳所謂剛反者是也。

无妄以初九九五爲主。蓋初九陽動之始。如人誠心之初動也。九五乾德之純。如人至誠之無息也。故彖傳曰。剛自外來而爲主於內。指初也。又曰剛中而應。指五也。

大畜以六五上九爲主。彖傳所謂剛上而尚賢者是也。

頤亦以六五上九爲主。彖傳所謂養賢以及萬民者是也。

大過以九二九四爲主。蓋九二剛中而不過者也。九四棟而不橈者也。

坎以二五二陽爲主。而五尤爲主。水之積滿者行也。

離以二五二陰爲主而二尤爲主火之方發者明也

咸之九四當心位心者感之君則四卦主也然九五當背位爲咸中之艮感中之止是謂動而能靜則五尤卦主也

恆者常也中則常矣卦惟二五居中而六五之柔中尤不如九二之剛中則二卦主也

遯之爲遯以二陰則初二成卦之主也然處之盡善者惟九五則九五又主卦之主也故彖傳曰剛當位而應與時行也

大壯之爲壯以四陽而九四當四陽之上則四卦主也

晉以明出地上成卦六五爲離之主當中天之位則五

卦主也。故彖傳曰。柔進而上行。

明夷以日入地中成卦。而上六積土之厚。夷人之明者也。成卦之主也。六二六五。皆秉中順之德。明而見夷者也。主卦之主也。故彖傳曰。文王以之。箕子以之。

家人以九五六二爲主。故彖傳曰。女正位乎內。男正位乎外。

睽以六五九二爲主。故彖傳曰。柔進而上行。得中而應乎剛。

蹇以九五爲主。故彖傳曰。往得中也。蓋彖辭所謂大人者。即指五也。

解以九二六五爲主。故彖傳曰。往得衆也。指五也。又曰乃得中也。指二也。

損以損下卦上畫。益上卦上畫爲義。則六三上九。成卦之主也。然損下益上。所益者君也。故六五爲主卦之主。

益以損上卦下畫。益下卦下畫爲義。則六四初九。成卦之主也。然損上益下者。君施之而臣受之。故九五六二爲主卦之主。

夬以一陰極於上爲義。則上六成卦之主也。然五陽決陰。而五居其上。又尊位也。故九五爲主卦之主。

姤以一陰生於下爲義。則初六成卦之主也。然五陽皆有制陰之責。而惟二五以剛中之德。一則與之相切近以制之。一則居尊臨其上以制之。故九五九二爲主卦之主。

萃以九五爲主。而九四次之。卦惟二陽而居高位。爲衆陰所萃也。

升以六五爲主。彖傳曰。柔以時升。六五升之最尊者也。然升者必自下起。其卦以地中生木爲象。則初六者巽體之主。乃木之根也。故初六亦爲成卦之主。

困以九二九五爲主。蓋卦以剛揜爲義。謂二五以剛中之德。而皆揜於陰也。故兩爻皆成卦之主。又皆主卦之主。

井以九五爲主。蓋井以水爲功。而九五坎體之主也。井以養民爲義。而九五養民之君也。

革以九五爲主。蓋居尊位。則有改革之權。剛中正。則能盡改革之善。故其辭曰大人虎變。

鼎以六五上九爲主。蓋鼎以養賢爲義。而六五尊尚上九之賢。其象如鼎之鉉耳之相得也。

震以二陽爲主。然震陽動於下者也。故四不爲主。而初爲主。

艮亦以二陽爲主。然艮陽止於上者也。故三不爲主。而上爲主。

漸以女歸爲義。而諸爻惟六二應五。合乎女歸之象。則六二卦主也。然漸又以進爲義。而九五進居高位。有剛中之德。則九五亦卦之主也。

歸妹以女之自歸爲義。其德不善。故彖傳曰。无攸利柔乘剛也。是六三上六成卦之主也。然六五居尊下交。則反變不善而爲善。化凶而爲吉。是六五又主卦之主也。

豐以六五爲主。蓋其彖辭曰。王假之。勿憂宜日中。六五之位則王之位也。柔而居中。則日中之德也。

旅亦以六五爲主。故彖傳曰。柔得中乎外。又曰止而麗乎明。五居外體。旅於外之象也。處中位爲離體之主。得中麗明之象也。

巽雖主於二陰。然陰卦以陰爲主者。惟離爲然。以其居中故也。巽之二陰。則爲成卦之主。而不得爲主卦之主。主卦之主者九五也。中命行事。非居尊位者不可。故彖傳曰。剛巽乎中正而志行。指五也。

兌之二陰。亦爲成卦之主。而不得爲主卦之主。主卦之主。則二五也。故彖傳曰。剛中而柔外。說以利貞。

渙以九五爲主。蓋收拾天下之散。非居尊不能也。然九二居內以固其本。六四承五以成其功。亦卦義之所重。故彖傳曰。剛來而不窮。柔得位乎外而上同。

節亦以九五爲主。蓋立制度以節天下。亦惟居尊有德者能之。故彖傳曰。當位以節。中正以通。

中孚之成卦以中虛。則六三六四成卦之主也。然孚之取義以中實。則九二九五。主卦之主也。至於孚乃化邦。乃居尊者之事。故卦之主在五。

小過以二五爲主。以其柔而得中。當過之時而不過也。

既濟以六二爲主。蓋既濟則初吉而終亂。六二居內體。正初吉之時也。故彖傳曰。初吉柔得中也。

未濟以六五爲主。蓋未濟則始亂而終治。六五居外體。正開治之時也。故彖傳曰。未濟亨柔得中也。

以上之義。皆可以據彖傳爻辭而推得之。大抵易者成大業之書。而成大業者。必歸之有德有位之人。故五之爲卦主者獨多。中間亦有因時義不取五爲主位者。不過數卦而已。自五而外。諸爻之辭。有曰王者。皆非以其爻當王也。乃對五位而爲言耳。如隨之上曰。王用亨于西山。則因其係於五也。益之二曰。王用享于帝。則因其應於五也。升之四曰。王用亨于岐山。則因其承於五也。皆其德與時稱。故王者簡而用之。以荅乎神明之心也。又上爻有蒙五爻而終其義者。如師之上曰。大君有命。則因五之出師定亂而至此。則奏成功也。離之上曰。王用出征。則因五之憂勤圖治而至此。則除亂本也。皆蒙五爻之義。而語其成效。如此。易中五上兩爻。此類最多。亦非以其爻當王也。

繫辭上傳
天尊地卑乾坤定
矣　乾道成男
乾知大始　乾以

御纂周易折中

上經一

本義周。代名也。易書名也。其卦本伏羲所畫。有交易變易之義。故謂之易。其辭則文王周公所繫。故繫之周。以其簡袠重大。故分爲上下兩篇。經則伏羲之畫。文王周公之辭也。并孔子所作之傳十篇。凡十二篇。中間頗爲諸儒所亂。近世晁氏始正其失。而未能盡合古文。呂氏又更定著爲經二卷。傳十卷。乃復孔氏之舊云。

䷀ 乾下 乾上

乾。元亨利貞。

本義 六畫者。伏羲所畫之卦也。一者。奇也。陽之數也。乾者。健也。陽之性也。本註乾字。三畫卦之名也。下者

乾以九
五爲卦
主蓋乾
者天道

易知　易則易知易知則有親有親則可久　可久則賢人之德成象之謂乾　夫乾其靜也專其動也直是以大生焉闢戶謂之乾乾坤其易之緼耶乾坤成列而易立乎其中矣乾坤毀則无以見易易不可見則乾坤或幾乎息矣

繫辭下傳

夫乾確然示人易

內卦也上者外卦也經文乾字六畫卦之名也伏羲仰觀俯察見陰陽有奇耦之數故畫一奇以象陽畫一耦以象陰見一陰一陽有各生一陰一陽之象故自下而上再倍而三以成八卦見陽之性健而其成形之大者爲天故三奇之卦名之曰乾而擬之於天也三畫已具八卦已成則又三倍其畫以成六畫而爲八卦之上各加八卦以成六十四卦也此卦六畫皆奇上下皆乾則陽之純而健之至也故乾之名天之象皆不易焉元亨利貞文王所繫之辭以斷一卦之吉凶所謂彖辭者也元大也亨通也利宜也貞正而固也文王以爲乾道大通而至正故於筮得此卦而六爻皆不變者言其占當得大通而必利在正固然後可以保其終也此聖人所以作易教人卜筮而可以開物成務之精意餘卦放此

程傳　上古聖人始畫八卦三才之道備矣因而重之以盡天下之變故六畫而成卦重乾爲乾乾天也天者天之形體乾者天之性情乾健也健而无息之謂

而五則天之象也乾者君道而五則君之位也又剛健中正四者具備得天德之純故爲卦主也觀彖傳所謂時乘六龍以御

矣　黄帝堯舜垂衣裳而天下治蓋取諸乾坤　乾坤其易之門耶乾陽物也　夫乾天下之至健也德行恒易以知險

說卦傳

乾以君之　戰乎乾　戰乎乾乾西北之卦也言陰陽相薄也　乾健也　乾爲馬　乾爲首　乾天也故稱乎父　乾爲天爲圜爲君爲父爲玉

乾夫天專言之則道也天且弗違是也分而言之則以形體謂之天以主宰謂之帝以功用謂之鬼神以妙用謂之神以性情謂之乾乾者萬物之始故爲天爲陽爲父爲君元亨利貞謂之四德元者萬物之始亨者萬物之長利者萬物之遂貞者萬物之成惟乾坤有此四德在他卦則隨事而變焉故元專爲善大利主於正固亨貞之體各稱其事四德之義廣矣大矣

集說　孔氏穎達曰乾者此卦之名卦者掛也言懸掛物象以示於人故謂之卦二畫之體雖象陰陽之氣未成萬物之象未得成卦必三畫以象三才寫天地雷風水火山澤之象乃謂之卦也繫辭云八卦成列象在其中矣是也但初有三畫雖有萬物之象於萬物變通之理猶有未盡故更重之而有六畫備萬物之形象窮天下之能事故六畫成卦也此乾卦本以象天天乃積諸陽氣而成故此卦六爻皆陽畫成卦也不謂之天而謂之乾者天者定體之名乾者體用之稱故說卦云乾健也言天之

天首出庶物者皆主君道而言

爲金爲寒爲氷爲大赤爲良馬爲老馬爲瘠馬爲駁馬爲木果

序卦傳

有天地然後萬物生焉

雜卦傳

乾剛

體以健爲用聖人作易本以教人欲使人法天之用不法天之體故名乾不名天也○邵子曰不知乾無以知性命之理○朱子語類云乾只是健坤只是順純陽所以健純陰所以順至健者惟天至順者惟地○問乾者天之性情曰乾健也健之體爲性健之用是情又曰性情二者常相參在此情便是性之發非性何以有情健而無息非性何以能如此○問本義云見陽之性健而成形之大者爲天故三奇之卦名之曰乾而擬之於天也竊謂卦辭未見取象之意恐當於大象言之曰纔設此卦時便有此象了故於此豫言之○問元亨利貞曰當初只是說大亨利於正不以分配四時孔子見此四字好始分作四件說○又云元亨利貞四字文王本意在乾坤者只與諸卦一般至孔子作彖傳文言始以乾坤爲四德而諸卦自如其舊二聖人之意非有不同蓋各是發明一理耳今學者且當虛心玩味各隨本文之意而體會之其不同處自不相妨不可遽以己意橫作

主張也○胡氏炳文曰元亨利貞諸家便作四德解惟本義以爲占辭大通而至正此天道之本然大通而必利在正固人事之當然也乾爲易第一卦占得之者其事雖大通而非正固尚不能保其終況他卦乎○蔡氏清曰成形之大者爲天坤卦亦曰陰之成形莫大於地可見不可就以乾坤當天地凡至健者皆爲乾凡至順者皆爲坤此乾坤所以足應萬用而彖傳之言所以專以天道明乾義以地道明坤義也○林氏希元曰乾德剛健剛以體言健兼用言剛則有立健則有爲人而有立有爲則志至氣至本立道生事無不立功無不成不見艱難無能阻止如乾旋坤轉如雷厲風行何天之不衢殆不足以擬之是不惟亨而且大亨也中者不偏不倚正者無過不及體用之分也正大而天地之情可見矣可見乾之中正也乾道大通而至正在人容有不正者故聖人因以爲戒

案乾坤之元亨利貞，諸儒俱作四德說，惟朱子以爲占辭而與他卦一例，其言當矣。然四字之中雖只兩意，實有四層。何則？元，大也；亨，通也；利，宜也；貞，正而固也。人能至健，則事當大通，然必宜於正固，是占辭只兩意也。但易之中有言小亨者矣，有言不可貞者矣。一時之通，其亨則小，惟有大者存焉，而後其亨乃大也，是大在亨之先也。硜硜之固，固則非宜，惟有宜者在焉，而後可以固守也，是宜在貞之先也。其在六十四卦者，皆是此理。故其言元亨者，合乎此者也；其但言亨，或曰小亨者，次乎此者也；其言利貞者，合乎此者也；其言不可貞、勿用永貞，或曰貞凶、貞厲、貞吝者，反乎此者也。乾坤諸卦之宗，則其亨無不大，而其貞無不宜。文王繫辭備此四字，故孔子推本於天之道、性之蘊，而以四德明之，實所以發文王之意，且以爲六十四卦詳畧偏全之例，非孔子之說異乎文王之說，又非其釋乾坤之辭獨異乎諸卦之辭也。學者以是讀朱子之書，庶乎不謬厥旨矣。

彖曰大哉乾元萬物資始乃統天

本義彖即文王所繫之辭上者經之上篇傳者孔子所以釋經之辭也後凡言傳者放此○此專以天道明乾義又析元亨利貞爲四德以發明之而此一節首釋元義也大哉歎辭元大也始也乾元天德之大始故萬物之生皆資之以爲始也又爲四德之首而貫乎天德之始終故曰統天

集說九家易曰乾者純陽天之象也觀乾之始以知天德惟天爲大故曰大哉元者氣之始也○朱子語類云乾元只是天之性不是兩箇物事○又云元者用之端而亨利貞之理具焉至於爲亨爲利爲貞則亦元之爲耳此元之所以包四德也若分而言之則元亨誠之通利貞誠之復其體用固有在矣以用言則元爲主以體言則貞爲主○又云元者天地生物之端倪也元者生意在亨則生意之長在利則生意之遂在貞則生意之成若言仁便是這意思仁

本生意生意則惻隱之心也苟傷著這生意則惻隱之心便發若羞惡也是仁去那義上發若辭讓也是仁去那禮上發若是非也是仁去那智上發若不仁之人安得更有義禮智○蔡氏清曰天地間凡大者皆爲始始者便自大有生之初自然之理是如此有生之後當然之序亦如此彖辭元字只訓大者以本文原無始字義也此以有萬物資始句故兼言之坤乾元之大亦於萬物資始處見也

彖則彖傳者孔子所以釋文王之意先釋名後釋辭其釋名則雜取諸卦象卦德卦體有兼取者有但取其一而二者要皆以傳中首一句之義爲重如屯也者剛柔始交而難生蒙則山下有險皆第一義也釋辭之體尤爲不一蓋有直據卦名而論其理者有雜取卦象卦德卦體者正辭生於名就文王本文觀之則據卦名而論其理者也然名既根於卦則辭亦不離乎卦雜而取之則所以盡名中之蘊以見辭義之有所從來一則以爲二體

六爻吉凶之斷例而見辭義之無所不包也惟乾坤坎離震艮巽兌八卦不釋名者八卦之名文王無改於伏羲之舊而其德其象相傳已久不待釋也惟坎加習字有取於重卦之義故特釋之其釋辭則亦雜取德象與其爻位如釋乾元亨利貞之辭則以天言之者其卦象也以九五言之者其爻位也釋坤辭以地釋坎辭以水釋震辭以雷則皆卦象也釋坎以剛中釋離以柔中釋艮曰上下敵應不相與也釋巽曰剛巽柔順釋兌曰剛中柔外則皆爻位也先明乾卦則諸卦可通矣

雲行雨施品物流形

本義 此釋乾之亨也

集說 楊氏萬里曰彖言元利貞而獨不言亨者蓋雲行雨施即氣之亨也品物流形即形之亨也○俞氏琰曰前言萬物此言品物萬與品同與異與元爲稟氣之始未可區別故總謂之萬

亨則流動形見。而洪纖高下。各有區別。故特謂之品。

大明終始。六位時成。時乘六龍以御天。

本義 始。即元也。終。謂貞也。不終則无始。不貞則无以爲元也。此言聖人大明乾道之終始。則見卦之六位各以時成。而乘此六陽以行天道。是乃聖人之元亨也。

集說 朱子語類云。乾道終始。即四德也。始則元終則貞。蓋不終則無以爲始。不貞則無以爲元。六爻之立。由此而立耳。以時成者。言各以其時而成。如潛見飛躍。皆以時耳。然皆四德之流行也。○又云。六龍只是六爻。龍只是譬喻。明此六爻之義。潛見飛躍。以時而動。便是乘六龍。便是御天。聖人便是天。天便是聖人。○蔡氏清曰。謂之乘者。因龍字生也。御者。如御車之御。

乾道變化。各正性命。保合大和。乃利貞。

本義變者化之漸化者變之成物所受爲性天所賦爲命大和陰陽會合沖和之氣也各正者得於有生之初保合者全於已生之後此言乾道變化无所不利而萬物各得其性命以自全以釋利貞之義也

集說朱子語類云各正性命他那元亨時雖正了然未成形質到這裏方成如百穀堅實了方喚作正性命○又云乾道變化各正性命總只是一箇理此理處處渾淪如一粒粟生爲苗苗便生花花便結實又成粟還復本形一穗有百粒每粒箇箇完全又將這百粒去種又各成百粒生生只管不已初間只是這一粒分去物物各有理總只是一箇理○又云保合大和即是保合此生理也天地氤氳乃天地保合此生物之理造化不息及其萬物化生之後則萬物各自保合其生理不合則無物矣○又云保合大和天地萬物皆然天地便是大底萬物萬物便是小底天地○又云仁爲四德之首而智則能成始而成終猶元爲四德之長然元不生

於元而生於貞蓋天地之化不翕聚則不能發散也仁智交際之閒乃萬化之機軸此理循環不窮脗合無閒不貞則無以爲元也○項氏安世曰推其本統言之則曰乾元極其變化言之則曰乾道始乎乾元終乎大和萬物出於元入於元此元之所以爲大也○胡氏炳文曰以二氣之分言則變者萬物之出機元亨是也化者萬物之入機利貞是也以一氣之運言則變者其漸化者其成之先言品物流形後言各正性命物有此形即此性皆天所命也謂之各正則命之稟也乃性之所以一定而不易謂之保合則性之存也又命之所以流行而不已蓋大和者陰陽會合沖和之氣而乾元資始之理固在其中矣○薛氏瑄曰大哉乾元萬物資始誠之源也道之體也萬殊之所以一本也乾道變化各正性命誠斯立焉道之用也一本之所以萬殊也然凡言體用不可分而爲二○蔡氏清曰各正保合雖合爲乾之利貞然細分之各正者利也保合者貞也文言本義云

利者生物之遂物各得宜不相妨害非即此之各正性命乎貞者生物之成實理具備隨在各足非即此之保合大和乎○林氏希元曰各正性命是利保合大和是貞向之資始於元流形於亨者今則各效法象各成形質而性命於是乎各正既而愈斂愈固生意凝畜而不滲漏化機內蘊而不外見則大和於是保合矣

首出庶物萬國咸寧

本義 聖人在上高出於物猶乾道之變化也萬國各得其所而咸寧猶萬物之各正性命而保合大和也此言聖人之利貞也蓋嘗統而論之元者物之始生亨者物之暢茂利則向於實也貞則實之成也實之既成則其根蔕脫落可復種而生矣此四德之所以循環而无端也然而四者之間生氣流行初无間斷此元之所以包四德而統天也其以聖人而言則孔子之意蓋以此卦爲聖人得天位行天道而致太平之占也雖其文

義有非文王之舊者。然讀者各以其意求之，則竝行而不悖也。坤卦放此。

程傳　卦下之辭爲彖，夫子從而釋之，通謂之彖。彖者，言一卦之義。故知者觀其彖辭，則思過半矣。大哉乾元，贊乾元始萬物之道大也。四德之元，猶五常之仁，偏言則一事，專言則包四者。萬物資始乃統天，言元也。乾元統言天之道也。天道始萬物，物資始於天也。雲行雨施，品物流形，言亨也。天道運行，生育萬物也。大明天道之終始，則見卦之六位各以時成。卦之初終，乃天道終始。乘此六爻之時，乃天運也。以御天，謂以當天運。乾道變化，生育萬物，洪纖高下，各以其類，各正性命也。天所賦爲命，物所受爲性。保合大和乃利貞，保謂常存，合謂常和。保合大和，是以利且貞也。天地之道，常久而不已者，保合大和也。天爲萬物之祖，王爲萬邦之宗。乾道首出庶物而萬彙亨，君道尊臨天位而四海從。王者體天之道，則萬國咸寧也。

集說　朱子語類云：大哉乾元，萬物資始；至哉坤元，萬物資生。那元字便是生物之仁資始是得其氣資生是成其形到得亨便是他彰著利便是結聚貞便是收斂收斂既無形迹又須復生至如夜半子時此物雖存猶未動在到寅卯便生巳午便著申酉便結亥子丑便實及至寅又生他這箇只管運轉一歲有一歲之運一月有一月之運一日有一日之運一時有一時之運雖一息之微亦有四箇段子恁地運轉又曰元亨利貞無斷處貞了又元今日子時前便是昨日亥時物有夏秋冬生底是到這裏方感得生氣他自有箇小小元亨利貞○林氏希元曰伏羲所畫乾卦其義所該者廣不止天道文王元亨利貞之繫只是箇占辭原無他意夫子贊易則專以天道來發明乾義又將元亨利貞之辭分爲四德以發明乾義以天道明乾義他無所見只在析元亨利貞爲四德上見得○又曰元亨利貞本旨在卦辭者與諸卦一般至吾夫子分爲四德而後世之言天道者因之此夫子所以爲道德之宗也又如仁字首見於尚書只作

愛人說至夫子始作心德說以此立教仁道始行於世

○又曰利者生物之遂貞者生物之成遂與成如何分別論語遂事不諫註云遂謂事雖未成而勢不能已也則知遂是方向成之勢而貞則成矣故曰利則向於實也貞則實之成也

案乾者健也彖辭但言至健之道大通而宜於正固以爲人事之占而已夫子作彖傳乃推卦象卦位以發明之以卦象明之者乾之象莫大於天也以卦位明之者乾之位莫尊於五也以天之元亨言之其以一時統四時之德者莫如元至於澤流萬物則亨也以君之元亨言之九五以一位統六位之德是亦天之元矣澤流萬民是亦天之亨矣其言六位又言六龍者蓋以切飛龍在天之義言四德之終始寓於六爻之中而獨九五備衆爻之德處在天之位如乘駕六龍以御於天路則能行雲施雨與天之雲行雨施同也又以天之利貞言之

萬物成遂性命正而大和洽者利貞之候也以君之利貞言之九五一爻爲卦之主上下五陽與之同德如大君在上萬民各得其性命之理以休養於大和之化是亦天之利貞矣其言庶物言萬國者又以切利見大人之義以德位之所統言之則曰庶物以功化之所及言之則曰萬國首出則爲物所覩至於咸寧而臻乎上治矣乾之爲義無所不包夫子舉其大者故以天道君道盡之

象曰天行健君子以自彊不息

本義象者卦之上下兩象及兩象之六爻周公所繫之辭也○天乾卦之象也凡重卦皆取重義此獨不然者天一而已但言天行則見其一日一周而明日又一周若重複之象非至健不能也君子法之不以人欲害其天德之剛則自彊而不息矣 程傳卦下象解一卦之象爻下象解一爻之象諸卦皆取象以爲法

乾道覆育之象至大，非聖人莫能體。欲人人皆可取法也，故取其行健而已。至健固足以見天道也，君子以自彊不息，法天行之健也。

集說　游氏酢曰：至誠無息，天行健也。若文王之德之純是也。未能無息而不息者，君子之自彊也。若顏子三月不違仁是也。○朱子語類云：乾重卦，上下皆乾，不可言兩天。昨日行一天也，今日又行亦一天也。其實一天而行健不已，有重天之象。此所以爲天行健。坤重卦，上下皆坤，不可言兩地。地平則不見其順，必其高下層層，有重地之象。此所以爲地勢坤。○問天運不息，君子以自彊不息。曰：非是說天運不息，自家去提逐也，要學他如此不息。只是常存得此心，則天理常行而周流不息矣。又曰：天運不息，非特四時爲然，雖一日一時，頃刻之間，其運未嘗息也。○胡氏炳文曰：上經四卦，乾曰天行，坤曰地勢，坎曰水洊至，離曰明兩作，先體而後用也。下經四卦，震曰洊雷，艮曰兼山，巽曰隨風，兌曰麗澤，先用而後體也。乾坤不言重，巽於六子也稱健不稱乾異於坤也○蔡氏淸曰孔子於釋卦名卦辭之後而復加之以大象者蓋卦名卦辭之說有限而聖人胷中義理無窮故自天行健至火在水上未濟自君子自彊不息至愼辨物居方皆聖人之蘊因卦以發者也○林氏希元曰夫子贊易既釋卦名卦辭而有彖傳文言諸作矣見得易理無窮又合二體之象作傳以發明之○何氏楷曰健而無息之謂乾中庸言至誠無息者通之於天也自彊言不息不言無息學之爲法天事耳始於不息終於無息故中庸於無息之下文而推原之曰不息則久自彊之法何如曰主敬君子莊敬日強

案彖傳釋名或舉卦象或舉卦德或舉卦體大象傳則專取兩象以立義而德體不與焉又彖下之辭其於人事所以效動趨時者既各有所指矣象傳所謂先王大人后君子之事固多與彖義相發明者亦有自立一義

而出於彖傳之外者其故何也曰彖辭爻辭之傳專釋文周之書大象之傳則所以示人讀伏羲之易之凡也蓋如卦體之定尊卑分比應條例詳密疑皆至文王而始備伏羲畫卦之初但如說卦所謂天地山澤雷風水火之象而已因而重之亦但如說卦所謂八卦相錯者而已其象則無所不像其義則無所不包故推以制器則有如繫傳之所陳施之卜筮亦無往不可以類物情而該事理也夫子見其如此是故象則本乎羲名則因乎周義則斷以己若曰先聖立象以盡意而意無窮也後聖繫辭以盡言而言難盡也存乎學者之神而明之而已矣此義既立然後學者知有伏羲之書知有伏羲之書然後可以讀文王之書此夫子傳大象之意也

文言曰元者善之長也亨者嘉之會也利者義之和也貞者事之幹也

本義此篇申彖傳象傳之意以盡乾坤二卦之蘊而餘卦之說因可以例推云○元者生物之始天地之德莫先於此故於時爲春於人則爲仁而衆善之長也亨者生物之通物至於此莫不嘉美故於時爲夏於人則爲禮而衆美之會也利者生物之遂物各得宜不相妨害故於時爲秋於人則爲義而得其分之和貞者生物之成實理具備隨在各足故於時爲冬於人則爲智而爲衆事之幹幹木之身而枝葉所依以立者也

程傳它卦彖象而已獨乾坤更設文言以發明其義推乾之道施於人事元亨利貞乾之四德在人則元者衆善之首也亨者嘉美之會也利者和合於義也貞者幹事之用也

集說朱子語類問元者善之長曰元亨利貞皆善也而元乃爲四者之長是善端初發見處也○問亨者嘉之會曰且以草木言之發生到夏時好處都來湊會嘉只是好處會是期會也○又云利者義之和義疑於不和矣然處之而各得其所則和義之和

御纂周易折中 上經 乾

處便是利。○問程子曰義安處便爲利只是當然便安否曰是正好去解利者義之和句義截然而不可犯似不和分別後萬物各止其所却是和不和生於不義義則無不和和則無不利矣。○又云貞者事之幹知是那默運事變底一件物事所以爲事之幹。○又云正字不能盡貞之義須用連正固說其義方全正如孟子所謂知斯二者弗去是也知斯是正意弗去是固意幹問又有所謂不可貞者是如何曰也是這意思只是不可以爲正而固守之。○項氏安世曰善也嘉也義也皆善之異名也在事之初爲善善之衆盛爲嘉衆得其宜爲義義所成立爲事此一理而四名也故分而爲四則曰元者善之長也亨者嘉之會也利者義之和也貞者事之幹也比而爲二則曰乾元者始而亨者也利貞者性情也混而爲一則曰乾始能以美利利天下不言所利大矣哉義之和和謂能順之也事之幹幹謂能立之也

君子體仁足以長人嘉會足以合禮利物足以和義貞固足以幹事

本義 以仁爲體則无一物不在所愛之中故足以長人嘉其所會則无不合禮使物各得其所利則義无不和貞固者知正之所在而固守之所謂知而弗去者也故足以爲事之乾

程傳 體法於乾之仁乃爲君長之道足以長人也體仁體元也比而效之謂之體得會通之嘉乃合於禮也不合禮則非理豈得爲嘉非理安有亨乎和於義乃能利物豈有不得其宜而能利物者乎貞固所以能幹事也

集說 李氏鼎祚曰天運四時以生成萬物君法五常以敎化於人元爲善長故能體仁仁主春生東方木也通爲嘉會足以合禮禮主夏養南方火也利爲物宜足以和義義主秋成西方金也貞爲事幹以配於智智主冬藏北方水也不言信

者信主土上居中宮分王四季水火金木非土不載○朱子語類云體仁不是將仁來爲我之體我之體便都是仁也又曰本義云以仁爲體者猶言自家一箇身體元來都是仁○又云嘉美也會是集齊底意思許多嘉美一時闘湊到此故謂之嘉會嘉其所會便動容周旋無不中禮○又云看來義之爲義只是一箇宜其初則甚嚴如男正位乎外女正位乎內直是有內外之辨君尊於上臣恭於下尊卑大小截然不可犯似若不和之甚然能使之各得其宜則其和也孰大於是○又云幹如木之幹事如木之枝葉貞固者正而固守之貞固在事是與立箇骨子所以爲事之幹欲爲事而非此之貞固便植立不起自然倒了問貞固二字與體仁嘉會利物似不同曰屬北方者便著用兩字方能盡之○問文言四德一段曰元者善之長以下四句說天德之自然君子體仁足以長人以下四句說人事之當然元是善之長萬物生理皆始於此衆善百行皆統於此故於時

爲春於人爲仁亨是嘉之會嘉美也會猶齊也蓋春方生育至此乃無一物不暢茂其在人則禮儀三百威儀三千事事物物一齊到恰好處所謂動容周旋皆中禮故於時爲夏於人爲禮利者義之和萬物至此各遂其性事理至此無不得宜故於時爲秋於人爲義貞者事之幹萬物至此收斂成實事理至此無不的正故於時爲冬於人爲智此天德之自然其在君子所當從事於此者體者以仁爲體仁爲我之骨我以之爲體仁皆從我發出故無物不在所愛所以能長人欲其所會之美當美其所會蓋其厚薄親踈尊卑小大相接之體各有節文無不中節即所會皆美所以能合於禮也能使事物各得其宜不相妨害自無乖戾而各得其分之和知其正之所在固守而不去故足以爲事之幹幹如版築之有楨幹○胡氏炳文曰體仁有以存諸中嘉會則美見乎外利物有以方乎外而貞固有以守於中禮者仁之著智者義之藏體仁長人貞固幹事由理以及用嘉

會合禮。利物和義。則由用以及理也。○董氏眞卿曰。朱子謂屬北方者便著用兩字。方能盡之。幼時聞先君子之言曰。北方天氣之終始。有分別之義。故北字篆文兩人相背。至於四端五臟四獸屬北方者。皆兩。東西南三方者各一。四時爲冬。亦與春爲交接。四德爲貞。亦貞下起元。十二辰爲亥子。六十四卦爲坤復。○林氏希元曰。君子克己復禮。使仁充乎中而見乎外。中之所存。無一念之非仁。外之所行。無一事之非仁。則君子之身。渾是一箇仁。非體其體而體夫仁也。體仁。仁之至也。故無一物不在所愛之中。而足以長人。安土敦仁。故能愛。正是如此。○又曰。利者義之和之利。乃在人天然之利。利物足以和義之利。乃人所以求乎天然之利也。義之和之和。乃在人天然之和。足以和義之和。乃人所以求乎天然之和也。

君子行此四德者。故曰乾元亨利貞。

本義 非君子之至健无以行此，故曰乾元亨利貞。○此第一節申彖傳之意，與春秋傳所載穆姜之言不異，疑古者已有此語，穆姜稱之，而夫子亦有取焉，故下文別以子曰表孔子之辭，蓋傳者欲以明此章之爲古語也。

程傳 行此四德，乃合於乾也。

集說 朱子語類問：乾元亨利貞，猶言性仁義禮智？曰：此語甚穩當。又曰：乾元亨利貞，他把乾字當君子。○蔡氏清曰：元亨利貞四字，在文王只爲占辭，至孔子彖傳乃有四德之說，然其所謂四德者又有不同：天之四德，自其生成萬物者言也；聖人之四德，自其統治一世者言也；至此所謂四德，又只就君子一身所行而言也。一身所行者，其體也；統治一世者，其用也。四德無乎不在也，又見乾字所該者廣也。

乾元者，始而亨者也。

本義始則必亨，理勢然也。程傳又反覆詳說以盡其義，既始則必亨，不亨則息矣。

利貞者。性情也。

本義收斂歸藏，乃見性情之實。程傳乾之性情也，既始而亨，非利貞其能不息乎。集說朱子語類問利貞者性情也，曰此性情如言本體，元亨是發用處，利貞是收斂歸本體處，如春時發生，到夏長茂條達，至秋結子，有箇收斂攝聚底意思，但未堅實，至冬方成，在秋雖是已實，漸欲脫去其本之時，然受氣未足，便種不生，故須到冬方成，人只到秋冬，疑若不見生意，不知都已收斂在內。○胡氏炳文曰性情只是一健字，健者乾之性，而情其著見者也，且性情並言昉於此，釋彖曰性命，此則曰性情，言性而不言命，非知性之本，言性而不言情，非知性之用也。○俞氏琰曰性言其靜也，情言其動也，物之動極而至於收斂而歸藏，則復其本體之象，又將爲來春動而發用之地。故曰利貞者，性情也。元起於貞，貞下蓋有元繼焉；動生於靜，靜中蓋有動存焉。貞而元，靜而動，終而復始，則生生之道不窮。若但言性而不言情，則止乎貞，純乎靜而已矣，不見貞下起元、靜中有動之意，而非生生不窮之道也。

乾始能以美利利天下，不言所利，大矣哉。

本義　始者，元而亨也。利天下者，利也。不言所利者，貞也。或曰：坤利牝馬，則言所利矣。

程傳　乾始之道，能使庶類生成，天下蒙其美利，而不言所利者，蓋无所不利，非可指名也。故贊其利之大曰大矣哉。

集說　程子曰：亨毒化育，皆利也。不有其功，常久而不已者，貞也。詩曰：維天之命，於穆不已者，貞也。○朱子語類云：明道說得好，不有其功，言化育之無跡處爲貞。○項氏安世曰：物既始則必亨，亨則必利，利之極必復於元。貞者元之復也故四德總以一言曰乾元又曰乾始而四德在其中矣以八卦言之震其元也故爲出巽則既出而將相見也故爲齊離則其亨也故爲相見坤則既相見而將利之也故爲役兌則其利也故爲悅乾則既悅而將入於貞也故爲戰坎則其貞也故爲勞艮自貞而將出爲元也故爲萬物之所終始合而言之曰太極而八卦備矣其乾之謂乎○俞氏琰曰乾始即元也元乃生物之始也美即亨也亨乃衆美之會也○林氏希元曰上既即物之生長收藏以釋四德此則歸其功於乾始而贊其大即彖傳統天之說也謂乾雖四德之流行要一元之所統何也乾既始物由是而亨就能以美利徧利乎天下又收斂於內不言其所利是皆乾始之所爲也不其大與蓋萬物歸根復命之時造化生物之功不復可見韓琦詩云須臾慰滿三農望斂却神功寂若無亦是此意

大哉乾乎。剛健中正。純粹精也。

本義剛以體言。健兼用言。中者其行無過不及。正者其立不偏。四者乾之德也。純者不雜於陰柔。粹者不雜於邪惡。蓋剛健中正之至極。而精者又純粹之至極也。或疑乾剛无柔。不得言中正者。不然也。天地之間。本一氣之流行而有動靜爾。以其流行之統體而言。則但謂之乾而无所不包矣。以其動靜分之。然後有陰陽剛柔之別也。集說喬氏中和曰。剛者元也。健者亨也。中者利也。止者貞也。元亨利貞實以體之剛健中正也。一爻之情。六爻之情也。

六爻發揮。旁通情也。

本義旁通猶言曲盡。集說胡氏炳文曰。曲盡其義者在六爻。而備全其德者在九五一爻。時乘六龍以下則爲九五而言也○蔡氏清曰六爻發揮只是起下文時乘六龍之意蓋上文每條俱是乾字發端一則曰乾元二則曰乾始三則曰大哉乾乎至此則更端曰六爻發揮可見只是爲時乘六龍設矣卽彖傳六位時成也

時乘六龍以御天也雲行雨施天下平也

本義言聖人時乘六龍以御天則如天之雲行雨施而天下平也○此第五節復申首章之意

程傳大哉贊乾道之大也以剛健中正純粹六者形容乾道精謂六者之精極以六爻發揮旁通盡其情義乘六爻之時以當天運則天之功用著矣故見雲行雨施陰陽溥暢天下和平之道也

集說張氏清子曰彖言雲行雨施而以品物流形繼之則雲雨爲乾之雲雨此言雲行雨施而以天下平繼之則聖人之功卽乾而雲雨

乃聖人之
德澤也

案貞元爲體亨利爲用然即體即用不相離也即用即體未嘗二也故復釋之曰乾元者始也然即始而亨之理已具不待亨而後知其亨也利貞者成也事之成者得其性情之正而已而豈在外哉蓋一心之發散爲萬用之施而萬理之宜歸於一性之德故其始而必亨也是乾始能以美利利天下也及其終也利及天下而所性無加焉又何利之可言此乾元所以統天而其德所以爲大也由此觀之乾之德於其元亨也見其動直而剛焉不息而健焉於其利貞也見其裁制而中焉確守而正焉於其一元之妙心普萬物而無心也見其不累於功利之雜駁而純粹不滯於聲臭之粗而至精焉天道如此王道亦然王者之道其發之也剛其行之也健其裁之也中其處之也正要以體天地生生之心能使仁覆天下而莫知爲之者如精金美玉而無疵如太虛

浮雲而無迹非如霸者小補之功驩虞之效也卦惟九五全備斯德故六爻發揮固所以旁通乎乾之情矣而惟九五則兼統衆爻之德以處崇高之位其象爲飛龍在天者蓋如乘六龍以御天也龍而在天有不興雲致雨而使下土平康者乎夫當其膏澤溥施卽乾之美利利天下也及乎蕩蕩平平大化無跡又非乾之不言所利者與夫子之發明

天德王道於是爲至

初九潛龍勿用

本義 初九者卦下陽爻之名凡畫卦者自下而上故以下爻爲初陽數九爲老七爲少老變而少不變故謂陽爻爲九潛龍勿用周公所繫之辭以斷一爻之吉凶所謂爻辭者也潛藏也龍陽物也初陽在下未可施用故其象爲潛龍其占曰勿用凡遇乾而此爻變者當觀此象而玩其占也餘爻放此

程傳 下爻爲初

九陽數之盛故以名陽爻理无形也故假象以顯義乾以龍爲象龍之爲物靈變不測故以象乾道變化陽氣消息聖人進退初九在一卦之下爲始物之端陽氣方萌聖人側微若龍之潛隱未可自用當晦養以俟時

集說 沈氏驎士曰稱龍者假象也天地之氣有升降君子之道有行藏龍之爲物能飛能潛故借龍比君子之德也初九既尚潛伏故言勿用○孔氏穎達曰陽爻稱九陰爻稱六其說有二一者乾體有三畫坤體有六畫陽得兼陰故其數九陰不得兼陽其數六二者老陽數九老陰數六老陰老陽皆變周易以變者爲占故稱九稱六所以老陽數九老陰數六者以揲蓍之數九過揲則得老陽六過揲則得老陰其少陽稱七少陰稱八義亦準此○崔氏憬曰九者老陽之數動之所占故陽稱焉潛隱也龍下隱地潛德不彰是以君子韜光待時未成其行故曰勿用○朱子語類問程易以初二三四四爻作舜說何以見得如此曰此是推說爻象之意

非本指也易本因卜筮而有象因象而有占占辭中便有道理如筮得乾之初九初陽在下未可施用其象爲潛龍其占曰勿用凡遇乾而得此爻者當觀此象而玩其占隱晦而勿用可也此易之本指也聖人爲彖傳象傳文言節節推去無限道理此程易所以推說得無窮先通得易本指後推說不妨若便以所推說者去解易則失易之本指矣○李氏舜臣曰六爻之象皆取於龍者陽體之健其潛見惕躍飛亢者初終之序而變化之跡也○梁氏寅曰夫易者潔淨精微之教也故其取象皆假託其物而未涉於事包含其意而各隨所用然乾純陽之卦而取象於龍則其意多爲聖人而發者故夫子於文言皆以聖人事明之今觀之六爻則象之所示占之所決夫人可用也獨聖人乎如初九之潛龍勿用在聖人則方居側微也在君子則遯世无悶也在學者則養正於蒙也以是而推其用何不可哉朱子以象占言易而不欲以事論懼人之泥而失之也○林氏希元

曰龍不止陽物乃陽物之神靈不測者故象乾之六爻蓋乾卦六爻皆得乾道不比他卦故文言以聖人明之比之於物則是龍也

象曰潛龍勿用陽在下也

本義　陽謂九下謂潛　程傳　陽氣在下君子處微未可用也　集說　胡氏炳文曰夫子於乾坤初爻揭陰陽二字以明易之大義乾初曰陽在下坤初曰陰始凝扶陽抑陰之意已見於言辭之表

文言曰初九曰潛龍勿用何謂也子曰龍德而隱者也不易乎世不成乎名遯世无悶不見是而无悶樂則行之憂則違之確乎其不可拔潛

龍也。

本義 龍德，聖人之德也。在下故隱。易謂變其所守。大抵乾卦六爻，文言皆以聖人明之，有隱顯而无淺深也。

程傳 自此以下，言乾之用，用九之道也。初九陽之微，龍德之潛隱，乃聖賢之在側陋也。守其道，不隨世而變；晦其行，不求知於時。自信自樂，見可而動，知難而避，其守堅不可奪，潛龍之德也。

集說 孔氏穎達曰：心以為樂，已則行之；心以為憂，已則違之。身雖逐物推移，心志守道，確乎堅實，其不可拔。○游氏酢曰：龍德而隱，故不易乎世。不易乎世者，用舍在我，故遯世无悶。不成乎名者，非譽不在物，故不見是而无悶。○吳氏澄曰：樂則行之，釋上文无悶二句；憂則違之，釋上文不易不成二句。樂者，謂无悶也；行之，謂為之也；憂者，謂非其所樂也；違之，謂不為也。不求見於世，不求知於人者，此其所樂也，則為之；易乎世，成乎名者，此非其所樂也，則不爲。○蔣氏悌生曰：行道而濟時者，聖人之本心，故曰樂則行之。不用而隱遯者，非聖人所願欲也，故曰憂則違之。雖然，其進其退，莫不求至理之所在，未嘗枉道以徇人也，故曰確乎其不可拔。○蔡氏淸曰：遯世无悶二句，尤重於不易乎世二句；樂則行之三句，更重於遯世无悶二句。此三句明其無意必也。論龍德之隱，必至是而後盡。

案：吳氏、蔣氏兩說不同，而皆可通。

潛龍勿用，下也。

程傳：此以下言乾之時。勿用，以在下未可用也。

潛龍勿用，陽氣潛藏。

程傳此以下言乾之義方陽微潛藏之時君子亦當晦隱未可用也集說陸氏銓曰微陽潛藏愈養則愈厚輕用則發洩無餘矣

君子以成德爲行。日可見之行也。潛之爲言也。隱而未見。行而未成。是以君子弗用也。

本義成德已成之德也初九固成德但其行未可見爾程傳德之成其事可見者行也德成而後可施於用初方潛隱未見其行未成未成未著也是以君子弗用也集說朱子語類云德者行之本君子以成德爲行言德則行在其中矣德者得之於心行出來方見這便是行問行而未成如何曰只是事業未就○吳氏澄曰隱而未見者潛之象行而未成是以欲其弗用也○蔡氏淸曰言君子之所以爲行者以成德爲

行也。夫既以成德爲行。初九德已成矣。則日可以見之行也。夫既可以見之行矣。而又何以曰勿用。蓋初九時乎潛也。潛之爲言也。隱而未見。隱而未見則行猶未成。是以君子亦當如之而勿用也。

九二。見龍在田。利見大人。

本義 二。謂自下而上第二爻也。後放此。九二剛健中正出潛離隱。澤及於物。物所利見。故其象爲見龍在田。其占爲利見大人。九二雖未得位。而大人之德已著。常人不足以當之。故值此爻之變者。但爲利見此人而已。蓋亦謂在下之大人也。此以爻與占者相爲主賓。自爲一例。若有見龍之德。則爲利見九五在上之大人矣。

程傳 田。地上也。出見於地上。其德已著。以聖人言之。舜之田漁時也。利見大德之君。以行其道。君亦利見大德之臣。以共成其功。天下利見大德之人。以被其澤。大德之君。九五也。乾坤純體。不分剛柔。而以同德相應。

集說鄭氏康成曰二於三才爲地道地上卽田故稱田也○干氏寶曰二爲地上在地之表陽氣將施聖人將顯故曰利見大人○孔氏穎達曰陽處二位故曰九二陽氣發見故曰見龍田是地上可營爲有益之處陽氣發在地上故曰在田初之與二俱爲地道二在初上所以稱田見龍在田是自然之象利見大人以人事託之言龍見在田之時猶似聖人久潛稍出雖非君位而有君德故天下衆庶利見九二之大人先儒云若夫子教於洙泗利益天下有人君之德故稱大人○蔡氏清曰凡大人皆是德位兼全之稱九二雖未得位而大人之德已著所謂居仁由義大人之事備矣故亦謂之大人

象曰見龍在田德施普也

程傳見於地上德化及物其施已普也

集說陸氏希聲曰陽氣見於田則生植利於民聖人見於

世則教化漸於物故曰德施普也○梁氏寅曰德施普正孟子所謂正己而物正者也所謂德施豈必博施濟衆乃謂之施乎蓋聞其風而興起者無非其德之施也

文言曰九二曰見龍在田利見大人何謂也子曰龍德而正中者也庸言之信庸行之謹閑邪存其誠善世而不伐德博而化易曰見龍在田利見大人君德也

本義正中不潛而未躍之時也常言亦信常行亦謹盛德之至也閑邪存其誠无斁亦保之意言君德也者釋大人之爲九二也

程傳以龍德而處正中者也在卦之正中爲得正中之義庸信庸謹造次必於

是也既處无過之地則唯在閑邪邪既閑則誠存矣善世而不伐不有其善也德博而化正己而物正也皆大人之事雖非君位君之德也

集說

孔氏穎達曰庸常也常言之信實常行之謹愼防閑邪惡自存誠實爲善於世而不自伐其功德能廣博而變化於世俗初爻則全隱遯避世二爻則漸見德行以化於俗也○朱子語類云庸言庸行盛德之至到這裏猶自閑邪存誠便是無射亦保雖無厭斁亦當保也保者持守之意○又云利見大人君德也兩處說君德却是要發明大人即是九二○陸氏九淵曰言行之信謹二之所以成己者也善世而不伐二之所以成物者也彼其所謂信謹者乃其所以不伐者也閑邪存其誠存諸己者也德博而化德之及乎物者也彼其所以閑而存者乃其所以博而化者也○李氏舜臣曰乾畫一實則誠坤畫一虛則生敬故乾九二言誠坤六二言敬誠敬二字始於包犧心畫而實天地自然之理也○項氏安世曰稱中正

者二事也二五爲中陰陽當位爲正稱正中者一事也但取其正得中位非以當位言也○又曰以在下卦爻非陽位故不爲中位而爲中德文言兩稱君德明非君位也此又稱龍德之中明非龍位之中也○馮氏椅曰易者理學之宗而乾坤二卦又易學之宗也子思孟子言誠者天之道先儒謂誠敬者聖學之源皆出於此○何氏楷曰道止於中中寓於庸庸者常也平無奇之名言必有物無苟高也惟其信無擇言矣行必有則無苟難也惟其謹無擇行矣信謹誠也天德也一實焉而已

見龍在田。時舍也。

本義言未爲時用也。程傳隨時而止也。

見龍在田。天下文明。

本義雖不在上位然天下已被其化。程傳龍德見於地上則天下見其文明而化之。集說蘇氏軾曰以言行化物故曰文明。

君子學以聚之問以辨之寬以居之仁以行之。易曰見龍在田利見大人君德也。

本義蓋由四者以成大人之德再言君德以深明九二之爲大人也。程傳聖人在下雖已顯而未得位則進德脩業而已學聚問辨進德也寬居仁行脩業也君德已著利見大人而進以行之耳進居其位者舜禹也進行其道者伊傅也。集說朱子語類云學以聚之問以辨之既探討得當且放頓寬大田地待觸類自然有會合處故曰寬以居之○吳氏澄曰理具於心而散於事物事物之理有一未明則心之所具有一未盡必博學周知俾萬理皆聚而無所闕遺故曰學以聚之辨剖決也旣聚矣必問於先知先覺之人以剖決其是否故曰問以辨之寬猶曾子所謂弘張子所謂大心也居謂居業之居問旣辨矣必有弘廣之量以藏蓄其所得故曰寬以居之仁者心德之全天理之公也旣有以居之矣心德渾全存存不失應事接物皆踐其所知而所行無非天理之公故曰仁以行之○又曰學聚之以知其理仁行之以行其事問辨之以審別所當行於學聚之後寬居之以存貯所已知於仁行之先寬之所居卽學之所聚者仁之所行卽問之所辨者○林氏希元曰學聚問辨是知工夫寬居是把義理放在胸中詳玩深味使透徹貫串乃居安資深時也故亦屬之行

九三君子終日乾乾夕惕若厲无咎

本義　九陽爻三陽位重剛不中居下之上乃危地也然性體剛健有能乾乾惕厲之象故其占如此君子

指占者而言。言能憂懼如是，則雖處危地而无咎也。

程傳 三雖人位，已在下體之上，未離於下而尊顯者也。舜之玄德升聞時也。日夕不懈而兢惕，則雖處危地而无咎。在下之人而君德已著，天下將歸之，其危懼可知。雖言聖人事，苟不設戒，則何以爲教。作易之義也。

集說 鄭氏康成曰：三於三才爲人道，有乾德而在人道，君子之象。○孔子穎達曰：以陽居三位，故稱九三，以居不得中，故不稱大人。陽而得位，故稱君子，在憂危之地，故終日乾乾，言終竟此日，健健自彊，不有止息，夕惕者，謂至向夕之時，猶懷憂惕。此卦九三所居之處，實有危厲，又文言云，雖危无咎，是實有危也。據其上下文勢，若字宜爲語辭，諸儒並以若爲如，如似有厲，是實無厲也，理恐未盡。○龔氏原曰：三居下體之上，當危懼之時，惟自彊不息，戒謹恐懼，可以免咎。○楊氏時曰：乾之九三獨言君子，蓋九三人之位也，履正居中在此一文，故文言於九四則曰上不在天，下不在田，中不在人，於九三。止言上不在天下不在田而已。其曰君子行此四德者。蓋乾之所謂君子也。○朱子語類問伊川云雖言聖人事苟不設戒何以爲教竊意因時而惕雖聖人亦有此心曰易之爲書廣大悉備常人皆可得而用初無聖凡之別但當著此爻便用兢兢戒惕○胡氏炳文曰凡卦爻有占無象象在占中有象無占占在象中如乾初二四五上分象與占九三終日乾乾夕惕若皆占辭也而象在其中

象曰。終日乾乾。反復道也。

本義反復重複踐行之意。程傳進退動息必以道也。集說項氏安世曰三以自脩故曰反復四以自試故曰進退

文言曰。九三曰君子終日乾乾夕惕若厲无咎。

何謂也。子曰。君子進德脩業。忠信。所以進德也。脩辭立其誠。所以居業也。知至至之。可與幾也。知終終之。可與存義也。是故居上位而不驕。在下位而不憂。故乾乾因其時而惕。雖危无咎矣。

本義忠信主於心者无一念之不誠也脩辭見於事者无一言之不實也雖有忠信之心然非脩辭立誠則无以居之知至至之進德之事知終終之居業之事所以終日乾乾而夕猶惕若者以此故也可上可下不驕不憂所謂无咎也

程傳三居下之上而君德已著將何爲哉唯進德脩業而已內積忠信所以進德也擇言篤志所以居業也知至至之致知也求知所至而後至之知之在先故可與幾所謂始條理者知之事也

知終終之力行也既知所終則力進而終之守之在後故可與存義所謂終條理者聖之事也此學之始終也君子之學如是故知處上下之道而无驕憂不懈而知懼雖在危地而无咎也

集說

孔氏穎達曰九三所以終日乾乾者欲進益道德脩營功業故終日乾乾匪懈也進德則知至將進也脩業則知終存義也○程子曰脩辭立其誠不可不子細理會言能脩省言辭便是要立誠若只是脩飾言辭爲心只是爲僞也脩其言辭正爲立己之誠意○呂氏大臨曰忠信進德如有諸己又知所以充實之也脩辭立其誠正名是事行其實以稱之也所立卓爾而欲從之知至至之也於德有先見之明也人不堪其憂而不改其樂知終終之也於分有當安之義也○朱子語類云德是就心上說業是就事上說忠信是自家心中誠實脩辭立其誠是說處有箇實底道理○又云忠信只是實若無實如何會進如播種相似須是實有種子下在泥中方會日見發生若把

箇空殼下在裏面如何會發生道理須是實見得若徒將耳聽過將口說過濟甚事忠信所以爲實者且如孝須實是孝方始那那孝之德日進一日如弟須實是弟方始那那弟之德日進一日若不實却自無根了如何會進立其誠誠依舊便是上面忠信脩辭是言語照管得到那裏面亦須照管得到進德是自覺得意思日强似一日日日振作似一日不是外面事只是自見得意思不同

○問立誠不就制行上說而特指脩辭何也曰人不誠處多在言語上又曰人多將言語作沒緊要容易說出來若一一要實這工夫自是大忠信進德便是見得脩辭立誠底許多道理脩辭立誠便要立得這忠信若口不擇言逢事便說只這忠信亦被汨沒動盪立不住了

○又云伊川解脩辭立誠作擇言篤志說得來寬不如明道說云脩其言辭正爲立己之誠意

○又云忠信脩辭且大綱說所以進德脩業之道知至知終則又詳其始終工夫之序如此忠信心也脩業事也然蘊於心者

所以見於事脩於事者所以養其心此聖人之學所以爲內外兩進而非判然二事也知至則知其道之所止至之乃行矣而驗其所知也知終則見其道之極致終之乃力行而期至於所歸宿之地也知而行行而知二者交相警發而其道日益光明終日乾乾又安有一息之閒哉○又云知至至之者言此心所知者眞箇到那所知田地雖行未到而心已到故其精微幾密一齊在此故曰可與幾知終終之者既知到極處便力行到極處此眞實見於行事故天下義理都無走失故曰可與存義○又云進字貼著那幾字至字又貼著那進字居字貼著那存字終字又貼著那居字幾是心上說義是那業上底道理○又云忠信進德與知至至之可與幾也這幾句都是去底字脩辭立誠與知終終之可與存義都是住底字進德是日日新居業是日日如此○問脩業居業之別曰二者只是一意居守也逐日脩作是脩常常如此是守○又云忠信進德脩辭立誠與敬

以直內義以方外分屬乾坤蓋取健順二體忠信立誠自有剛健主立之體敬義便有靜順之體進修便是箇篤實敬義便是箇虛靜故曰陽實陰虛○俞氏琰曰德與忠信皆主於心者也業與辭皆見於事者也事已成謂之業修業者業未成則修而成之也居業業已成則居而守之也辭言辭也修謂修省非修飾也誠卽忠信也立其誠謂立其誠意而不為私意所汨撓也若但以修飾言辭為心則偽矣君子閑邪存其誠則無一念之不正也修辭立其誠則無一言之不實也○蔣氏悌生曰乾乾因其時而惕時字正解爻辭終日之義見聖人省察之心無少間斷也○蔡氏清曰忠信所以進德也每應一件事俱着一箇心為之主惟心之所主者一於誠則德之在內者進矣而其於事也又處置恰好如其所言則是誠有所歸宿安頓處是之謂立誠而業之見於外者修矣又曰誠卽忠信也忠信就初間存主上說修辭立誠就後來事到就緒上說二者總是敬以直

内義以方外忠信直内之事脩辭方外之事○又曰閑邪之外再無存誠工夫故承之曰存其誠脩辭之外再無立誠工夫故承之曰立其誠誠即忠信向也誠存於心而今則見於事而誠有立矣○又曰中庸章句云反諸身不誠謂反求諸身而其所存所發有未實也所存之實即主忠信也所發之實即脩辭立其誠也合進德脩業總是中庸之誠身大學之誠意正心脩身○又曰九三居下之上是亦有位其上者則九三爲在下位矣亦有位在下者則九三又爲居上位矣若於初二必不兼言居上位若於九五必不兼言在下位此亦當知○林氏希元曰忠信是此心眞實如孝則眞實是孝弟則眞實是弟實心爲善則善心日以充長善念日以彰著此之謂進德實心爲善乃誠也若辭不脩語孝弟俱是空言無實事則此誠終於消散不聚集矣何由立又何積業可居故工夫又在脩治言辭上先行其言而後從之言必有物凡吐口言語皆是實事無一句虛妄乃脩

辭也脩辭則行成孝成箇孝弟成箇弟吾心之誠集聚而不消散故曰立其誠誠立則業脩而可居非立誠之外又有居業工夫也○又曰忠信所以進德是忠信所以至之也何也凡有所進將必有所至忠信以至之則善心日長神智日開道之壼奧理之玄妙爲吾所當至者一時雖未能遽至固已先得之矣故可與幾脩辭立其誠所以居業是脩辭立誠所以終之也何也居是居止終是終身居止而不移居之所以終之也脩辭立誠以終之則踐履篤實持守堅固事理之宜吾所當守者可與存之而不失矣義者事理之宜吾所當守者也○鄭氏維嶽曰不曰所以脩業而曰所以居業蓋脩辭立誠即是脩矣既脩則有可居矣猶之屋然脩者方在營搆既成則可居也○楊氏啓新曰心之存諸中者純乎忠信而不妄則心無外馳而得於己者日進而不已言之見於事者致其脩省而有實則事皆實理而體諸身者安安而不遷

終日乾乾行事也

程傳進德脩業也　集說林氏希元曰事所當爲之事也前章之進德脩業是也終日乾乾日行其當爲之事而不止息也

終日乾乾與時偕行

本義時當然也　程傳隨時而進也

案與時偕行卽上乾乾因其時之義言終日之間無時不乾乾

九三重剛而不中上不在天下不在田故乾乾因其時而惕雖危无咎矣

本義 重剛謂陽爻陽位。 程傳 三重剛剛之盛也過中而居下之上上未至於天而下已離於田危懼之地也因時順處乾乾兢惕以防危故雖危而不至於咎君子順時兢惕所以能泰也。集說 虞氏翻曰以乾接乾故重剛位非二五故不中也。○孔氏穎達曰上不在天謂非五位下不在田謂非二位也居危之地以乾乾夕惕戒懼不息得无咎也。○吳氏澄曰九三居下乾之終接上乾之始九四居上乾之始接下乾之終當重乾上下之際故皆曰重剛

九四。或躍在淵。无咎。

本義 或者疑而未定之辭躍者无所緣而絕於地特未飛爾淵者上空下洞深昧不測之所龍之在是若下於田或躍而起則向乎天矣九陽四陰居上之下改革之際進退未定之時也故其象如此其占能隨時進

退則无咎也。

程傳 淵，龍之所安也。或，疑辭，謂非必也。躍不躍，唯及時以就安耳。聖人之動无不時也。舜之歷試，時也。

集說 干氏寶曰：躍者，暫起之言。○孔氏穎達曰：或，疑也。躍，跳躍也。言九四陽氣漸進，似若龍體欲飛，猶疑或也。躍於在淵，未即飛也。○程氏迥曰：初與二既皆稱龍，此爻雖不稱龍，即上文知其爲龍也。亦猶大壯九三羝羊觸藩羸其角，而九四不言羊，知藩決不羸即羊也。○李氏過曰：躍者，未飛而習飛者也。○林氏希元曰：本義「進退未定之時」，通承上文。「九陽四陰，居上之下，改革之際」三句說，蓋以爻與位言，九陽爻，四陰位，陽主進，陰主退，是進退未定也。以上體言，四居上之下，居上欲進，居上之下則又未必於進，亦進退未定也。以上下二體言，四初離下體，入上體，是爲改革之際，亦進退未定也。故總承之曰「進退未定之時」。○又曰：或躍在淵，將進而未必於進也。未必於進，非不進也，審進退之時，必時可進然後進也，是謂隨時進退。○陳氏琛曰九四以陽居陰本非躁進之資又居上之下適當改革之時是其欲進以有爲而商度之未決蓋將待時而出見可而動也有如龍之或躍在淵焉其象如此占者誠能隨時進退則其進也非貪位退也非沽名可以投事幾之會可以免失身之辱何咎之有哉

象曰或躍在淵進无咎也

本義可以進而不必進也 程傳量可而進適其時則无咎也 集說石氏介曰進无咎也一句是承或躍在淵言非決其疑也蓋曰如此而進斯无咎耳

文言曰九四曰或躍在淵无咎何謂也子曰上下无常非爲邪也進退无恆非離羣也君子進

德脩業欲及時也故无咎

本義 內卦以德學言外卦以時位言進德脩業九三備矣此則欲其及時而進也 程傳 或躍或處上下无常或進或退去就從宜非爲邪枉非離羣類進德脩業欲及時耳時行時止不可恒也故云或深淵者龍之所安也在淵謂躍就所安淵在深而言躍但取進就所安之義或疑辭隨時而未可必也君子之順時猶影之隨形可離非道也 集說 項氏安世曰進退上下不敢自必相時而動所謂自試也大抵上下之交皆危疑之地故三厲而四猶疑之○俞氏琰曰上與進釋躍字下與退釋在淵之義无常无恒釋或之義非爲邪非離羣欲及時以申進无咎之義○林氏希元曰可上而不上疑於以隱爲高可進而不進疑於避世離羣及時之時上進之時也欲及時是應非爲邪離羣句无咎得時也

或躍在淵。自試也。

本義 未遽有爲。姑試其可。程傳 隨時自用也。集說 趙氏汝楳曰：凡飛者必先躍，所以作其飛沖之勢。今鳥雛習飛，必跳躍於巢以自試其羽翰。四之躍亦猶是也。此以試釋躍。○俞氏琰曰：試釋躍字，與中庸曰省月試之試同。君子謹失時之戒，而自試其所學，蓋欲自知其淺深也。○谷氏家杰曰：入見者淺，自見者眞，必自家試之，而後可決也。

或躍在淵。乾道乃革。

本義 離下而上，變革之時。程傳 離下位而升上位，上下革矣。集說 趙氏汝楳曰：三爲下，至四革而爲上卦，革則道亦革。此專釋上下卦之交。○俞氏琰曰：革者，變也。下乾以終，上乾方始，從天道更端之時也○林氏希元曰此道字輕看猶云陽道陰道九四離下體而入上體是乾道改革之時也故或躍而未果文下本義改革之際正是取此人都不察妄爲之說

九四重剛而不中上不在天下不在田中不在人故或之或之者疑之也故无咎

本義九四非重剛重字疑衍在人謂三或者隨時而未定也　程傳四不在天不在田而出人之上矣危地也疑者未決之辭處非可必也或進或退唯所安耳所以无咎也　集說孔氏穎達曰三之與四俱爲人道人下近於地上遠於天九三近二正是人道九四則上近於天下遠於地非人所處故特云中不在人或之者疑之也此夫子釋經或字經稱或是疑惑之辭欲進欲退猶豫不定故疑之也九三位卑近下向上爲

難危惕憂深九四則陽德漸盛去五彌近前進稍易故但疑惑憂則淺也○李氏鼎祚曰三居下卦之上四居上卦之下俱非得中故曰重剛而不中也○張氏振淵曰或之者據其迹疑之者指其心疑非孤疑之疑只是詳審耳

九五飛龍在天利見大人

本義剛健中正以居尊位如以聖人之德居聖人之位故其象如此而占法與九二同特所利見者在上之大人爾若有其位則爲利見九二在下之大人也

程傳進位乎天位也聖人既得天位則利見在下大德之人與共成天下之事天下固利見夫大德之君也

集說揚氏雄曰龍之潛亢不獲中矣過中則惕不及中則躍二五其中乎故有利見之占○鄭氏康成曰五於三才爲天道天者清明無形而龍在焉飛之象

也。干氏寶曰聖功既就萬物既覩故曰利見大人。孔氏穎達曰言九五陽氣盛至於天故云飛龍在天此自然之象猶若聖人有龍德飛騰而居天位爲萬物所瞻覩故天下利見此居上位之大人。朱子語類云太祖一日問王昭素曰九五飛龍在天利見大人常人何可占得此卦昭素曰何害若臣等占得則陛下是飛龍在天臣等利見大人此說得最好此易之用所以不窮也。胡氏炳文曰九五以天德居天位剛健而純中正而粹者也文言曰剛健中正純粹精也其九五之謂與雲行雨施天下平也則飛龍在天之事矣。林氏希元曰此爻剛健中正以居尊位與他卦九五不同蓋乾是純陽至健之卦九五又得乾道之純在人則聖人也故本義特曰如以聖人之德居聖人之位以別於他卦

象曰飛龍在天大人造也。

本義造猶作也。程傳大人之爲聖人之事也。集說徐氏幾曰：大人造者，聖人作也。龍以飛而在天，猶大人以作而居位。大人釋龍字，造釋飛字。

文言曰：九五曰飛龍在天利見大人，何謂也？子曰：同聲相應，同氣相求。水流濕，火就燥。雲從龍，風從虎。聖人作而萬物覩。本乎天者親上，本乎地者親下，則各從其類也。

本義作，起也。物，猶人也。覩，釋利見之意也。本乎天者，謂動物。本乎地者，謂植物。物各從其類，聖人人類之首也，故興起於上，則人皆見之。程傳人之與聖人類也。五以龍德升尊位，人之類莫不歸仰，況同德乎？上應於下下從於上同聲相應同氣相求也流濕就燥從龍從虎皆以氣類故聖人作而萬物皆覩上旣見下下亦見上物人也古語云人物物論謂人也易中利見大人其言則同義則有異如訟之利見大人謂宜見大德中正之人則其辨明言在見前乾之二五則聖人旣出上下相見共成其事所利者見大人也言在見後本乎天者如日月星辰本乎地者如蟲獸草木陰陽各從其類人物莫不然也

集說

孔氏穎達曰因大人與衆物感應故廣陳衆物相感應以明聖人之作而萬物覩以結之也○又曰周禮大宗伯有天產地產大司徒云動物植物本受氣於天者是動物天體運動含靈之物亦運動是親附於上也本受氣於地者是植物地體凝滯植物亦不移動是親附於下也○朱子語類云天下所患無君不患無臣有如是君必有如是臣雖使而今無少間也必有出來雲從龍風從虎只怕不是眞箇龍虎若是眞箇龍虎必生風致雲也○又云本乎天者

親上凡動物首向上是親乎上人類是也本乎地者親下凡植物本向下是親乎下草木是也禽獸首多橫生所以無智此本康節說○項氏安世曰聖人先得我心之同然者故爲同聲同氣之義聖人之於人亦類也故爲各從其類之義

飛龍在天上治也。

本義居上以治下。程傳得位而行上之治也。集說蘇氏濬曰上治猶言盛治五帝三王皆治之上者也。

飛龍在天乃位乎天德。

本義天德即天位也蓋唯有是德乃宜居是位故以名之。程傳正位乎上位當天德矣。集說

張氏振淵曰雖有其位苟無其德可謂之位乎天位而已飛龍在天乃位乎天德

夫大人者與天地合其德與日月合其明與四時合其序與鬼神合其吉凶先天而天弗違後天而奉天時天且弗違而況於人乎況於鬼神乎

本義大人即釋爻辭所利見之大人也有是德而當其位乃可當之人與天地鬼神本无二理特蔽於有我之私是以牿於形體而不能相通大人无私以道爲體曾何彼此先後之可言哉先天不違謂意之所爲默與道契後天奉天謂知理如是奉而行之回紇謂郭子儀曰卜者言此行當見一大人而還其占蓋與此合若

子儀者雖未及乎夫子之所論然其至公无我亦可謂當時之大人矣

程傳 大人與天地日月四時鬼神合者合乎道也天地者道也鬼神者造化之迹也聖人先於天而天同之後於天而能順天者合於道而已合於道則人與鬼神豈能違也

集說 孔氏穎達曰與天地合其德謂覆載也與日月合其明謂照臨也與四時合其序者若賞以春夏刑以秋冬之類也與鬼神合其吉凶者若福善禍淫也若在天時之先行事天乃在後不違是天合大人也若在天時之後行事能奉順上天是大人合天也尊而遠者尚不違況小而近者可有違乎○程子曰若不一本則安能先天而天弗違後天而奉天時○又曰天且不違況於鬼神乎鬼神言其功用天言其主宰○王氏宗傳曰先天而天弗違時之未至我則先乎天而爲之而天自不能違乎我後天而奉天時時之既至我則後乎天而奉之而我亦不能違乎天蓋大人即天也天即大人也

上九亢龍有悔

本義上者最上一爻之名亢者過於上而不能下之意也陽極於上動必有悔故其象占如此

程傳九五者位之極中正者得時之極過此則亢矣上九至於亢極故有悔也有過則有悔唯聖人知進退存亡而无過則不至於悔也

集說王氏肅曰窮高曰亢知進忘退故悔也○郭氏雍曰九三過而惕故无咎上九過而亢故有悔然則龍德莫善於惕而莫不善於亢也○朱子語類云若占得此爻必須以亢滿爲戒當極盛之時便須慮其亢如這般處最是易之大義大抵於盛滿時致戒

象曰亢龍有悔盈不可久也

程傳盈則變有悔也

集說谷氏家杰曰亢不徒以時勢言處之者與時勢俱亢方謂之盈不可二字

聖人深爲處盈者致戒。

文言曰：上九曰亢龍有悔，何謂也？子曰：貴而无位，高而无民，賢人在下位而无輔，是以動而有悔也。

本義 聖人在下位，謂九五以下。无輔，以上九過高志滿，不來輔助之也。○此第二節，申象傳之意。

程傳 九居上而不當尊位，是以无民无輔，動則有悔也。

集說 谷氏家杰曰：以有位謂之貴，以有民謂之高，以有輔謂之賢。人在下位，其貴而又无位，高而又无民，賢人在下位而又无輔者，何？俱以亢失之也，故動而有悔。

亢龍有悔。窮之災也。

程傳　窮極而災至也

亢龍有悔。與時偕極。

程傳　時既極則處時者亦極矣集說朱氏震曰消息盈虛與時偕行則无悔偕極則窮故有悔也○林氏栗曰此節上下卦相應初四爲始初潛藏四乃革矣革潛爲躍也二五爲中二文明五乃天德矣言德稱其位也三上爲終三與時偕行上偕極矣

亢之爲言也。知進而不知退。知存而不知亡。知得而不知喪。

本義所以動而有悔也。集說孔氏穎達曰：言上九所以亢極有悔者，正由有此三事。若能三事備知，雖居上位，不至於亢也。

其唯聖人乎。知進退存亡而不失其正者，其唯聖人乎。

本義知其理勢如是，而處之以道，則不至於有悔矣，固非計私以避害者也。再言其唯聖人乎，始若設問，而卒自應之也。○此第六節，復申第二、第三、第四節之意。程傳極之甚爲亢，至於亢者，不知進退存亡得喪之理也。聖人則知而處之，皆不失其正，故不至於亢也。集說李氏鼎祚曰：再稱聖人者，歎美用九能知進退存亡而不失其正。○朱氏震曰：亢者，處極而不知反也。萬物之理，進必有退，存必有亡，得必有喪。亢知一而不知二故道窮而致災人固有知進退存亡者矣其道詭於聖人則未必得其正不得其正則與天地不相似知進退存亡而不失其正者其唯聖人乎故兩言之○胡氏炳文曰陽極則剝乾上則亢中不可過也知其時將過乎中而處之不失其正其唯聖人乎貞者正也乾元之用所歸宿也乾之四德始於元至此又論聖人之體乾而歸於正其意深矣○陳氏琛曰進極必退存極必亡乃理勢之自然也知其如是則隨時變通而處以是道之當然有收斂而無施張有舍棄而無係吝如此則不至於有悔矣然此唯聖人能之蓋聖人樂天知命達理而能權也常人則明不足以見幾心不免於物累故不能也

總論

范氏仲淹曰九二君之德九五君之位成德於其內得位於其外餘爻則從其進退安危之會言之

○饒氏魯曰一爻有一爻之中如初則以潛爲中二則以見爲中三則以乾惕爲中四則以或躍爲中卦有才

有時有位不同。聖人使之無不合乎中。

用九見羣龍无首吉。

本義　用九。言凡筮得陽爻者。皆用九而不用七。蓋諸卦百九十二陽爻之通例也。以此卦純陽而居首故於此發之。而聖人因繫之辭。使遇此卦而六爻皆變者。卽此占之。蓋六陽皆變。剛而能柔。吉之道也。故爲羣龍无首之象。而其占爲如是則吉也。春秋傳曰。乾之坤曰見羣龍无首吉。蓋卽純坤卦辭牝馬之貞。先迷後得東北喪朋之意。

程傳　用九者。處乾剛之道。以陽居乾體。純乎剛者也。剛柔相濟爲中。而乃以純剛。是過乎剛也。見羣龍。謂觀諸陽之義。无爲首則吉也。以剛爲天下先。凶之道也。

集說　朱子答虞士朋曰。用九用六。當從歐公說。爲揲蓍變卦之凡例。蓋陽爻百九十二。皆用九而不用七。陰爻百九十二。皆用六而不用八也。

特以乾坤二卦純陽純陰而居篇首故就此發之此歐陽公舊說也而愚又嘗因其說而推之竊以爲凡得乾而六爻純九得坤而六爻純六者皆當直就此例占其所繫之辭不必更看所變之卦左傳蔡墨所謂乾之坤曰見羣龍无首者可以見其一隅也○又語類云荊公言用九只在上九一爻非也六爻皆用九故曰見羣龍无首吉用九便是行健處○林氏希元曰用九本是陽爻之通例然於乾卦六爻之後發之便是指乾卦六爻用九○又曰或疑无首之吉剛而能柔則吉也牝馬之利順而能健則利也剛而能柔與順而健者性體自是不同而春秋傳曰乾之坤曰見羣龍无首吉何也曰乾變之坤雖爲坤之所爲然本自剛來與本是坤者不同坤變之乾雖爲乾之所爲然本自柔來與本是乾者不同故乾无首之吉終不可同於坤牝馬之貞坤永貞之利終不可同於乾之元亨聖人不敢人卽所變之卦以考其占而別著自此至彼之象占者正以其有不可同

耳。

案爻辭雖所以發明乎卦之理。而實以爲占筮之用。故以九六名爻者。取用也。爻辭動則用。不動則不用。卦辭則不論動不動而皆用也。但不動者以本卦之彖辭占。其動者。則合本卦變卦之彖辭占。如乾之六爻全變則坤。坤之六爻全變則乾也。先儒之說。以爲全變則棄本卦而觀變卦。而乾坤者天地之大義。乾雖變坤。未可純用坤辭也。坤雖變乾。未可純用乾辭也。故別立用九用六以爲皆變之占辭。此其說亦善矣。以理揆之。則凡卦雖全變。亦無盡棄本卦而不觀之理。不獨乾坤也。故須合本卦變卦而占之者近是。如此則乾變坤者。合觀乾辭與坤辭而已。坤變乾者。合觀坤辭與乾辭而已。但自乾而坤。則陽而根陰之義也。自坤而乾。則順而體健之義也。合觀卦辭者。宜知此意。故立用九用六之辭以發之。蓋羣龍雖現而不現其首。陽而根陰故也。永守其貞而以大終順而體健故也此亦因乾坤以爲六十四卦之通例如自復而姤則長而防其消可也自姤而復則亂而圖其治可也固非乾坤獨有此義而諸卦無之也聖人於乾坤發之以示例爾然乾雖不變而用九之理自在故乾元無端即无首之妙也坤雖不變而用六之理自在故坤貞能安即永貞之道也陰陽本自合德者交易之機其因動而益顯者則變易之用學易者尤不可以不知

象曰用九天德不可爲首也

本義 言陽剛不可爲物先故六陽皆變而吉○天行以下先儒謂之大象潛龍以下先儒謂之小象後放此

程傳 用九天德也天德陽剛復用剛而好先則過矣

集說 谷氏家杰曰一歲首春一月首朔似有首矣然春即臘之底朔即晦之極渾渾全全要之莫知所終引之鳥有其始更無可爲首也用九者全體天

德循環不已。聖人之御天者此也。

案此不可爲首，與不可爲典要語勢相似，非戒辭也。若言恐用剛之太過，不可爲先，則天德兩字是至純至粹無以復加之稱，非若剛柔仁義倚於一偏者之謂。尚恐其用之太過而不可爲先，則非所以爲天德矣。程子嘗曰：動靜無端，陰陽無始。蓋即不可爲首之義，如所謂不可端倪，不可方物，亦此意也。

文言曰：乾元用九，天下治也。

本義　言乾元用九，見與它卦不同，君道剛而能柔，天下无不治矣。○此第三節，再申前意。

程傳　用九之道，天與聖人同，得其用則天下治也。

集說　朱子語類問乾元用九天下治也。曰：九是天德，健中便自有順，用之則天下治。如下文乃見天則，則便是天德

乾元用九乃見天則

本義 剛而能柔天之法也此第四節又申前意 **程傳** 用九之道天之則也天之法則謂天道也或問乾之六爻皆聖人之事乎曰盡其道者聖人也得失則吉凶存焉豈特乾哉諸卦皆然也 **集說** 蘇氏軾曰天以无首爲則○吳氏澄曰剛柔適中天之則也則者理之有限節而無過無不及者也○張氏振淵曰不曰乾爻用九而曰乾元用九統六爻而歸之元也亢而用變正是貞之極而歸於元乾之所爲終始相因而无首也故曰乾元用九可見乾道變化之則○谷氏家杰曰則者有準而不過之意用九者有變而無常之意天道不是變換焉能使春夏秋冬各有其限聖人不是變換焉能使仁義禮智各有其節用九正天之準則不過處故曰乃見

繫辭上傳
天尊地卑乾坤定
矣　坤道成女
坤作成物　坤以
簡能　簡則易從
易從則有功

總論朱子答萬正淳曰大抵易卦之辭本只是各著本卦本爻之象明吉凶之占當如此耳非是就聖賢地位說道理也故乾六爻自天子以至於庶人自聖人以至於愚不肖筮或得之義皆有取但純陽之德剛健之至若以義類推之則爲聖人之象而其六位之高下又有似聖人之進退故文言因潛見躍飛自然之文而以聖人之迹各明其義

☷☷ 坤下坤上

坤元亨利牝馬之貞君子有攸往先迷後得主利西南得朋東北喪朋安貞吉

本義⚋者耦也陰之數也坤者順也陰之性也註中者三畫卦之名也經中者六畫卦之名也陰之成形

坤以六
二爲卦
主蓋坤
者地道
而二則
地之象

有功則可大　可
大則賢人之業
效法之謂坤　夫
坤其靜也翕其動
也闢是以廣生焉
闔戶謂之坤
乾坤其易之緼耶
乾坤成列而易立
乎其中矣乾坤毀
則无以見易易不
可見則乾坤或幾
乎息矣
繫辭下傳
夫坤隤然示人簡
矣　黃帝堯舜垂
衣裳而天下治蓋

莫大於地此卦三畫皆耦故名坤而象地重之又得坤焉則是陰之純順之至故其名與象皆不易也牝馬順而健行者陽先陰後陽主義陰主利西南陰方東北陽方安順之爲也貞健之守也遇此卦者其占爲大亨而利以順健爲正如有所往則先迷後得而主於利往西南則得朋往東北則喪朋大抵能安於正則吉也

程傳

坤乾之對也四德同而貞體則異乾以剛固爲貞坤則柔順而貞牝馬柔順而健行故取其象曰牝馬之貞君子所行柔順而利且貞合坤德也陰從陽者也待唱而和陰而先陽則爲迷錯居後乃得其常也主利利萬物則主於坤生成皆地之功也臣道亦然君令臣行勞於事者臣之職也西南陰方東北陽方陰必從陽離喪其朋類乃能成化育之功而有安貞之吉得其常則安安於常則貞是以吉也

集說

王氏弼曰至順而後乃亨故惟利於牝馬之貞西南致養之地與坤同道者也故曰得朋東北反西南者也故曰喪朋陰之爲

也坤者
臣道而
二則臣
之位也
又柔順
中正四
者具備
得坤德
之純故
爲卦主
也觀彖
辭所謂
先迷後
得主得
朋喪朋
者皆主

御纂周易折中

取諸乾坤　乾坤其易之門耶　坤陰物也　夫坤天下之至順也德行恒簡以知阻

說卦傳

坤以藏之　致役乎坤　坤也者地也萬物皆致養焉故曰致役乎坤

坤順也　坤爲牛

坤爲腹　坤地也故稱乎母　坤爲地爲母爲布爲釜爲吝嗇爲均爲子母牛爲大輿爲

物。必離其黨之于反類而後獲安貞吉。○干氏寶曰行天者莫若龍行地者莫若馬。故乾以龍繇坤以馬象。○孔氏穎達曰乾坤合體之物。故乾後次坤。地之爲體亦能始生萬物。各得亨通。故云元亨與乾同也。牝對牡爲柔。故云利牝馬之貞。不云牛而云馬者。牛雖柔順不能行地无疆。無以見坤之德。馬雖比龍爲鈍而亦能遠象地之廣育也。先迷後得主利者。以其至陰當待唱而後和。凡有所爲。若在物之先。即迷惑。若在物之後。即得主利。以陰不可先唱。猶臣不可先君。卑不可先尊故也。○崔氏憬曰西方坤兌南方巽離二方皆陰與坤同類。故曰西南得朋。東方艮震北方乾坎二方皆陽與坤非類。故曰東北喪朋。安於承天之正。故言安貞吉也。○張氏浚曰君造始。臣代終。人臣立事建業。以有爲於下。失朋儕之助。有不能獨勝其任者矣。故西南以得朋爲利。若夫立於本朝。左右天子。苟非絕類忘私。其何以上得君心。合德以治天下哉。然則得朋臣之職也。喪朋臣之心

臣道而言

文爲衆爲柄其于地也爲黑

序卦傳

有天地然後萬物生焉

雜卦傳

坤柔

也以是心行是職非曰今日得之明日喪之也但見君德而莫或有專事擅權之咎曰東北喪朋○朱子語類問牝馬取其柔順健行坤順而言健何也曰守得這柔順堅確故有健象柔順而不堅確則亦不足以配乾矣○項氏安世曰牝取其順馬取其行順者坤之元行者坤之亨利者宜此而已貞者終此而已柔順者多不能終唯牝馬爲能終之君子有攸往此一句總起下文也先迷後得主利言利在得主不利爲爲能終之君簡曰君先臣後夫先妻後當後而先爲迷主利言利在爲臣之主夫爲妻之主後而得主利莫大天先妻後常子曰乾健行故爲馬坤亦爲馬者坤乾之妻之主後而止則無以承天之施而成其化育之功此爲馬坤亦爲貞坤之德也○胡氏一桂曰元亨利牝馬之施而成其之全體君子以下則中占辭也又曰彖辭文王所作西南得朋東北喪朋後天卦位○俞氏琰曰坤順乾之健故其占亦爲元亨北地馬羣每十牝隨一牡而行不入他羣

是爲牝馬之貞坤道以陰從陽其貞如牝馬之從牡則
利故曰利牝馬之貞易中凡稱君子皆指占者而言有
攸往謂有所行也坤從乾而行先乎乾則迷而失道後
乎乾則得乾爲主而利故曰君子有攸往先迷後得主
利朋坤類也西南坤之本方兌離巽皆坤類是爲得朋
出而從乾則東北震艮坎非坤類是爲喪朋君子之出
處隨寓能安壹是皆以貞自持蓋無往而不吉故曰西
南得朋東北喪朋安貞吉○蔡氏淸曰若牡馬則全是
健若牝牛則又全是順牝馬順而健者也要非順外有
健也其健亦是順之健也故曰安貞坤卦地道也妻道
臣道也不順則專而無成不健則不能配乾順而健者
坤之正也○鄭氏維嶽曰坤配乾者也坤之德即乾之
德乃柔順以承之而有終耳有終爲健故曰利牝馬之
貞坤道從乾乾爲坤之主故先則迷而後則得其所主
西南得朋者率類以從陽以人事君之道也東北喪朋
者絕類以從陽渙羣朋亡之道也此皆陰道之正而能

安之所以得吉也○喬氏中和曰坤惟合乾故得主得主故西南東北皆利方得朋喪朋皆吉事妻道也臣道也妻從夫臣從君而已矣

案後得主當以孔子文言爲據蓋坤者地道臣道而乾其主也居先則無主故迷居後則得其所主矣利字應屬下兩句讀言在西南則利於得朋在東北則利於喪朋也得朋喪朋正與上文得主相對蓋事主者惟知有主而已朋類非所私也然亦有時而宜於得朋者西南是坤代乾致役之地非合衆力不足以濟於是而得朋正所以終主之事是得朋即得主也惟東方者受命之先北方者告成之候稟令歸功已無私焉而又何朋類之足云故必喪朋而後得主也爲人臣者而知此義則引類相先不爲阿黨睽孤特立不爲崖異故易卦之爻有曰朋盍簪者有曰朋至者有曰以其彚以其鄰者皆得朋之義也有曰朋亡者有曰渙羣者有曰絶類上者皆

皆喪朋之義也斯義也質之文王卦圖孔子彖傳而皆合故自此卦首發明之而六十四卦臣道準焉

彖曰至哉坤元萬物資生乃順承天

本義 此以地道明坤之義而首言元也至極也比大義差緩始者氣之始生者形之始順承天施地之道也

集說 呂氏大臨曰乾之體大矣坤之效乾之法至乾之大而後已故乾元曰大哉坤元曰至哉○朱子語類云資乾以始便資坤以生不爭得霎時間萬物資乾以始而有氣資坤以生而有形氣至而生即坤元也○蔡氏淸曰若徒曰至哉坤元萬物資生則疑於與大哉乾元萬物資始者敵矣今曰乃順承天非惟可以見坤道无成有終之義而乾坤之合德以共成生物之功者亦於此乎見之不然乾有乾四德坤有坤四德而名實混矣

坤厚載物德合无疆含弘光大品物咸亨

本義言亨也德合无疆謂配乾也　集說崔氏憬曰含育萬物爲弘光華萬物爲大動植各遂其性故曰品物咸亨也○游氏酢曰其靜也翕故曰含弘含言無所不容弘言無所不有其動也闢故曰光大光言無所不著大言無所不被此所以德合无疆也○林氏希元曰無所不包可見其弘無所不達可見其大含弘光大坤之亨也品物咸亨是物隨坤亨而亨也變萬言品者與乾雲行雨施品物流形一般

牝馬地類行地无疆柔順利貞君子攸行

本義言利貞也馬乾之象而以爲地類者牝陰物而馬又行地之物也行地无疆則順而健矣柔順利貞坤之德也君子攸行人之所行如坤之德也所行如是則其占如下文所云也　程傳資生之道可謂大矣

乾既稱大，故坤稱至。至義差緩，不若大之盛也。聖人於尊卑之辨，謹嚴如此。萬物資乾以始，資坤以生，父母之道也。順承天施，以成其功。坤之厚德，持載萬物，合於乾之无疆也。以含弘光大四者形容坤道，猶乾之剛健中正純粹也。含，包容也；弘，寛裕也；光，昭明也；大，博厚也。有此四者，故能成承天之功，品物咸得亨遂。取牝馬爲象者，以其柔順而健行，地之類也。行地无疆，謂健也。乾健坤順，坤亦健乎？曰：非健何以配乾？未有乾行而坤止也。其動也剛，不害其爲柔也。柔順而利貞，乃坤德也，君子之所行也。君子之道，合坤德也。

集說　王氏弼曰：地之所以得无疆者，以卑順行之故也。乾以龍御天，坤以馬行地。○朱子語類云：牝馬地類，行地无疆，便是那柔順利貞，君子攸行，本連下面，緣他趁押韻後，故說在此。○又云：程傳云未有乾行而坤止，此說是。且如乾施物，坤不應，則不能生物。既會生物，便是動。若不是他健後，如何配乾？只是健得來順。○龔氏煥曰：坤先迷後得。

而亦有元亨者，坤之元亨，承乾而已。故曰至哉坤元，乃順承天。又曰德合无疆，品物咸亨。坤之利貞，乃坤之德，故曰牝馬地類，行地无疆，柔順利貞。此亦先迷後得之意。坤所以能承乾之元亨以爲元亨者，以其柔順利貞也。○熊氏良輔曰：君子攸行，合聯下文先迷之上，不必以韻爲拘，當時夫子只是從頭說下來。○蔡氏淸曰：以象言則爲牝馬地類，行地无疆，以義言則爲柔順利貞。本義謂馬行地之物者，明龍之能飛乎天而爲乾之象也。○林氏希元曰：牝馬地類，順也，行地无疆，順而健也。故承之曰柔順利貞，言此卽坤德之順健云爾。不敢自主，承天之施以生萬物，柔順也；承天生物，直至於有終，利貞也。彖辭利牝馬之貞，本無四德，夫子以四德解，故爲之說如此。

先迷失道，後順得常。西南得朋，乃與類行。東北

喪朋乃終有慶

本義陽大陰小，陽得兼陰，陰不得兼陽，故坤之德常減於乾之半也。東北雖喪朋，然反之西南，則終有慶矣。

集說程子曰：東北喪朋，陰必從陽，然後乃終有慶也。○項氏安世曰：東北喪朋乃終有慶者，所以發文王言外之意也。地之交乎天，臣之事乎君，婦之從乎夫，皆喪朋之慶也。○丘氏富國曰：坤道主成，成在後，故先乾而動則迷而失其道，從乾而動則順而得其常。西南爲後，於坤爲得地，故往西南則與類行；東北爲先，於坤爲不得地，故往東北則必喪朋。○王氏申子曰：馬而非牝，則不順而非地之類；牝而非馬，則不能配乾而行地无疆。此坤之柔順利貞也。故君子行坤之道者，先乎陽則迷而失，後乎陽則順而得，以陰從陰，猶與類行，以陰從陽，然後有慶。○林氏希元曰：先迷失道，是以失道解先迷，蓋陰本居後，今居先，是失道，故迷也。後順得常是以順解得常蓋陰本居後居先爲逆居後爲順故得其常道也○金氏賁亨曰喪朋猶泰之朋亡舍其朋而從陽則有得主之慶○何氏楷曰君子攸行雖趁上韻然意連下文釋卦辭君子有攸往也君子之行以陽剛爲主以陰抗陽故迷而失道以陰順陽故得所主而不失其常蓋陽爲主陰承之此天地不易之常理也得朋者合羣陰以從陽後代終也喪朋者斂羣陰以避陽先无成也

安貞之吉應地无疆

本義安而且貞地之德也

程傳乾之用陽之爲也坤之用陰之爲也形而上曰天地之道形而下曰陰陽之功先迷後得以下言陰道也先唱則迷失陰道後和則順而得其常理西南陰方從其類得朋也東北陽方離其類喪朋也離其類而從陽則能成生物之功終有吉慶也與類行者本也從於陽者用也陰體柔躁

故從於陽則能安貞而吉應地道之无疆也陰而不安貞豈能應地之道彖有三无疆蓋不同也德合无疆天之不已也應地无疆地之无窮也行地无疆馬之健行也

集說　孔氏穎達曰萬物資生者言萬物資地而生乾本氣初故云資始坤據成形故云資生乃順承天者乾是剛健能統領於天坤是陰柔以和順承奉於天以其廣厚故能載物有此生長之德合會无疆凡言无疆者有二義一是廣博无疆二是長久无疆也自此以上論坤元之德也包含弘厚光著盛大故品類之物皆得亨通此二句釋亨也牝馬以其柔順故云地類以柔順爲體故行地无疆不復窮已此二句釋利貞故上文云利牝馬之貞是也柔順利貞君子攸行者重釋利貞之義是君子之所行兼釋前文君子有攸往也先迷失道者以陰在物之先失其爲陰之道後順得常者以陰在物之後陽唱而陰和是後順得常乃與類行者以陰而造坤位是乃與類行乃終有慶者以陰而詣陽初雖

離羣乃終久有慶善也。安謂安靜，貞謂貞正。地體安靜而貞正，人若靜而能正，即得其吉，應合地之无疆也。

象曰：地勢坤，君子以厚德載物。

本義　地，坤之象，亦一而已，故不言重而言其勢之順，則見其高下相因之无窮，至順極厚而无所不載也。

程傳　坤道之大猶乾也，非聖人孰能體之？地厚而其勢順傾，故取其順厚之象，而云地勢坤也。君子觀坤厚之象，以深厚之德容載庶物。

集說　朱子語類云：高下相因只是順，然惟其厚，所以高下只管相因去，只見得他順。若是薄底物，高下只管相因，則傾陷了，不能如此之無窮矣。君子體之，惟至厚爲能載物。○林氏希元曰：地勢坤，言地勢順也。於此就見其厚，故君子以厚德載物。蓋坤之象爲地，重之又得坤焉，則是地之形勢高下相因，頓伏相仍，地勢之順，亦惟其厚耳。不厚則高下相因便傾陷了，安得如此之順？惟其厚，故能無不持載故君子厚德以承載天下之物夫天下之物多矣君子以一身任天下之責羣黎百姓倚我以爲安鳥獸昆蟲草木亦倚我以爲命使褊心凉德其何以濟而天下之望於我者亦孤矣

文言曰坤至柔而動也剛至靜而德方

本義剛方釋牝馬之貞也方謂生物有常**集說**朱子語類云坤至柔而動也剛坤只是承天如一氣之施坤則盡能發生承載非剛安能如此○問程傳云坤道至柔而動則剛坤體至靜而德則方柔與剛相反靜與方疑相似曰靜無形方有體靜言其體則不可得見方言其德則是其著也○吳氏澄曰坤體中含乾陽如人肺藏之藏氣故曰至柔然其氣機一動而闢之時乾陽之氣直上而出莫能禦之故曰剛剛卽六二爻辭所謂直也乾運轉不已而坤體隤然不動故曰至靜然其生物之德普徧四周無處欠缺故曰方方卽六二爻

辭所謂方也乾之九五不徒剛健而能中正故爲乾元之大坤之六二不徒柔靜而能剛方故爲坤元之至○何氏楷曰乾剛坤柔定體也坤固至柔矣然乾之施一至坤即能翕受而發生之氣機一動不可止遏屈撓此又柔中之剛矣乾動坤靜定體也坤固至靜矣及其承乾之施陶冶萬類各有定形不可移易此又靜中之方矣柔靜者體也剛方者用也

後得主而有常

本義 程傳曰主下當有利字

集說 趙氏汝楳曰坤無乾以爲始孰開其端先迷也天先施而地後生後得主也先陽後陰乃天地生生之常理○余氏芑舒曰程子以主利爲一句朱子因之故以文言後得主爲闕文然彖傳後順得常與後得主而有常意正一律似非闕文也○俞氏琰曰坤道之常蓋當處後不可攙

先也攙先則失坤道之常矣唯處乾之後順乾而行則得其所主而不失坤道之常也

含萬物而化光

本義復明亨義

集說王氏宗傳曰惟其動剛故能德應乎乾而成萬物化育之功惟其德方故能不拂乎正而順萬物性命之理此坤之德所以能配天也後得主而有常則申後順得常之義含萬物而化光則申含弘光大品物咸亨之義

坤道其順乎承天而時行

本義復明順承天之意此以上申彖傳之意○程傳坤道至柔而其動則剛坤體至靜而其德則方動剛故應乾不違德方故生物有常陰之道不唱而和故居後爲得而主利成萬物坤之常也含容萬類其功

化光大也。主字下脫利字。坤道其順乎承天而時行。承天之施，行不違時，贊坤道之順也。

集說　俞氏琰曰：至柔而動也剛，申德合无疆之義。至靜而德方，釋貞義。後得主而有常，復順得常之謂。含萬物而化光，即含弘光大品物咸亨之謂。坤道其順乎承天而時行，即乃順承天之謂。

案：動剛，釋元亨也，氣之發動而物生也。德方，釋利貞也，形之完就而物成也。柔靜者，坤之本體。其剛其方，乃是乾為之主而坤順之以行止者，故繼之曰後得主而有常，釋先迷後得主也。含物化光，謂亨利之間，致養萬物，其功盛大，釋西南得朋也。承天時行，謂順承於元，至貞不息，陰道終始於陽，釋東北喪朋也。蓋孔子既以坤之元亨利貞配乾為四德，則所謂西南東北者，即四時也。故用彖傳所謂含弘光大者，以切西南；又用所謂乃順承天行地无疆者，以切東北。欲人知四方四德，初非兩義。此意彖傳未及，故於文言發之。○又案：乾爻惟九五剛健中正得乾道之純故彖傳言乘龍御天首出庶物卽九五飛龍在天利見大人之義也坤爻惟六二柔順中正得坤道之純故文言言動剛德方含物承天卽六二直方大之義也象傳於乾五曰位乎天德於坤二曰地道光也明乎乾坤之主在此二爻矣

初六履霜堅冰至

本義六陰爻之名陰數六老而八少故謂陰爻爲六也霜陰氣所結盛則水凍而爲冰此爻陰始生於下其端甚微而其勢必盛故其象如履霜則知堅冰之將至也夫陰陽者造化之本不能相无而消長有常亦非人所能損益也然陽主生陰主殺則其類有淑慝之分焉故聖人作易於其不能相无者旣以健順仁義之屬明之而无所偏主至其消長之際淑慝之分則未嘗不致其扶陽抑陰之意焉蓋所以贊化育而參天地者其

旨深矣不言其占者謹微之意已可見於象中矣

程傳 陰爻稱六陰之盛也八則陽生矣非純盛也陰始生於下至微也聖人於陰之始生以其將長則為之戒陰之始凝而為霜履霜則當知陰漸盛而至堅冰矣猶小人始雖甚微不可使長長則至於盛也

集說 王氏應麟曰乾初九復也潛龍勿用即閉關之義坤初六姤也履霜堅冰至即女壯之戒

案陰陽之義以在人身者言之則心之神明陽也五官百體陰也以人之倫類言之則君也父也夫也陽也臣也子也妻也陰也心之神明以身而運君父之事以臣子而行夫之家以婦而成是皆天地之大義豈可以相無也哉然心曰大體五官百骸則曰小體君父與夫謂之三綱而尊臣子與妻主於順從而卑自其大小尊卑之辨而順逆於此分善惡於此生吉凶於此判矣誠使在人身者心官為主而百體從令在人倫者君父與夫

之道行而臣子妻妾聽命焉則陰乃與陽合德者而何惡於陰哉惟其耳目四肢各逞其欲而不奉夫天官臣子妾婦各行其私而不稟於君父則陰或至於干陽而邪始足以害正在一身則爲理欲之交戰而善惡所自起也在國家則爲公私之迭乘而治亂所由階也故孔子文言以善惡之積君父臣子之漸言之意深切矣然則所謂陽淑陰慝者豈陰誠慝哉順於陽則無慝矣所謂扶陽抑陰者豈陰必抑哉有以化之斯不必抑之矣此爻所謂履霜堅冰其大指如此推其源流則堯舜禹危微之儆大學中庸謹獨之戒與夫春秋名分之防莫不相爲表裏六十四卦言陰陽之際皆當以是觀之也

象曰履霜堅冰陰始凝也馴致其道至堅冰也

本義按魏志作初六履霜今當從之馴順習也 程傳陰始凝而爲霜漸盛則至於堅冰小人雖微長

則漸至於盛故戒於初馴謂習習而至於盛習因循也

集說

孔氏穎達曰馴猶狎順也若鳥獸馴狎然言順其陰柔之道習而不已乃至堅冰也於履霜而逆以堅冰為戒所以防漸慮微慎終於始○丘氏富國曰乾初九小象釋之以陽在下坤初六小象釋之以陰始凝聖人欲明九六之為陰陽故於乾坤之初畫言之○胡氏炳文曰上六曰其道窮也由初六順習其道以至於窮耳兩其道字具載始末經曰堅冰至要其終也傳曰至堅冰原其始也

文言曰積善之家必有餘慶積不善之家必有餘殃臣弒其君子弒其父非一朝一夕之故其所由來者漸矣由辯之不早辯也易曰履霜堅

冰至。蓋言順也。

本義古字順慎通用。案此當作慎。言當辨之於微也。程傳天下之事。未有不由積而成。家之所積者善。則福慶及於子孫。所積不善。則災殃流於後世。其大至於弒逆之禍。皆因積累而至。非朝夕所能成也。明者則知漸不可長。小積成大。辨之於早。不使順長。故天下之惡无由而成。乃知霜冰之戒也。霜而至於冰。小惡而至於大。皆事勢之順長也。集說呂氏祖謙曰。蓋言順也。此一句尤可警。非心邪念。不可順養將去。若順將去。何所不至。懲治遏絕。正要人著力。○張氏振淵曰。天道有陽必有陰。原相爲用。然陰之爲道。利於從陽。而不利於抗陽。坤道可謂至順矣。而順之變反爲逆。故聖人深著其順之利。明臣子之大分。究極其逆之禍。立君父之大防也。

六二直方大不習无不利。

本義柔順正固坤之直也賦形有定坤之方也德合无疆坤之大也六二柔順而中正又得坤道之純者故其德內直外方而又盛大不待學習而无不利占者有其德則其占如是也

程傳二陰位在下故爲坤之主統言坤道中正在下地之道也以直方大三者形容其德用盡地之道矣由直方大故不習而无所不利不習謂其自然在坤道則莫之爲而爲也在聖人則從容中道也直方大孟子所謂至大至剛以直也在坤體故以方易剛猶貞加牝馬也言氣則先大大氣之體也於坤則先直方由直方而大也直方大足以盡地道在人識之耳乾坤純體以位相應二坤之主故不取五應不以君道處五也乾則二五相應

集說王氏通曰圓者動方者靜其見天地之心乎○孔氏穎達曰以此爻居中得位極於地體故盡極地之義此因自然之性

以明人事居在此位亦當如地之所爲○沈氏該曰坤至柔而動也剛直也至靜而德方方也含萬物而化光大也坤之道至簡也至靜也承天而行順物而成初無假於脩習也是以不習无不利也○朱子語類云坤卦中惟這一爻最純粹蓋五雖尊位却是陽爻破了體了四重陰而不中三又不正惟此爻得中正所以就這說箇直方大此是說坤卦之本體然而本意却是教人知道這爻有這箇德不待學習而无不利人占得這箇時若能直能方能大則亦不習无不利却不是要發明坤道○蔡氏清曰乾九五一爻當得乾一卦蓋乾孔子以爲得天位行天道而致太平之占正是聖人作而物覩者故時乘六龍以御天而致萬國之咸寧者惟九五一爻足以當之若坤之六二柔順中正得坤道之純是又當得一全坤也若初則陰之微上則陰之極三則不中且不正四則不中五則不正惟六二之柔順中正爲獨得坤道之純○又曰直不專主靜只是存主處故曰六

二之動直方可分內外不可專分動靜○唐氏鶴徵曰直而大者乾之德也坤無德以乾之德爲德故乾性直坤亦未嘗不直乾體圓坤則效之以方德合无疆則與乾並其大矣惟以乾之德爲德故不習而无不利所謂坤以簡能者如此

案乾爲圜則坤爲方方者坤之德與圜爲對者也故曰至靜而德方若直則乾德也故曰夫乾其動也直大亦乾德也故曰大哉乾元今六二得坤德之純方固其質也而始曰直終曰大者蓋凡方之物其始必以直爲根其終乃以大爲極故數學有所謂線面體者非線之直不能成面之方因面面之方而積之則能成體之大矣坤惟以乾之德爲德故因直以成方因方以成大順天理之自然而無所增加造設於其間故曰不習无不利習者重習也乃增加造設之意不習无不利即所謂坤以簡能者是也若以不習爲無藉於學則所謂敬以直內

義以方外者豈無所用其心哉。

象曰。六二之動。直以方也。不習无不利。地道光也。

程傳 承天而動。直以方耳。直方則大矣。直方之義。其大无窮。地道光顯。其功順成。豈習而後利哉。

集說 王氏安石曰。六二之動者。六二之德。動而後可見也。因物之性而生之。是其直也。成物之形而不易。是其方也。○王氏宗傳曰。坤之六二。以順德而處正位。六爻所謂盡地之道者。莫二若也。故曰地道光也。○項氏安世曰。乾以九五爲主爻。坤以六二爲主爻。蓋二卦之中。惟此二爻既中且正。又五在天爻。二在地爻。正合乾坤之本位也。乾主九五。故於五言乾之大用。而九二止言乾德之美。坤主六二。故於二言坤之大用。而六五止言坤德之美六二之直即至柔而動剛也六二之方即至靜而德方也其大即後得主而有常含萬物而化光也其不習无不利即坤道其順乎承天而時行也六二蓋全具坤德者孔子懼人不曉六二何由兼有乾直故解之曰六二之動直以方也言坤動也剛所以能直也又懼人不曉六二何由无往不利故又解之曰地道光也言地道主六二猶乾之九五言乃位乎天德也○蔡氏淸曰地道是直方地道之光是直方而大處直方而大即便不習无不利○葉氏爾瞻曰直以方看一以字六二之動方矣然由其存乎內者直是以見乎外者方也

文言曰直其正也方其義也君子敬以直內義以方外敬義立而德不孤直方大不習无不利則不疑其所行也

本義此以學言之也。正謂本體，義謂裁制，敬則本體之守也。直內方外，程傳備矣。不孤，言大也。疑故習而後利，不疑則何假於習。

程傳直言其正也，方言其義也。君子主敬以直其內，守義以方其外。敬立而內直，義形而外方。義形於外，非在外也。敬義既立，其德盛矣，不期大而大矣。德不孤也，无所用而不周，无所施而不利，孰爲疑乎。

集說孔氏穎達曰：君子用敬以直內，內謂心也。用此恭敬以直內心，義以方外者，用此義事以方正外物。言君子法地正直而生萬物，皆得所宜。○程子曰：敬以直內，義以方外，合內外之道也。釋氏內外之道不備者也。敬義夾持，直上達天德自此。○問：必有事焉，當用敬否？曰：敬只是涵養一事，必有事焉，須當集義。又問：義莫是中理否？曰：中理在事，義在心。問：敬義何別？曰：敬只是持己之道，義便知有是有非，順理而行，是爲義也。若只守一箇敬，不知集義，卻是都無事也。又問：義只在事上，如何？曰：內外一理，豈特事上求合義也。

○謝氏艮佐曰釋氏所以不如吾儒無義以方外一節義以方外便是窮理釋氏却以理爲障礙然不可謂釋氏無見處但見了不肯就理○朱子語類云敬以直內是持守功夫義以方外是講學功夫直是直上直下胸中無纖毫委曲方是割截方正之意是處此事皆合宜截然不可得而移易之意○又云敬義夾持直上達天德自此最是下得夾持兩字好敬主乎中義防於外二者相夾持要放下霎時也不得只得直上去故便達天德自此表裏夾持更無東西走作去處上面只更有箇天德○問義形而外方曰義是心頭斷事底心斷於內而外便方正萬物各得其宜○又云文言將敬字解直字義字解方字敬義立而德不孤卽解大字敬而無義則作事出來必錯了只義而無敬則無本何以爲義皆是孤也須是敬義立方不孤施之事君則忠於君事親則悅於親交朋友則信於朋友皆不待習而無一之不利也○黃氏榦曰乾言德業坤言敬義雖若不同而實

相爲經緯也。欲進乾之德。必本之以坤之敬。欲脩乾之
業。必制之以坤之義。非敬則內不直。德何由而進。非義
則外不方。業何由而脩。終日乾乾。雖進脩夫德業。而所
以進脩者。乃用力於敬義之閒。用力於敬義。固可以至
於大。而所謂大者。乃德之日新。而業之富有也。○王氏
應麟曰。丹書敬義之訓。夫子於坤六二文言發之。孟子
以集義爲本。程子以居敬爲先。張宣公謂功夫並進。相
須而相成也。○胡氏炳文曰。乾九三明誠並進也。坤六
二。敬義偕立也。主敬是爲學之要。集義乃講學之功。○
薛氏瑄曰。敬以直內。涵養未發之中。義以方外。省察中
節之和。○又曰。敬以直內。戒愼恐懼之事。義以方外。知
言集義之事。內外夾持。用力之要。莫切於此。○蔡氏淸
曰。正是無少邪曲。義是無少差謬。○又曰。此正義二字
皆以見成之德言。然直不自直。必由於敬。方不自方。必
由於義。直即主忠信。方即徙義。直即心無
私。方即事當理。故直內以動者言爲當。

六三含章可貞或從王事无成有終

本義六陰三陽內含章美可貞以守然居下之上不終含藏故或時出而從上之事則始雖无成而後必有終。爻有此象故戒占者有此德則如此占也。程傳三居下之上得位者也爲臣之道當含晦其章美有善則歸之於君乃可常而得正上无忌惡之心下得柔順之道也可貞謂可貞固守之又可以常久而无悔咎也或從上之事不敢當其成功惟奉事以守其終耳守職以終其事臣之道也。集說王氏弼曰三處下卦之極而不疑於陽應斯義者也不爲事始須唱乃應待命乃發含美而可正者也故曰含章可貞也有事則從不敢爲首故曰或從王事也不爲事主順命而終故曰无成有終也。○楊氏簡曰无成无終亦不可也无成有終臣之道也。○胡氏炳文曰陽主進陰主退乾九三陽居陽故曰乾乾主乎進也坤六四陰居陰故曰括囊主

乎退也乾九四陽居陰坤六三陰居陽故皆曰或進退
未定之際也特其退也曰在淵曰含章惟進則皆曰或
聖人不欲人之急於進也如此三多凶故聖人首於乾
坤之三爻其辭獨詳焉○俞氏琰曰坤道固宜靜而有
守或有王事則動而從之弗違也无成謂持美以歸於
君不居其成功也有終謂職分居此則當終其勞也○
蔡氏清曰六陰三陽亦有順而健之意故无成有終亦
先迷後得東北喪朋乃終有慶之意○陸氏振奇曰其
不敢專成者正其代君以終事而不
爲始也是即安於後得主之貞者與

象曰含章可貞以時發也或從王事知光大也

程傳夫子懼人之守文而不達義也又從而明之言爲
臣處下之道不當有其功善必含晦其美乃正而
可常然義所當爲者則以時而發不有其功耳不失其
宜乃以時也非含藏終不爲也含而不爲不盡忠者也

或從王事象只舉上句解義則并及下文它卦皆然或從王事而能无成有終者是其知之光大也唯其知之光大故能含晦淺暗之人有善唯恐人之不知豈能含章也

集說 呂氏祖謙曰傳云唯其知之光大故能含晦此極有意味尋常人欲含晦者多只去鋤治驕矜深匿名迹然逾鋤逾生逾匿逾露者蓋不曾去根本上理會自己知未光大胷中淺狹纔有一功一善便無安著處雖强欲抑遏終制不住譬如瓶小水多雖抑遏固閉終必泛溢若瓶大則自不泛溢都不須閑費力○王氏申子曰含非含藏終不發也待時而後發也或從王事而能无成有終者必其知之光大也淺暗者有善唯恐人不知豈能含晦哉

文言曰陰雖有美含之以從王事弗敢成也地道也妻道也臣道也地道无成而代有終也

程傳爲下之道。不居其功。含晦其章美。以從王事。代上以終其事。而不敢有其成功也。猶地道代天終物。而成功則主於天也。妻道亦然。

集說宋氏衷曰。臣子雖有才美。含藏以從其上。不敢有所成名也。地終天功。臣終君事。婦終夫業。故曰而代有終也。○程子曰。天地日月一般。月之光乃日之光也。地中生物者。皆天氣也。惟无成而代有終者。地之道也。○王氏申子曰。三非有美而不發。特不敢暴其美。惟知代上以終其事。而不居其成功。猶地代天生物。而功則主於天也。○俞氏琰曰。既曰地道无成。而又曰代有終。何也。乾能始物。不能終物。坤繼其終而終之。則坤之所以爲有終者。終乾之所未終也。○蔡氏淸曰。以從王事。以含章之道而從王事。弗敢成也。卽是含章之道用於從王事者也。○谷氏家杰曰。爻言有終。此言代有終。則幷其終亦非坤之所敢有也。○何氏楷曰。乾能始萬物而已。必賴坤以作成之。故曰代有終。正對乾之始而言。

六四括囊无咎无譽

本義括囊言結囊口而不出也譽者過實之名謹密如是則无咎而亦无譽矣六四重陰不中故其象占如此蓋或事當謹密或時當隱遯也程傳四居近五之位而无相得之義乃上下閉隔之時其自處以正危疑之地也若晦藏其知如括結囊口而不露則可得无咎不然則有害也既晦藏則无譽矣集說劉氏牧曰坤其動也闢應二之德其靜也翕應四之位翕閉也是天地否閉之時賢人乃隱不可衒其才知也○俞氏琰曰咎致罪譽致疑唯能謹密如囊口之結括則无咎无譽

象曰括囊无咎慎不害也

程傳能慎如此則无害也

文言曰天地變化草木蕃天地閉賢人隱易曰括囊无咎无譽蓋言謹也

程傳四居上近君而无相得之義故爲隔絕之象天地交感則變化萬物草木蕃盛君臣相際而道亨天地閉隔則萬物不遂君臣道絕賢者隱遯四於閉隔之時括囊晦藏則雖无令譽可得无咎言當謹自守也

集說張氏浚曰括囊蓋內充其德待時而有爲者也漢儒乃以括囊爲譏豈不陋哉陽舒陰閉故孔子發天地閉之訓夫閉於前而舒於後生化之功自是出也括囊之愼庸有害乎

六五黃裳元吉

本義黃中色裳下飾六五以陰居尊中順之德充諸內而見於外故其象如此而其占爲大善之吉也占

者德必如是則其占亦如是矣春秋傳南蒯將叛筮得此爻以爲大吉子服惠伯曰忠信之事則可不然必敗外強內溫忠也和以率貞信也故曰黃裳元吉黃中之色也裳下之飾也元善之長也中不忠不得其色下不共不得其飾事不善不得其極且夫易不可以占險三者有闕筮雖當未也後蒯果敗此可以見占法矣

程傳

坤雖臣道五實君位故爲之戒云黃裳元吉黃中色裳下服守中而居下則元吉謂守其分也元大而善也爻象唯言守中居下則元吉不盡發其義也黃裳既元吉則居尊爲天下大凶可知後之人未達則此義晦矣不得不辨也五尊位也在它卦六居五或爲柔順或爲文明或爲暗弱在坤則爲居尊位陰者臣道也婦道也臣居尊位羿莽是也猶可言也婦居尊位女媧氏武氏是也非常之變不可言也故有黃裳之戒而不盡言也或疑在革湯武之事猶盡言之獨於此不言何也曰廢興理之常也以陰居尊位非常之變也

集說

孔氏穎達曰黃是中之色裳是下之飾坤爲臣道五居尊位是臣之極貴者也能以中和居於臣職故云黃裳元吉元大也以其德能如此故得大吉也○朱子語類云黃裳元吉不過是說在上之人能盡柔順之道黃中色裳是下體之服能似這箇則無不吉這是那居中處下之道乾之九五自是剛健底道理坤之六五自是柔順底道理各隨他陰陽自有一箇道理○項氏安世曰陰以在下爲正陽以在上爲正故二五皆中而乾之天德獨以屬五坤之地道獨以屬二下非陽之位故乾之九二爲在下而有陽德者上非陰之位故坤之六五爲在上而秉陰德者黃者地之色裳者下之服文者坤之象皆屬陰也

案易中五固尊位但聖人取象未嘗卦卦皆以君道言之雖九五猶然況六五乎故小過之六五則言公離之六五則言王公大槩居尊貴之位者與卦義相當則發其所當之義程子之說朱子蓋議其非也

象曰黃裳元吉文在中也

本義文在中而見於外也程傳黃中之文在中不過也內積至美而居下故爲元吉集說谷氏
家杰曰黃裳是中德之發爲文治也象又推本於在中
謂文豈由外襲者哉文德實具於中故也中具於內曰
黃中中見於外曰黃裳文在中乃闇
然之章不顯之文也即美在其中意

文言曰君子黃中通理

本義黃中言中德在內釋黃字之義也集說蔡氏淸曰通理即是黃中
處通而理也蓋黃中非通
則無以應乎外通而非理則所以應乎外者不能皆得
其當此所以言黃中而必幷以通理言之通理亦在內
也

正位居體。

本義雖在尊位。而居下體。釋裳字之義也。

案孟子曰。立天下之正位。正位。位卽禮也。此言正位居體者。猶言以禮居身爾。禮以物躬則自卑而尊人。故爲釋裳字之義。

美在其中而暢於四支發於事業美之至也

本義美在其中。復釋黃中。暢於四支。復釋居體。程傳黃中。文在中也。君子文中而達於理。居正位而不失爲下之體。五尊位。在坤則惟取中正之義。美積於中。而通暢於四體。發見於事業。德美之至盛也。

説。朱子語類云。二在下。方是就功夫上説。如不疑其所行是也。五得尊位。則是就他成就處説。所以云美在其中而暢於四支發於事業美之至也○蔡氏淵曰黃中通理釋黃義正位居體釋裳義黃中正德在內通理文無不通言柔順之德蘊於內也正位居在中之位居體居下體而不僭言柔順之德形於外也美在其中黃中通理也暢於四支發於事業正位居體也二五皆中二居內卦之中其發見於外者不疑其所行而已五外卦之中其施於外有事業之可觀坤道之美至此極矣○蔡氏清曰黃裳二字分而言之則黃爲中裳爲順合而言之則惟中故順存於中爲中形於外爲順理一而已天下無有形於外而不本乎中者惟有黃中之德故能以下體自居○林氏希元曰文言既分釋黃裳了又恐人認爲二物不知歸重處故發美在其中一條見得其所謂順乃本於中與象傳文在中附錄胡氏炳文曰也及六二之動直以方也意思一般蓋直內方外之君子即黃中通理之君子也敬以直內則胸中洞然表裏如一是即所以爲黃中義以方外則凡事之來義

以處之無不合理是即所以爲通理五之黄中通理本於直内方外故其正位也雖居乎五之尊而其居體也則不失乎二之常二之直内方外是内外夾持兩致其力五之黄中通理則内外通貫無所容其力矣

案乾爻之言學者二於九二則曰言信行謹閑邪存誠也於九三則曰忠信以進德脩辭立誠以居業也坤爻之言學者二於六二則曰敬以直内義以方外也於六五則曰黄中通理正位居體也分而言之則有四合而言之則乾二之存誠即乾三之忠信皆以心之實者言也乾二之信謹即乾三之脩辭立誠皆以言行之實者言也在二爲大人則以成德言之由其言行以窺其心見其純亦不已如此也在三爲君子則以進學言之根於心而達於言行見其交脩不懈如此也坤二之直内即坤五之黄中皆以心之中直者言也坤二之方外即坤五之正位皆以行之方正者言也二言直而五言中直則未有不中者中乃直之至也二言方而五言正方

則未有不正者正乃方之極也二居下位不疑所行而已五居尊又有發於事業之美此則兩爻所以異也在乾之兩爻誠之意多實心以體物是乾之德也坤之兩爻敬之意多虛心以順理是坤之德也而要之未有誠而不敬未有敬而不誠者乾坤一德也誠敬一心也聖人所以分言之者蓋乾陽主實坤陰主虛人心之德必兼體焉非實則不能虛天理爲主然後人欲退聽也非虛則不能實人欲屏息然後天理流行也自其實者言之則曰誠自其虛者言之則曰敬是皆一心之德而非兩人之事但在聖人則純乎誠矣其敬也自然之敬也其次則主敬以至於誠故程子曰誠則無不敬未能誠則必敬而後誠而以乾坤分爲聖賢之學者此也

上六龍戰于野其血玄黃

本義陰盛之極至與陽爭兩敗俱傷其象如此占者如是其凶可知程傳陰從陽者也然盛極則抗

而爭六既極矣復進不已則必戰故云戰于野野謂進至於外也既敵矣必皆傷故其血玄黃。集說孔氏穎達曰即說卦云戰乎乾是也戰于卦外故曰于野陰陽相傷故其血玄黃○侯氏行果曰坤十月卦也乾位西北又當十月陰窮於亥窮陰薄陽所以戰也故說卦云戰乎乾是也○李氏開曰曰龍戰則是乾來戰不以坤敵乾也○馮氏椅曰主龍而言則知陰不可亢亢則陽必伐之戒陰也以戰而言則知陰不可長長則與陽敵矣戒陽也○胡氏炳文曰六爻皆陰而上卦之上曰龍有陽也不言陰與陽戰而曰龍戰于野與春秋王師敗績于茅戎天王狩于河陽同一書法也

象曰龍戰于野其道窮也

程傳陰盛至於窮極則必爭而傷也。集說趙氏汝楳曰乾曰亢龍有悔窮之災也坤曰龍戰于野其

道窮也乾至上而窮則災坤至上而窮則戰戰則不止於悔

文言曰陰疑於陽必戰為其嫌於无陽也故稱龍焉猶未離其類也故稱血焉夫玄黃者天地之雜也天玄而地黃

本義疑謂鈞敵而无小大之差也坤雖无陽然陽未嘗无也血陰屬蓋氣陽而血陰也玄黃天地之正色言陰陽皆傷也○此以上申象傳之意

程傳陽大陰小陰必從陽陰既盛極與陽偕矣是疑於陽也不相從則必戰卦雖純陰恐疑无陽故稱龍見其與陽戰也于野進不已而至於外也盛極而進不已則戰矣雖盛極不離陰類也而與陽爭其傷可知故稱血陰既盛極至與陽爭雖陽不能无傷故其血玄黃玄黃天地之

色。謂皆傷也。

集說

干氏寶曰：陰在上六，十月之時也。爻成於乾，乾體純剛，不堪陰盛，故曰龍戰。戌亥，乾之都也，故稱龍焉。未離陰類，故曰血。陰陽色雜，故曰玄黃。陰陽離則異氣，合則同功，君臣夫妻，其義一也。○蔡氏淵曰：十月爲純坤之月，六爻皆陰，然生生之理無頃刻而息，聖人爲其純陰而或嫌於无陽也，故稱龍以明之。古人謂十月爲陽月者，蓋出於此。○俞氏琰曰：玄者天之色，黃者地之色，血言玄黃，則天地雜類，而陰陽無別矣。故曰夫玄黃者，天地之雜也。陰陽相戰，雖至於天地之雜亂，然而天地定位於上下，其大分終不可易，故其終又分而言之，曰天玄而地黃。○鄭氏維嶽曰：謂之曰戰，陰與陽交戰也。交戰而獨曰龍戰者，是時陰處其盛，嫌於无陽也，故獨稱龍爲戰。若曰陰犯順而龍戰之云耳，以討陰之義與陽，不許陰爲敵也。當其雜也，玄黃似乎莫辨，而不知即雜之中，玄者是天，黃者是地，斷斷不可混淆，定分原自如此。

用六利永貞

本義用六言凡筮得陰爻者皆用六而不用八亦通例也以此卦純陰而居首故發之遇此卦而六爻俱變者其占如此辭蓋陰柔不能固守變而爲陽則能永貞矣故戒占者以利永貞卽乾之利貞也自坤而變故不足於元亨云

程傳坤之用六猶乾之用九用陰之道也陰道柔而難常故用六之道利在常永貞固

集說孔氏穎達曰言坤之所用用此眾爻之六坤是柔順不可純柔故利在永貞永長也貞正也言長能貞正也○朱子語類云乾吉在无首坤利在永貞這只是說二用變卦○胡氏炳文曰坤安貞變而爲乾則爲永貞安者順而不動永者健而不息乾變坤剛而能柔坤變乾雖柔必強陽先於陰而陽之極不爲首陰小於陽而陰之極以大終○顧氏憲成曰用九无首是以乾入坤蓋坤者乾之藏也用六永貞是以坤承乾蓋乾者

坤之君也○何氏楷曰乾道主元故曰乾元用九坤道主貞故言用六永貞

象曰用六永貞以大終也

本義初陰後陽故曰大終程傳陰既貞固不足則不能永終故用六之道利在盛大於終能大於終乃永貞也集說荀氏爽曰陽欲无首陰以大終○程氏迥曰乾以元爲本所以資始坤以貞爲主所以大終○朱子語類云陽爲大陰爲小陰皆變爲陽所謂以大終也言始小而終大也○俞氏琰曰坤體本小變爲乾則其用大故曰以大終也○陸氏振奇曰元亨利貞雖乾坤有同德然乾重元以元元爲統坤重貞以貞爲安○程氏敬承曰陽之極不爲首是无首也陰之極以大終是无終也終始循環變化無端造化之妙固如此

䷂ 震下坎上

序卦傳
盈天地之間者惟萬物故受之以屯屯者盈也屯者物之始生也
雜卦傳
屯見而不失其居

程傳屯序卦曰有天地然後萬物生焉盈天地之間者唯萬物故受之以屯屯者盈也屯者物之始生也萬物始生鬱結未通故爲盈塞於天地之間至通暢茂盛則塞意亡矣天地生萬物屯物之始生故繼乾坤之後以二象言之雲雷之興陰陽始交也以二體言之震始交於下坎始交於中陰陽相交乃成雲雷陰陽始交雲雷相應而未成澤故爲屯若已成澤則爲解也又動於險中亦屯之義陰陽不交則爲否始交而未暢則爲屯在時則天下屯難未亨泰之時也

屯元亨利貞勿用有攸往利建侯

本義震坎皆三畫卦之名震一陽動於二陰之下故其德爲動其象爲雷坎一陽陷於二陰之間故其德爲陷爲險其象爲雲爲雨爲水屯六畫卦之名也難也物始生而未通之意故其爲字象屮穿地始出而未申

屯以初九九五爲卦主蓋卦惟兩陽初九在下侯也能安民者也九五在上能建侯以安民者也

也其卦以震遇坎乾坤始交而遇險陷故其名爲屯震動在下坎險在上是能動乎險中能動雖可以亨而在險則宜守正而未可遽進故筮得之者其占爲大亨而利於正但未可遽有所往耳又初九陽居陰下而爲成卦之主是能以賢下人得民而可君之象故筮立君者遇之則吉也

程傳 屯有大亨之道而處之利在貞固非貞固何以濟屯方屯之時未可有所往也天下之屯豈獨力所能濟必廣資輔助故利建侯也

集說 朱子語類云屯是陰陽未通之時蹇是流行之中有蹇滯困則窮矣○問彖曰利建侯而本義取初九陽居陰下爲成卦之主何也曰成卦之主皆說於彖辭下如屯之初九利建侯大有之五同人之二皆如此又問屯利建侯此占恐與乾卦利見大人同例曰然若是自卜爲君者得之則所謂建侯者乃己也若是卜立君者得之則所謂建侯者乃君也○趙氏汝楳曰卦辭總一卦之大義爻辭則探卦辭之所指因六爻之象之義析而明

之如吉无不利則亨利之義磐桓班如幾不如舍小正皆勿用有攸往之義初之建侯郎顯卦彖利建侯之辭爲初而發餘卦放此○胡氏炳文曰屯當繼乾坤之後上下體有震坎艮乾坤交而成也震則乾坤之始交故先焉初以一陽居陰下而爲成卦之主元亨震之動利貞爲震遇坎而言也非不利有攸往不可輕用以往也易言利建侯者二豫建侯上震也屯建侯下震也震長子震驚百里皆有侯象○蔡氏淸曰屯蹇難俱訓難而義差異困亦不同屯是起脚時之難蹇是中間之難困則終窮而難斯甚矣○又曰利貞勿用有攸往二句一意故彖傳只解利貞○又曰本義所謂以陽下陰及初九之象傳所謂以貴下賤皆是主德言非以位言也故曰是能以賢下人

得民而可君之象

彖曰屯剛柔始交而難生

本義以二體釋卦名義始交謂震難生謂坎 集說朱氏震曰震者乾交於坤一索得之剛柔始交也坎險難剛柔始交而難生也○張氏清子曰乾坤之後一索得震爲始交再索得坎爲難生而承上接下之辭所以合震坎之義而釋其爲屯也

動乎險中大亨貞

本義以二體之德釋卦辭動震之爲也險坎之地也自此以下釋元亨利貞乃用文王本意 集說朱子語類問本義云此以下釋元亨利貞用文王本意何也曰乾元亨利貞至孔子方作四德說後人不知將謂文王作易便作四德說即非也如屯卦所謂元亨利貞者以其能動雖可以亨而在險則宜守正故筮得之者其占爲大亨而利於正初非謂四德也故孔子釋此彖辭只曰動乎險中大亨貞是用文王本意釋之也

雷雨之動滿盈天造草昧宜建侯而不寧

本義以二體之象釋卦辭雷震象雨坎象天造猶言天運草雜亂昧晦冥也陰陽交而雷雨作雜亂晦冥塞乎兩間天下未定名分未明宜立君以統治而未可遽謂安寧之時也不取初九爻義者取義多端姑舉其一也

程傳以雲雷二象言之則剛柔始交也以坎震二體言之動乎險中也剛柔始交未能通暢則艱屯故云難生又動於險中爲艱屯之義所謂大亨而貞者雷雨之動滿盈也陰陽始交則艱屯未能通暢及其和洽則成雷雨滿盈於天地之間生物乃遂屯有大亨之道也所以能大亨由夫貞也非貞固安能出屯人之處屯有致大亨之道亦在夫貞固也天造草昧上文言天地生物之義此言時事天造謂時運也草草亂無倫序昧冥昧不明當此時運所宜建立輔助則可以濟屯雖建侯自輔又當憂勤兢畏不遑寧處聖人之深戒也

集說孔氏穎達曰草謂草創昧謂冥昧言天造萬物於草創之始如在冥昧之時也於此草昧之時王者宜建立諸侯以撫恤萬方之物而不得安居無事○王氏安石曰難生也動乎險中也此雲雷之時也故曰雲雷屯卒至於雷雨之動滿盈然後能免乎險而屯難解大亨貞要屯之終而爲言也○朱子語類問剛柔始交而難生程傳以雲雷之象爲始交謂震始交於下坎始交於中如何曰剛柔始交只指震言所謂震一索而得男也此三句各有所指剛柔始交而難生是以二體釋卦名義動乎險中大亨貞是以二體之德釋卦辭雷雨之動滿盈天造草昧宜建侯而不寧是以二體之象釋卦辭只如此看甚明緣後來說者交雜混了故覺語意重複○蔡氏淸曰草雜亂則不定矣故下云天下未定昧晦冥則不明矣故下云名分未明名分不獨謂君臣上下如父子夫婦昆弟之類皆是也立君統治者君臣人道之綱也○何氏楷曰震之未動坎氣爲雲雲上雷

下鬱結而未成雨所以爲屯動則雲化爲雨雷上雨下屯之鬱結者變而爲解而未亨者果大亨矣

案本義以動乎險中釋大亨貞雷雨之動以下釋建侯程傳則以動乎險中屬上句總釋卦名而以雷雨之動滿盈一句釋大亨貞今觀屯稱雲雷解稱雷雨則屯之時猶未解也夫子欲明元亨之義故變雲雷言雷雨以見屯之必解則觀其動也而屯之元亨可知矣然動者亨之機爾其醖釀絪緼以滿盈其氣又足以見貞固之義程傳說可從

故王氏何氏同

象曰雲雷屯君子以經綸

本義坎不言水而言雲者未通之意經綸治絲之事經引之綸理之也屯難之世君子有爲之時也程傳坎不云雨而云雲者雲爲雨而未成者也未能成雨所以爲屯君子觀屯之象經綸天下之事以濟於屯

難經緯綸緝謂營爲也

集說 李氏舜臣曰坎在震上爲屯以雲方上升畜而未散也坎在震下爲解以雨澤既沛無所不被也故雷雨作者乃所以散屯而雲雷方興則屯難之始也○項氏安世曰經者立其規模綸者糾合而成之亦有艱難之象焉經以象雷之震綸以象雲之合○馮氏椅曰雲雷方作而未有雨有屯結之象君子觀象以治世之屯猶治絲者既經之又綸之所以解其結而使就條理也○吳氏澄曰君子治世猶治絲欲解其紛亂屯之時必欲解其鬱結也

初九磐桓利居貞利建侯

本義 磐桓難進之貌屯難之初以陽在下又居動體而上應陰柔險陷之爻故有磐桓之象然居得其正故其占利於居貞又本成卦之主以陽下陰爲民所歸侯之象也故其象又如此而占者如是則利建以爲侯

也

程傳初以陽爻在下乃剛明之才當屯難之世居下位者也未能便往濟屯故磐桓也方屯之初不磐桓而遽進則犯難矣故宜居正而固其志凡人處屯難則鮮能守正苟无貞固之守則將失義安能濟時之屯乎居屯之世方屯於下所宜有助乃居屯濟屯之道也故取建侯之義謂求輔助也

集說朱子語類問利建侯曰彖辭一句蓋取初九一爻之義初九蓋成卦之主也一陽居二陰之下有以賢下人之象有爲民歸往之象故象曰以貴下賤大得民也○項氏安世曰凡卦皆有主爻皆具本卦之德如乾九五具乾之德故爲天德之爻坤六二具坤之德故爲地道之爻屯以初九爲主故爻辭全類卦辭其曰磐桓利居貞則勿用有攸往也又曰利建侯無可疑矣○胡氏炳文曰文王卦辭有專主成卦之主而言者周公首於此爻之辭發之卦主震震主初磐桓即勿用有攸往利居貞即利貞卦言利建侯者其事也利於建初以爲侯也爻言利建侯

者其人也如初之才利建以爲侯也爻言磐桓主爲侯者而言宜緩卦言利建侯而不寧主建侯者而言不宜緩○蔡氏清曰居貞者以時勢未可進而不遽進也爻之磐桓即卦所謂屯也爻之利居貞即卦辭所謂利貞勿用有攸往也利建侯爻作象看而占在其中如子克家例

象曰雖磐桓志行正也以貴下賤大得民也

程傳賢人在下時苟未利雖磐桓未能遂往濟時之屯然有濟屯之志與濟屯之用志在行其正也九當屯難之時以陽而來居陰下爲以貴下賤之象方屯之時陰柔不能自存有一剛陽之才衆所歸從也更能自處卑下所以大得民也或疑方屯於下何有貴乎夫以剛明之才而下於陰柔以能濟屯之才而下於不能乃以貴下賤也況陽之於陰自爲貴乎集說王氏弼曰不可以進故磐桓也非爲宴安棄成務也故雖磐桓

志行正也○楊氏萬里曰磐桓不進豈眞不爲哉居正有待而其志未嘗不欲行其正也故周公言居貞而孔子言行正○王氏申子曰初磐桓有待者其志終欲行其正也況當屯之時陰柔者不能自存有一陽剛之才衆必從之以爲主而初又能以貴下賤大得民心在上者果能建之以爲侯則屯可濟矣故利○胡氏炳文曰乾坤初爻提出陰陽二字此則以陽爲貴陰爲賤陽爲君陰爲民陰陽之義益嚴矣

六二屯如邅如乘馬班如匪寇婚媾女子貞不字十年乃字

本義班分布不進之貌字許嫁也禮曰女子許嫁笄而字六二陰柔中正有應於上而乘初剛故爲所難而邅回不進然初非爲寇也乃求與己爲婚媾耳但己守正故不之許至於十年數窮理極則妄求者去正應

者合而可許矣。爻有程傳二以陰柔居屯之世，雖正應在上，而逼於初剛，故屯難邅回。如，辭也。乘馬，欲行也，欲從正應而復班如，不能進也。班，分布之義，下馬爲班，與馬異處也。二當屯世，雖不能自濟，而居中得正，有應在上，不失義者也。然逼近於初，陰乃陽所求，柔者剛所陵，柔當屯時，固難自濟，又爲剛陽所逼，故爲難也。設匪逼於寇難，則往求於婚媾矣。婚媾，正應也。寇，非理而至者。二守中正，不苟合於初，所以不字。苟貞固不易，至於十年，屯極必通，乃獲正應而字育矣。以女子陰柔，苟能守其志節，久必獲通，況君子守道不回乎？初爲賢明剛正之人，而爲寇以侵逼於人，何也？曰：此自據二以柔近剛而爲義，更不計初之德如何也。易之取義如此。

集說

張氏浚曰：女子貞不字，十年乃字，蓋以二抱節守志於艱難之世，而不失其貞也。若太公在海濱，伊尹在莘野，孔明在南陽，義不苟合。是爲女貞。○朱子語類云：耿氏解女子貞不字作許嫁

笄而字貞不字者未許嫁也郤與婚媾之義相通伊川說作字育之字

案易言匪寇婚媾者凡三屯二賁四睽上也本義與程傳說不同學者擇而從之可也然賁之爲卦非有屯難睽隔之象則爻義有所難通者詳玩辭意屯如邅如乘馬班如與賁如皤如白馬翰如文體正相似其下文皆接之曰匪寇婚媾然則屯如邅如及賁如皤如皆當讀斷蓋兩爻之自處者如是也乘馬班如及白馬翰如皆當連下匪寇婚媾讀言彼乘馬者非寇乃吾之婚媾也此之乘馬班如謂五賁之白馬翰如謂初言匪寇婚媾不過指明其爲正應而可從耳此卦下雷上雲雷聲盤回故言磐桓邅如者下卦也雲物班布故言班如者上卦也四與上皆言乘馬班如五之爲乘馬班如則於六二言之此亦可備一說也

象曰六二之難乘剛也十年乃字反常也

程傳六二居屯之時而又乘剛爲剛陽所逼是其患難也至於十年則難久必通矣乃得反其常與正應合也十數之終也

六三即鹿无虞惟入于林中君子幾不如舍往吝

本義陰柔居下不中不正上无正應妄行取困爲逐鹿无虞陷入林中之象君子見幾不如舍去若往逐而不舍必致羞吝戒占者宜如是也程傳六三以柔居剛柔既不能安屯居剛而不中正則妄動雖貪於所求既不足以自濟又无應援將安之乎如即鹿而无虞人也入山林者必有虞人以導之无導之者則惟陷入於林莽中君子見事之幾微不若舍而勿逐往則徒取窮吝而已集說朱子語類問即鹿无虞曰虞只

是虞人六三陰柔在下而居陽位陰不安於陰則貪求安行不中不正又上無正應妄行取困所以爲即鹿无虞陷入林中之象沙隨盛稱唐人郭京易好近寄得來說鹿當作麓象辭當作即麓无虞何以從禽也問郭據何書曰渠云曾得王輔嗣親手與韓康伯注底易本然難考據

象曰即鹿无虞以從禽也君子舍之往吝窮也

程傳事不可而妄動以從欲也无虞而即鹿以貪禽也當屯之時不可動而動猶无虞而即鹿以有從禽之心也君子則見幾而舍之不從若往則可吝而困窮也集說楊氏簡曰夫无虞而即鹿者心在乎禽爲禽所蔽雖无虞猶漫往不省其不可也動於利祿不由道而漫往求者如之君子則舍之往則吝則窮也○蔡氏淸曰從字重是心貪乎禽也故著以字所謂禽荒者也是以身徇物也

案象傳有單字成文者如此此爻窮也下爻明也是即起例處餘卦放此

六四乘馬班如求婚媾往吉无不利

本義 陰柔居屯不能上進故爲乘馬班如之象然初九守正居下以應於己故其占爲下求婚媾則吉也

程傳 六四以柔順居近君之位得於上者也而其才不足以濟屯故欲進而復止乘馬班如也已既不足以濟時之屯若能求賢以自輔則可濟矣初陽剛之賢乃是正應己之婚媾也若求此陽剛之婚媾往與共輔陽剛中正之君濟時之屯則吉而无所不利也居公卿之位己之才雖不足以濟時之屯若能求在下之賢親而用之何所不濟哉

集說 胡氏炳文曰凡爻例上爲往下爲來六四下而從初亦謂之往者據我適人於文當言往不可言來如需上六三人來據人適我可謂之來不可謂往也

象曰求而往明也

程傳知己不足求賢自輔而後往可謂明矣居得致之地己不能而遂已至暗者也集說胡氏瑗曰必待人求於己然後往而應之非君子性脩智明其能與於斯乎○俞氏琰曰彼求而我往則其往也可以為明矣如不待其招而往則是不知去就之義謂之明可乎○蔣氏悌生曰指從九五凡退下為來進上為往

案傳義皆謂己求人也胡氏俞氏蔣氏皆作人求己而已往從之於求而往三字語氣亦叶又易例六四應初九從九五皆有吉義故作從初從五俱可通

九五屯其膏小貞吉大貞凶

本義九五雖以陽剛中正居尊位然當屯之時陷於險中雖有六二正應而陰柔才弱不足以濟初九得

民於下。衆皆歸之。九五坎體。有膏潤而不得施。爲屯其膏之象。占者以處小事。則守正猶可獲吉。以處大事。則雖正而不免於凶。

程傳 五居尊得正。而當屯時。若有剛明之賢爲之輔。則能濟屯矣。以其无臣也。故屯其膏。人君之尊。雖屯難之世。於其名位非有損也。唯其施爲有所不行。德澤有所不下。是屯其膏。人君之屯也。既膏澤有所不下。是威權不在已也。威權去已而欲驟正之。求凶之道。魯昭公高貴鄉公之事是也。故小貞則吉也。小貞則漸正之也。若盤庚周宣脩德用賢。復先王之政。諸侯復朝。謂以道馴致。爲之不暴也。又非恬然不爲。若唐之僖昭也。不爲。則常屯以至於亡矣。

集說 項氏安世曰。屯不以九五爲主者。建侯以爲主。五本在高位。非建侯也。初九動乎險中。故爲濟屯之主。天造草昧。皆自下起。五能主事則不屯矣。○魏氏了翁曰。周禮有大貞。謂大卜。如遷國立君之事。五處險中。不利有所作爲。但可小事。不可大事。曰小貞吉。大貞凶。猶書所謂作内吉作外凶用靜吉用作凶者。○趙氏汝楳曰我方在險德澤未加於民下焉羣陰蒙昧未孚唯當寬其政教簡其號令使徐就吾之經理乃可得吉若驟用整齊振刷之術人將駭懼紛散凶孰甚焉故新國用輕典○梁氏寅曰小正者以漸而正之也小正則吉者以在於其位而爲所可爲也大正則凶者以時勢旣失而不可以強爲也爲可爲於可爲之時則從爲不可爲於不可爲之時則凶可無愼哉

象曰屯其膏施未光也

程傳膏澤不下及是以德施未能光大也人君之屯也　集說谷氏家杰曰施字當澤字澤屯而不施卽未光非謂得施而但未光也

上六乘馬班如泣血漣如

本義陰柔无應處屯之終進无所之憂懼而已故其象如此。**程傳**六以陰柔居屯之終在險之極。
而无應援居則不安動无所之乘馬欲往復班如不進
窮厄之甚至於泣血漣如屯之極也若陽剛而有助則
屯既極可濟矣**集說**梁氏寅曰屯之極乃亨之時也而上六陰
柔無應不離於險是安有亨之時哉坎爲
血卦又爲加憂泣
血漣如之象也
案卦者時也爻者位也此聖經之明文而歷代諸儒所
據以爲說者不可易也然沿襲之久每局於見之拘遂
流爲說之誤何則其所目爲時者一時也其所指爲位
者一時之位也如屯則定爲多難之世而凡卦之六位
皆處於斯世而有事於屯者也夫是以二爲初所阻五
爲初所逼遂使一卦六爻止爲一時之用而其說亦多
駁雜而不槩於理此談經之敝也蓋易卦之所謂時者
人人有之如屯則士有士之屯窮居未達者是也君臣

有君臣之屯志未就功未成者是也甚而庶民商賈之賤其不逢年而鈍於市者皆屯也聖人繫辭可以包天下萬世之無窮豈爲一時一事設哉苟達此義則初自爲初之屯德可以有爲而時未至也二自爲二之屯道可以有合而時宜待也五自爲五之屯澤未可以遠施則爲之宜以漸也其餘三爻義皆倣是蓋同在屯卦則皆有屯象異其所處之位則各有處屯之理中間以承乘比應取義者亦虛象爾故二之乘剛但取多難之象初不指初之爲侯也五之屯膏但取未通之象亦不因初之爲侯也今曰二爲初阻五爲初逼則初乃卦之大梗而易爲衰世之書豈聖人意哉六十四卦之理皆當以此例觀之庶乎辭無窒礙而義可得矣

象曰泣血漣如何可長也

程傳屯難窮極莫知所爲故至泣血顛沛如此其能長久乎夫卦者事也爻者事之時也分三而又兩之

序卦傳
物生必蒙故受之以蒙蒙者蒙也物之穉也
雜卦傳
蒙雜而著

足以包括衆理引而伸之觸類而長之天下之能事畢矣集說楊氏簡曰何可長者言何可長如此也非惟深惘之亦覬其變也變則庶乎通矣

案象傳凡言何可長者皆言宜速反之不可遲緩之意如楊氏之說

☶☵

坎下
艮上

程傳蒙序卦屯者盈也屯者物之始生也物生必蒙故受之以蒙蒙者蒙也物之穉也屯者物之始生物始生穉小蒙昧未發蒙所以次屯也爲卦艮上坎下艮爲山爲止坎爲水爲險山下有險遇險而止莫知所之蒙之象也水必行之物始出未有所之故爲蒙及其進則爲亨義

蒙亨匪我求童蒙童蒙求我初筮告再三瀆瀆

蒙以九二六五爲主蓋九二有剛中之德而六五應之九二在

則不告利貞

本義艮亦三畫卦之名一陽止於二陰之上故其德爲止其象爲山蒙昧也物生之初蒙昧未明也其卦以坎遇艮山下有險蒙之地也內險外止蒙之意也故其名爲蒙亨以下占辭也九二內卦之主以剛居中能發人之蒙者而與六五陰陽相應故遇此卦者有亨道也我二也童蒙幼穉而蒙昧謂五也筮者明則人當求我而其亨在人筮者暗則我當求人而亨在我人求我者當視其可否而應之我求人者當致其精一而扣之而明者之養蒙與蒙者之自養又皆利於以正也

程傳蒙有開發之理亨之義也卦才時中乃致亨之道六五爲蒙之主而九二發蒙者也我謂二也二非蒙主五既順巽於二二乃發蒙者也故主二而言匪我求童蒙童蒙求我五居尊位有柔順之德而方在童蒙與二爲正應而中德又同能用二之道以發其蒙也二以

下師也能敎人者也六五在上能尊師以敎人者也

剛中之德在下。爲君所信嚮。當以道自守。待君至誠求已而後應之。則能用其道。匪我求於童蒙。乃童蒙來求於我也。筮。占決也。初筮告。謂至誠一意以求已。則告之。再三則瀆慢矣。故不告也。發蒙之道。利以貞正。又二雖剛中。然居陰。故宜有戒。

集說 朱子語類云。人來求我。我則當視其可否而告之。蓋視其來求我之發蒙者。有初筮之誠則告之。再三煩瀆則不告之也。我求人。則當致其精一以叩之。蓋我而求人以發蒙。則當盡初筮之誠。而不可有再三之瀆也。○項氏安世曰。待其求而後教之。則其心相應而不違。致一以導之。則其受命也如響。○胡氏炳文曰。有天地。卽有君師。乾坤之後繼以屯。主震之一陽而曰利建侯。君道也。又繼以蒙。主坎之一陽而曰童蒙求我。師道也。君師之道。皆利於貞。○俞氏琰曰。瀆。與少儀毋瀆神之瀆同。不告。與詩小旻我龜旣厭。不我告猶之義同。初筮則其志專一。故告。再三則煩瀆。故不告。蓋童蒙之求師。與人之求神。其道一也。

○林氏希元曰童蒙不我求則無好問願學之心安能得其來而使之信我求而誠或未至則無專心致志之勤安能警其惰而使之聽待其我求而發之則相信之深一投而即入矣待其誠至而發之則求道之切一啓而即通矣此蒙者所以得亨也

彖曰蒙山下有險險而止蒙

本義以卦象卦德釋卦名有兩義

蒙亨以亨行時中也匪我求童蒙童蒙求我志應也初筮告以剛中也再三瀆瀆則不告瀆蒙也蒙以養正聖功也

本義以卦體釋卦辭也九二以可亨之道發人之蒙而又得其時之中謂如下文所指之事皆以亨行而當其可也志應者二剛明五柔暗故二不求五而五求二其志自相應也以剛中者以剛而中故能告而有節也瀆筮者二三則問者固瀆而告者亦瀆矣蒙以養正乃作聖之功所以釋利貞之義也

程傳山下有險內險不可處外止莫能進未知所爲故爲昏蒙之義蒙亨以亨行時中也蒙之能亨以亨道行也所謂亨道時中也時謂得君之應中謂處得其中得中則時也匪我求童蒙童蒙求我志應也二以剛明之賢處於下五以童蒙居上非是二求於五蓋五之志應於二也賢者在下豈可自進以求於君苟自求之必無能信用之理古之人所以必待人君致敬盡禮而後往者非欲自爲尊大蓋其尊德樂道不如是不足與有爲也初筮謂誠一而來求決其蒙則當以剛中之道告而開發之再三煩數也來筮之意煩數不能誠一則瀆慢矣不當告也告

之必不能信受徒為煩瀆故曰瀆蒙也求者告者皆煩瀆矣卦辭曰利貞彖復伸其義以明不止為戒於二實養蒙之道也未發之謂蒙以純一未發之蒙而養其正乃作聖之功也發而後禁則扞格而難勝養正於蒙學之至善也蒙之六爻二陽為治蒙者四陰皆處蒙者也

集說

朱子語類云蒙以養正聖功也蓋言蒙昧之時先自養教正當了到那開發時便有作聖之功若蒙昧之中已自不正他日何由會有聖功○胡氏炳文曰程傳云亨道即時中也本義謂九二以可亨之道發人之蒙而又得其時之中蓋蒙豈無可亨之道但恐亨之不得乎時之中耳本義謂如下文所指之事蓋謂志未應而遽欲亨之非時中也再三瀆而亦告之非時中也蒙宜養正過此而後養之非時中也○俞氏琰曰聖者無所不通之謂童蒙之時便當以正道涵養其正性是乃作聖之功也古之人含德之厚比於赤子大人之所以為大人者不失其赤子之心而已童蒙之時情竇

未開天眞未散粹然一出於正所謂赤子之心是也涵養正性全在童蒙之時若童蒙之時無所養而失其正則他日欲望其作聖不可得矣○林氏希元曰養蒙發蒙原非二事對前日之蒙言則曰發對後日之作聖言則曰養利貞之語實蒙上文如咸恆利貞之例非發蒙之後又別出養蒙之義也

象曰山下出泉蒙君子以果行育德

本義泉水之始出者必行而有漸也程傳山下出泉出而遇險未有所之蒙之象也若人蒙穉未知所適也君子觀蒙之象以果行育德觀其出而未能通行則以果決其所行觀其始出而未有所向則以養育其明德也集說周子曰童蒙求我我正果行如筮焉筮叩神也再三則瀆矣瀆則不告也山下出泉靜而淸也汨則亂亂不決也愼哉其惟時中乎○王氏宗傳曰不曰山下有水而曰山下出泉云者泉者水之源所

謂純一而不雜者矣○眞氏德秀曰泉之始出也涓涓之微雖於沙石豈能遽達哉唯其果決必行雖險不避故終能流而成川然使其源之不深則其行雖果而易以竭艮之象山也其德止也山惟其靜止故泉源之出者無窮有止而後有行也君子觀蒙之象果其行如水之必行育其德如水之有本○徐氏幾曰蒙而未知所適也必體坎之剛中以決果其行而達之蒙而未有所害也必體艮之靜止以養育其德而成之○蔡氏清曰果行育德是內外動靜交相養之道養蒙之道不外乎此

初六發蒙利用刑人用說桎梏以往吝

本義以陰居下蒙之甚也占者遇此當發其蒙然發之之道當痛懲而暫舍之以觀其後若遂往而不舍則致羞吝矣戒占者當如是也程傳初以陰暗居下下民之蒙也爻言發之之道發下民之蒙當明刑禁

以示之使之知畏然後從而教導之自古聖王爲治設刑罰以齊其衆明教化以善其俗刑罰立而後教化行雖聖人尚德而不尚刑未嘗偏廢也故爲政之始立法居先治蒙之初威之以刑者所以說去其昏蒙之桎梏桎梏謂拘束也不去其昏蒙之桎梏則善教无由而入既以刑禁率之雖使心未能喻亦當畏威以從不敢肆其昏蒙之欲然後漸能知善道而革其非心則可以移風易俗矣苟專用刑以爲治則蒙雖畏而終不能發苟免而无恥治化不可得而成矣故以往則可吝

集說

王氏安石曰不辨之於蚤不懲之於小則蒙之難極矣當蒙之初不能正法以懲其小而用說桎梏縱之以往則吝道也○王氏宗傳曰所謂刑人者正其法以示之立其防束曉其罪戾而豫以禁之使蒙蔽者知所戒懼欲有所縱而不敢爲然後漸知善道可得而化之也當是時也夫苟說其桎梏而不豫以禁之則過此以往不可復制矣故於發蒙之初用刑人則以爲利用說桎

梏則以爲吝也。○胡氏炳文曰：利用刑人，痛懲之也；用說桎梏，暫舍之以觀其後也。痛懲而不暫舍，一於嚴以往，是不知有敬敷五教在寬之道也，故吝。

案：二王氏之說，則利用刑人，用說桎梏，以往吝，只是一正一反口氣，正如師出以律，失律凶之比爾。

象曰：利用刑人，以正法也。

本義　發蒙之初，法不可不正，懲戒所以正法也。程傳　治蒙之始，立其防限，明其罪罰，正其法也，使之由之漸至於化也。或疑發蒙之初，遽用刑人，无乃不教而誅乎？不知立法制刑，乃所以教也。蓋後之論刑者，不復知教化在其中矣。集說　項氏安世曰：刑之於小，所以脫之於大，以致刑也；至其極也，用師擊之，猶爲禦而不寇。蓋聖人之於蒙，哀矜之意常多。此九二之包蒙，所以爲一卦之

主也

與。

九二包蒙吉納婦吉子克家

本義 九二以陽剛爲内卦之主統治羣陰當發蒙之任者然所治既廣物性不齊不可一槩取必而爻之德剛而不過爲能有所包容之象又以陽受陰爲納婦之象又居下位而能任上事爲子克家之象故占者有其德而當其事則如是而吉也

程傳 包含容也二居蒙之世有剛明之才而與六五之君相應中德又同當時之任者也必廣其含容哀矜昏愚則能發天下之蒙成治蒙之功其道廣其施博如是則吉也卦唯二陽爻上九剛而過唯九二有剛中之德而應於五用於時而獨明者也苟恃其明專於自任則其德不弘故雖婦人之柔闇尚當納其所善則其明廣矣又以諸爻皆陰故云婦堯舜之聖天下所莫及也尚曰清問下民取人

爲善也。二能包納。則克濟其君之事。猶子能治其家也。五既陰柔。故發蒙之功。皆在於二。以家言之。五父也。二子也。二能主蒙之功。集說楊氏萬里曰。五求二。二匪求乃人子克治其家也。五乃曰子克家何也。臣事君如子事父。正使致君如伊周。亦臣子分內事。如子之克家耳。非功也。○王氏申子曰。包蒙者包衆蒙而爲之主也。納婦者受衆陰而爲之歸也。此通一卦而言也。五尊也父也。二卑也子也。處卑而任尊者之事。子克家之象也。此以應五而言也。○胡氏炳文曰。初爻統說治蒙之理。餘三四五皆是蒙者。治蒙只在陽爻。而九二爲治蒙之主。○梁氏寅曰。陽剛明陰柔暗。故陰爲蒙者而陽爲發蒙者。卦惟二陽。而九二以剛居中。爲內卦之主。與五相應。當發蒙之任。盡發蒙之道。非九二其誰哉。二中而不過。爲能包蒙。言其量之有容也。以陽受陰。是爲納婦言其志之相得也。居下任事。爲子能克家。言其才之有爲也。其占如是。吉可知矣。

象曰子克家剛柔接也。

本義指二五之應。　程傳子而克治其家者父之信任專也二能主蒙之功者五之信任專也二與五剛柔之情相接故得行其剛中之道成發蒙之功苟非上下之情相接則二雖剛中安能尸其事乎。

六三勿用取女見金夫不有躬无攸利。

本義六三陰柔不中不正女之見金夫而不能有其身之象也占者遇之則其取女必得如是之人无所利矣金夫蓋以金賂己而挑之若魯秋胡之爲者。　程傳三以陰柔處蒙闇不中不正女之妄動者也正應在上不能遠從近見九二爲羣蒙所歸得時之盛故捨其正應而從之是女之見金夫也女之從人當由正禮乃見人之多金說而從之不能保有其身者也无所往而利矣。　集說王氏弼曰童蒙之時陰求於陽。

晦求於明。六三在下卦之上。上九在上卦之上。男女之義也。上不求三。而三求上。女先求男者也。女之爲體。正行以待命者也。見剛夫而求之。行在不順。故勿用取女而无攸利。○趙氏汝楳曰。人致蒙者多端。故亨蒙非一術。有不被教育而蒙者。初是也。有不能問學而蒙者。四是也。有性質未開而蒙者。五是也。如三則自我致蒙。聖人戒之曰。勿用取女。或發之。或擊之。教亦多術。勿取非絕之。不屑之教也。○林氏希元曰。六三又別取一義。意因二爻取納婦一事。故發此象。

案金夫本義不黏爻象。程傳以爲九二。然九二發蒙之主。若三能從之。正合彖辭童蒙求我之義。不應謂之不順。蓋易例陰爻居下體而有求於上位者皆凶。王氏之說近是。

象曰。勿用取女。行不順也。

本義順當作愼蓋順愼古字通用荀子順墨作愼墨且行不愼於經意尤親切程傳女之如此其行邪僻不順集說熊氏良輔曰蒙小象凡三順字只是一不可取也般不必以不順爲不愼蓋六三所行不順故勿用取之

六四困蒙吝。

本義既遠於陽又无正應爲困於蒙之象占者如是可羞吝也能求剛明之德而親近之則可免矣程傳四以陰柔而蒙闇无剛明之親援无由自發其蒙困於昏蒙者也其可吝甚矣吝不足也謂可少也集說王氏弼曰獨遠於陽處兩陰之中闇莫之發故曰困蒙也困於蒙昧不能比賢以發其志亦以鄙矣故曰吝也○胡氏炳文曰初與三比二之陽五比上之陽初三五皆陽位而三五又皆與陽應惟六四所比所應所

居皆陰。困於蒙者也。蒙豈有不可教者。不能親師取友。其困而吝也。自取之也。

象曰。困蒙之吝。獨遠實也。

本義 實叶韻去聲。 程傳 蒙之時。陽剛爲發蒙者。四陰柔而最遠於剛。乃愚蒙之人。而不比近賢者。无由得明矣。故困於蒙。可羞吝者。以其獨遠於賢明之人也。不能親賢以致困。可吝之甚也。實謂陽剛也。

集說 孔氏穎達曰。陽主生息。故稱實。陰主消損。故不得言實。○項氏安世曰。初三近九二。五近上九。三五皆與陽應。惟六四所比所應皆陰。故曰獨遠實也。○王氏申子曰。陽實陰虛。獨遠實者。謂於一卦之中。獨不能近陽實之賢。故困於蒙而無由達也。

六五。童蒙。吉。

本義柔中居尊。下應九二。純一未發以聽於人。故其象爲童蒙。而其占爲如是則吉也。**程傳**五以柔順居君位。下應於二。以柔中之德。任剛明之才。足以治天下之蒙。故吉也。童取未發而資於人也。爲人君者。苟能至誠任賢以成其功。何異乎出於己也。

集說陸氏績曰。六五陰爻又體艮少男。故曰童蒙。○胡氏炳文曰。屯所主在初。卦曰利建侯。而爻於初言之。蒙所主在二。卦曰童蒙求我。而爻於五言之。五應二者也。童蒙純一未發以聽於人。居尊位而能以童蒙自處。其吉可知。○蔡氏清曰。柔中居尊。純一未發。此童蒙字與卦辭童蒙字小不同。蓋卦辭只是說蒙昧而已。此之童蒙。言其有柔中之善。純一之心。純則不雜。一則不二。蓋有安己之心。而無自用之失。有初筮之誠。而無再三之瀆。信乎其吉矣。程傳童取未發而資於人者也。此語最切。○又曰。宋敷文閣直學士李椿有曰。易以九居五。六居二爲當位。而辭多艱。以六居五。九居二爲不當位。而辭多吉。蓋君以剛健爲體而虛中爲用。臣以柔順爲體而剛中爲用。君誠以虛中行其剛健。臣誠以剛中守其柔順。則上下交而其志同矣。實易爻之通例。

象曰。童蒙之吉。順以巽也。

程傳 舍己從人。順從也。降志下求。卑巽也。能如是。優於天下矣。 集說 胡氏一桂曰。順。以爻柔言。巽。以志應言。

上九。擊蒙。不利爲寇。利禦寇。

本義 以剛居上。治蒙過剛。故爲擊蒙之象。然取必太過。攻治太深。則必反爲之害。惟捍其外誘。以全其眞純。則雖過於嚴密。乃爲得宜。故戒占者如此。凡事皆然。不止爲誨人也。 程傳 九居蒙之終。是當蒙極之時人之愚蒙既極、如苗民之不率、爲寇爲亂者、當擊伐之。然九居上、剛極而不中、故戒不利爲寇、治人之蒙、乃禦寇也。肆爲剛暴、乃爲寇也。若舜之征有苗、周公之誅三監、禦寇也。秦皇漢武窮兵誅伐、爲寇也。

集說 楊氏簡曰。擊其蒙、治之雖甚、不過禦其爲寇者而已。去其悖道之心而已。擊之至於太甚、而我反失乎道、是擊之者又爲寇也。故戒之曰不利爲寇、利禦寇。○吳氏澄曰。二剛皆治蒙者、九二剛而得中、其於蒙也能包之、治之以寬者也。上九剛極不中、其於蒙也乃擊之、治之以猛者也。

象曰。利用禦寇。上下順也。

本義 禦寇以剛、上下皆得其道。程傳 利用禦寇、上下皆得其順也。上不爲過暴、下得擊去其蒙、禦寇之義也。

總論項氏安世曰六爻之義初常對上二常對五三常對四觀之則其義易明初用刑以發之上必至於用兵以擊之二爲包而接五則五爲童而巽二三爲見二而失身則四爲遠二而失實大約諸卦多然終始見於初上而曲折備於中爻也○蔡氏淸曰詳觀蒙卦六爻在蒙者便當求明者在明者便當發蒙者而各有其道然要之不出卦辭數句矣故曰智者觀其彖辭則思過半矣若三四則自暴自棄雖聖人與居不能化而入者也○吳氏曰愼曰治蒙之道當發之養之又當包之至其極乃擊之刑與兵所以弼教治蒙之道備矣

序卦傳
物穉不可不養也
故受之以需需者
飲食之道也

䷄ 乾下坎上

程傳需序卦蒙者蒙也物之穉也物穉不可不養也故受之以需需者飲食之道也夫物之幼穉必待養而成養物之所需者飲食也故曰需者飲食之道也雲上於天有蒸潤之象飲食所以潤益於物故需爲飲食

需以九
五爲主
蓋凡事
皆當需

雜卦傳
需不進也

之道所以次蒙也。卦之大意須待之義。序卦取所須之大者耳。乾健之性。必進者也。乃處坎險之下。險爲之阻。故須待而後進也。

而王道尤當以入而成彖傳所謂位乎天位以正中也指五而言之也

需有孚。光亨。貞吉。利涉大川。

本義 需。待也。以乾遇坎。乾健坎險。以剛遇險。而不遽進以陷於險。待之義也。孚。信之在中者也。其卦九五以坎體中實。陽剛中正而居尊位。爲有孚得正之象。坎水在前。乾健臨之。將涉水而不輕進之象。故占者爲有所待而能有信。則光亨矣。若又得正則吉。而利涉大川。正固无所不利。而涉川尤貴於能待。則不欲速而犯難也。

程傳 需者須待也。以二體言之。乾之剛健上進而遇險。未能進也。故爲需待之義。以卦才言之。五居君位。爲需之主。有剛健中正之德。而誠信充實於中。中實有孚也。有孚則光明而能亨通。得貞正而吉也。以此而需何所不濟，雖險无難矣，故利涉大川也。凡貞吉有既正且吉者，有得正則吉者，當辨也。

集說 朱子語類云：需者寧耐之意，以剛遇險，時節如此，只得寧耐以待之。且如涉川者，多以不能寧耐致覆溺之禍，故需卦首言利涉大川。○項氏安世曰：需非終不進也，抱實而遇險，有待而後進也。凡待者，皆以其中有可待之實也。我實有之，但能少待，必有光亨之理，若其無之，何待之有？故曰需有孚，光亨。光亨者不可以盈，必敬慎以終之，故曰貞吉。信能行此，則其待不虛，其進不溺，故曰利涉大川。有孚光亨貞吉者，需之道也；利涉大川者，需之效也。○胡氏炳文曰：需而無實，無光且亨之時；需而非正，無吉且利之理。世有心雖誠實，而處事或有未正者，故曰孚，又曰貞。○林氏希元曰：凡人作事，皆責成於目前，其間多有阻礙，而目前不可成者，其勢不容於不待。然不容不待者，其心多非所樂，其待也未必出於中誠，不免於急迫覬望之意。如此則懷抱不開，胸中許多暗昧抑塞而不光明豁達故聖人特發有孚之義蓋遇事勢之未可爲即安於義命從容以待機會而不切切焉以厚覬望則其待也出於眞實而非虛假矣如此則心逸日休胸襟洒落而無滯礙不亦光明豁達乎然使心安於需而事或未出於正則將來亦未必可成也所需之事皆出於正而無行險僥倖之爲則功深而效得時動而事起向者之所需而今皆就緒矣故吉

彖曰需須也險在前也剛健而不陷其義不困窮矣

本義此以卦德釋卦名義程傳需之義須也以險在於前未可遽進故需待而行也以乾之剛健而能需待不輕動故不陷於險其義不至於困窮也剛健之人其動必躁乃能需待而動處之至善者也故夫子

贊之云其義不困窮矣　集說王氏申子曰需者坎險在前須而後進也惟剛則內有所主故能需惟健則動不可禦故能濟○蔡氏淸曰以剛遇險而不遽進以陷於險者蓋陰柔不能寧耐乾剛則沈毅不苟而能寧耐所謂乾天下之至健也德行恒易以知險

需有孚光亨貞吉位乎天位以正中也利涉大川往有功也。

本義以卦體及兩象釋卦辭　程傳五以剛實居中爲孚之象而得其所需亦爲有孚之義以乾剛而至誠故其德光明而能亨通得貞正而吉也所以能然者以居天位而得正中也居天位指五以正中兼二言故云正中既有孚而貞正雖涉險阻往則有功也需道之至善也以乾剛而能需何所不利　集說谷氏

家杰曰。此卦合坎乾成需。惟乾易而知險。故曰剛健曰正中。見有天德者能需也。

象曰。雲上於天。需。君子以飲食宴樂。

本義 雲上於天。无所復爲。待其陰陽之和而自雨爾。事之當需者。亦不容更有所爲。但飲食宴樂。俟其自至而已。一有所爲。則非需也。程傳 雲氣蒸而上升於天。必待陰陽和洽。然後成雨。雲方上於天。未成雨也。故爲須待之義。陰陽之氣交感而未成雨澤。猶君子畜其才德而未施於用也。君子觀雲上於天需而爲雨之象。懷其道德。安以待時。飲食以養其氣體。宴樂以和其心志。所謂居易以俟命也。集說 孔氏穎達曰。不言天上有雲。而言雲上於天者。若是天上有雲。無以見欲雨之義。故云雲上於天。是天之欲雨。待時而落。所以明需。○胡氏瑗曰。飲食者所以養身也。宴樂者所以寧神也。是亦樂天知命。居易俟時耳。○朱子語類云。需待也以飲食宴樂謂更無所爲待之而已待之須有至精學道者亦猶是也○吳氏澄曰宴者身安而他無所營作樂者心愉而他無所謀慮也飲食則素其位而宴樂則不願乎外也○谷氏家杰曰雲上於天而後可以雨君子有爲於前而後可以待治不然不幾於坐廢乎

初九需于郊利用恆无咎

本義 郊曠遠之地未近於險之象也而初九陽剛又有能常於其所之象故戒占者能如是則无咎也

程傳 需者以遇險故需而後進初最遠於險故爲需于郊郊曠遠之地也處於曠遠利在安守其常則无咎也不能安常則躁動犯難豈能需於遠而无過也

集說 孔氏穎達曰難在於坎初九去難既遠故待於郊郊者境上之地去水遠也恆常也遠難待時以避其害故宜保守其常所以无咎○梁氏寅曰需下三爻以

去險遠近爲吉凶。初以陽處下。最遠於險。故爲需于郊之象。郊。荒遠之地也。而君子安處焉。故云利用恆。

象曰。需于郊。不犯難行也。利用恆无咎。未失常也。

程傳處曠遠者。不犯冒險難而行也。陽之爲物。剛健上進者也。初能需待於曠遠之地。不犯險難而進。復宜安處不失其常。則可以无咎矣。雖不進而志動者。不能安其常也。君子之需時也。安靜自守。志雖有須。而恬然若將終身焉。乃能用常也。

集說 孫氏質卿曰。不犯難而行。便是常。不失常。便是恒德。人惟中無常主。或爲才能所使。或爲意氣所動。或爲事勢所激。雖犯難而不顧耳。所以不失常最難。飲食宴樂。不失常也。若能不失常。更有何事。

九二。需于沙。小有言。終吉。

本義 沙則近於險矣。言語之傷。亦災害之小者。漸進近坎。故有此象。剛中能需。故得終吉。戒占者當如是也。程傳 坎爲水。水近則有沙。二去險漸近。故爲需于沙。漸近於險難。雖未至於患害。已小有言矣。凡患難之辭。大小有殊。小者至於有言。言語之傷。至小者也。二以剛陽之才。而居柔守中。寬裕自處。需之善也。雖去險漸近。而未至於險。故小有言語之傷。而无大害。終得其吉也。

集說 孔氏穎達曰。沙是水旁之地。去水漸近。故難稍近而小有言。但履健居中。以待要會。終得其吉也。○胡氏炳文曰。初最遠坎。利用恆。乃无咎。九二漸近坎。小有言矣。而曰終吉者。初九以剛居剛。恐其躁急。故雖遠險。猶有戒辭。九二以剛居柔。寬而得中。故雖近險而不害其爲吉。

象曰。需于沙。衍在中也。雖小有言。以吉終也。

本義衍。寬意。以寬居中。不急進也。程傳衍。寬綽也。二雖近險而以寬裕居中。故雖小有言語及之。終得其吉。善處者也。集說楊氏簡曰。衍在中者。言胷中寬衍平夷。初不以進動其心。亦不以小言動其心。夫如是。終吉。以九二得其道故也。

九三。需于泥。致寇至。

本義泥。將陷於險矣。寇。則害之大者。九三去險愈近而過剛不中。故其象如此。程傳泥。逼於水也。既進逼於險。當致寇難之至也。三剛而不中。又居健體之上。有進動之象。故致寇也。苟非敬慎。則致喪敗矣。集說王氏申子曰。泥則切近水矣。險已近而又以剛用剛而進逼之。是招致寇難之至也。○龔氏煥曰。郊沙泥之象。視坎水遠近而爲言者也。易之取象如此。

象曰。需于泥。災在外也。自我致寇。敬慎不敗也。

本義 外謂外卦。敬慎不敗。發明占外之占。聖人示人之意切矣。**程傳** 三切逼上體之險難。故云災在外也。災。患難之通稱。對眚而言則分也。三之致寇。由己進而迫之。故云自我。寇自己致。若能敬慎。量宜而進。則无喪敗也。需之時。須而後進也。其義在相時而動。非戒其不得進也。直使敬慎。毋失其宜耳。**集說** 朱子語類問敬慎。曰。敬字大。慎字細小。如人行路。一直恁地去。便是敬。前面險處。防有喫跌。便是慎。慎是惟恐有失之之意。如思慮兩字。思是恁地思去。慮是怕不恁地底意思。○項氏安世曰。寇雖在外。然亦不自至。我有以致之則至。我敬慎而無失。則雖與之逼。亦無敗理。○丘氏富國曰。坎險在外。未嘗逼人。由人急於求進。自逼於險以致禍敗。象以自我釋之，明致災之由不在他人也。

六四，需于血，出自穴。

本義　血者殺傷之地，穴者險陷之所。四交坎體，入乎險矣，故爲需于血之象。然柔得其正，需而不進，故又爲出自穴之象。占者如是，則雖在傷地而終得出也。

程傳　四以陰柔之質處於險而下當三陽之進，傷於險難者也，故云需于血。既傷於險難，則不能安處，必失其居，故云出自穴。穴，物之所安也。順以從時，不競於險難，所以不至於凶也。以柔居陰，非能競者也；若陽居之，則必凶矣。蓋无中正之德，徒以剛競於險，適足以致凶耳。

集說　朱子語類：問程傳釋穴，物之所安。曰：穴是陷處，喚作所安不得。柔得正了，需而不進，故能出於坎陷。○楊氏啓新曰：剛者能需，柔亦能需，何也？剛柔皆有善惡，剛之需猶乾之健而知險也，柔之需猶坤之簡而知阻也。

象曰：需于血，順以聽也。

程傳 四以陰柔居於險難之中，不能固處，故退出自穴。蓋陰柔不能與時競，不能處則退，是順從以聽於時，所以不至於凶也。集說 楊氏簡曰：六四入險而傷，然不言吉凶，何也？能需而退聽故也。易之為道無所不通，雖如四之入險而傷，其處之亦有道。六與四皆柔，故有順聽之象。○吳氏澄曰：謂六四柔順以聽從於九五也。○胡氏炳文曰：三能敬則雖迫坎之險而不敗，四能順則雖陷坎之險而可出。敬與順，固處險之道也。

九五：需于酒食，貞吉。

本義 酒食，宴樂之具，言安以待之。九五陽剛中正，需於尊位，故有此象。占者如是而貞固，則得吉也。程傳五以陽剛居中。得正位乎天位。克盡其道矣。以此而需。何需不獲。故宴安酒食以俟之。所須必得也。既得貞正而所需必遂。可謂吉矣。

集說 鄭氏維嶽曰。繫辭曰需者飲食之道也。象曰君子以飲食宴樂。爻曰需于酒食。以治道言。使斯民樂其樂而利其利。期治於必世百年之後。而不爲近功者。須待之義也。○喬氏中和曰。九五之貞吉也。豈徒以酒食云哉。險而不陷。中自持也。

案需之爲義最廣。其大者莫如王道之以久而成化。而不急於淺近之功。聖學之以寬而居德。而不入於正助之弊。卦惟九五剛健中正以居尊位。是能盡需之道者。故彖傳特舉此爻。以當彖辭之義。而大象傳又特取此爻爻辭以蔽需義之全。蓋繼屯蒙之後。既治且教。而所謂休養生息。使之樂樂而利利。漸仁摩義。使之世變而風移者。其在於需乎。觀需之卦。而不知此爻之義。但以諸爻處險之偏乎一義者槩之。則需與蹇困何異哉。

象曰酒食貞吉以中正也

程傳需于酒食而貞且吉者以五得中正而盡其道也

集説梁氏寅曰言以中正見其飲宴者非耽樂也○張氏振淵曰內多欲則有求治太急之患德惟中正所以需合於貞而得吉中正即孚貞意是推原所以能需處

上六入于穴有不速之客三人來敬之終吉

本義陰居險極无復有需有陷而入穴之象下應九三九三與下二陽需極並進爲不速客三人之象柔不能禦而能順之有敬之之象占者當陷險中然於非意之來敬以待之則得終吉也

程傳需以險在前需時而後進上六居險之終終則變矣在需之極久而得矣陰止於六乃安其處故爲入于穴穴所安也安

而既止後者必至不速之客三人謂下之三陽乾之三陽非在下之物需時而進者也需既極矣故皆上進不速不促之而自來也上六既需得其安處羣剛之來苟不起忌疾忿競之心至誠盡敬以待之雖甚剛暴豈有侵陵之理故終吉也或疑以陰居三陽之上得爲安乎曰三陽乾體志在上進六陰位非所止之正故無爭奪之意敬之則吉也

集說

胡氏炳文曰入于穴險極而陷之象速者主召客之辭三人乾三陽之象下三陽非皆與上應也有不速之象上柔順有敬之之象上獨不言需險之極無復有需也外卦險體二陰皆有穴象四出自穴而上則入于穴何哉六四柔正能需猶可出於險故曰出者許其將然也上六柔而當險之終無復能需惟入於險而已故曰入者言其已然也然雖已入於險非意之來敬之終吉君子未嘗無處險之道也

○薛氏瑄曰有不速之客三人來敬之終吉處橫逆之道也○谷氏家杰曰三居下卦之終而示之以敬上居

上卦之終，而又示之以敬，則知處需者貴敬也。

象曰：不速之客來，敬之終吉。雖不當位，未大失也。

本義：以陰居上，是爲當位。言不當位，未詳。程傳：不當位，謂以陰而在上也。爻以六居陰爲所安，象復盡其義，明陰宜在下，而居上爲不當位也。然能敬慎以自處，則陽不能陵，終得其吉。雖不當位，而未至於大失也。

集說：呂氏祖謙曰：需初九、九五二爻之吉，固不待言。至於餘四爻，如二則小有言終吉，如三之象則曰敬慎不敗，四之象則曰順以聽也，上則曰有不速之客三人來敬之終吉。大抵天下之事，若能款曲停待，終是少錯。○蔡氏清曰：雖不當位，謂其陰居險極。正與困上六困於葛藟未當也一般。

序卦傳
飲食必有訟故受之以訟
雜卦傳
訟不親也

蔣氏悌生曰需待也以剛健之才遇險陷在前當

總論
容忍待時用柔而主靜若不度時勢恃剛忿躁而驟進取敗亡必矣初九去險尚遠以用恒免咎九二漸近險亦以用柔守中而終吉九三已迫於險象言敬愼不敗六四已傷於險以柔而不競能出自穴上六險陷之極亦以能敬終吉然則需待之時能含忍守敬皆可以免禍需之時義大矣

䷅

坎下
乾上

程傳 訟序卦飲食必有訟故受之以訟人之所需者飲食既有所須爭訟所由起也訟所以次需也爲卦乾上坎下以二象言之天陽上行水性就下其行相違所以成訟也以二體言之上剛下險剛險相接能无訟乎又人內險阻而外剛強所以訟也

訟以九五爲主蓋諸爻皆訟者也九五則聽訟

訟有孚窒惕中吉終凶利見大人不利涉大川。

本義 訟。爭辯也。上乾下坎。乾剛坎險。上剛以制其下。下險以伺其上。又爲內險而外健。又爲己險而彼健。皆訟之道也。九二中實。上无應與。又爲加憂。且於卦變自遯而來。爲剛來居二而當下卦之中。有有孚而見窒。能懼而得中之象。上九過剛。居訟之極。有終極其訟之象。九五剛健中正以居尊位。有大人之象。以剛乘險。以實履陷。有不利涉大川之象。故戒占者必有爭辯之事。而隨其所處爲吉凶也。

程傳 訟之道。必有其孚實。中无其實。乃是誣妄。凶之道也。卦之中實。爲有孚之象。訟者。與人爭辯而待決於人。雖有孚。亦須窒塞未通。不窒則已明。无訟矣。事既未辯。吉凶未可必也。故有畏惕。中吉。得中則吉也。終凶。終極其事則凶也。訟者。求辯其曲直也。故利見於大人。大人則能以其剛明中正決所訟也。訟非和平之事。當擇安地而處。不可陷於危險。故

者也。彖傳所謂利見大人尚中正也。亦指五而言之也。

不利涉大川也

集說

孔氏穎達曰：窒，塞也；惕，懼也。凡訟之體，不可妄興，必有信實，被物止塞，而能惕懼，中道而止，乃得吉也。終凶者，訟不可長，若終竟訟事，雖復窒惕，亦有凶也。物既有訟，須大人決之，故利見大人。若以訟而往涉危難，必有禍患，故不利涉大川。○胡氏瑗曰：孚者，由中之信。人所以興訟，必有由中之信，而爲他人之所窒塞，不得已而興訟。然雖已有信實，而爲人之窒塞，亦須恐懼兢慎，而不敢自安，則庶幾免於凶禍。又中道而止，則可以獲吉也。大川，謂大險大難也。凡歷險涉難，必須物情相協，志氣和同，則可得而濟也。今訟之時，物情違忤而不相得，欲濟涉險難，必不可得。○朱子語類云：大凡卦辭取義不一。如訟有孚窒惕中吉，蓋取九二中實，坎爲加憂之象；終凶，蓋取上九終極於訟之象；利見大人，蓋取九五剛健中正居尊之象；不利涉大川，又取以剛乘險，以實履陷之象。此取義不一也。然亦有不必如此取者，此特其一例也。卦辭如此，辭極齊整蓋所取諸爻義皆與爻中本辭協亦有雖取爻義而與爻本辭不同者○項氏安世曰利見大人或不與之校如直不疑或爲之和解如卓茂或使其心化如王烈或爲之辨明如仲由皆訟者之利也不利涉大川涉險之道利在同心此豈相爭之時哉

彖曰訟上剛下險險而健訟

本義以卦德釋卦名義

程傳訟之爲卦上剛下險險而又健也又爲險健相接內險外健皆所以爲訟也若健而不險不生訟也險而不健不能訟也險而又健是以訟也

集說毛氏璞曰上剛下險以彼此言之險而健以一人言之

訟有孚窒惕中吉剛來而得中也終凶訟不可

成也。利見大人，尚中正也。不利涉大川，入于淵也。

本義　以卦變卦體卦象釋卦辭。程傳　訟之道固如是，又據卦才而言，九二以剛自外來而成訟，則二乃訟之主也。以剛處中，中實之象，故爲有孚。處訟之時，雖有孚信，亦必艱阻窒塞而有惕懼，不窒則不成訟矣。又居險陷之中，亦爲窒塞惕懼之義。二以陽剛自外來而得中，爲以剛來訟而不過之義，是以吉也。卦有更取成卦之由爲義者，此是也。卦義不取成卦之由，則更不言所變之爻也。據卦辭，二乃善也，而爻中不見其善，蓋卦辭取其有孚得中而言，乃善也；爻則以自下訟上爲義，所取不同也。訟非善事，不得已也，安可終極其事，極意於其事則凶矣，故曰不可成也。成謂窮盡其事也。訟者，求辯其是非也，辯之當，乃中正也，故利見大人，以所尚者中正也。聽者非其人，則或不得其中正也。中正大人，九五是也。與人訟者，必處其身於安平之地。若蹈危險，則陷其身矣，乃入于深淵也。卦中有中正險陷之象。

集說

孔氏穎達曰：剛來而得中。輔嗣必以爲九二者，凡上下二象在於下象者則稱來。故賁卦云柔來而文剛，是離下艮上而稱柔來。今此云剛來而得中，故知九二也。且凡云來者，皆據異類而來。九二在二陰之中，故稱來。若於爻辭之中，亦有從下卦向上卦稱來也。故需上六有不速之客三人來，謂下卦三陽。然需上六陰爻，陽來詣之，亦是非類而稱來也。○劉氏牧曰：剛來，謂二也。性本剛，好勝而訟也。來居柔，能屈其性也。處中位，不失中道也。○王氏安石曰：彖言孚，其才也。訟有孚窒惕中吉，此言九二之才也。終凶，此言上九之才也。利見大人，言九五之才也。不利涉大川，言一卦之才也。○蔡氏清曰：訟不可成，以理言之，揚人之惡也。煩上之聽也。損己之德也。增俗之偷也。又人己之間，俱廢其業。雖得不償失也。此豈君子之所樂成者哉。謂之不可成。見其宜惕中也。

案彖傳中有言剛柔往來上下者。皆虛象也。先儒因此而卦變之說紛然。然觀泰否卦下小往大來大往小來云者。文王之辭也。果從何卦而往。何卦而來乎。亦云有其象而已耳。故依王孔註疏作虛象者近是。

象曰。天與水違行。訟。君子以作事謀始。

本義 天上水下。其行相違。作事謀始。訟端絕矣。程傳 天上水下。相違而行。二體違戾。訟之由也。若上下相順。訟何由興。君子觀象。知人情有爭訟之道。故凡所作事。必謀其始。絕訟端於事之始。則訟无由生矣。謀始之義廣矣。若慎交結明契券之類是也。集說 吳氏澄曰。水行而下。天行而上。其行兩相背戾。是違行也。○胡氏炳文曰。凡事有始有中有終。訟中吉終凶。然能謀於其始。則訟端既絕。中與終不必言矣。○林氏希元曰訟不興於訟之日而興於作事之始作事不豫謀此訟端之所由起也故君子於其始而謀之看事理有無違礙人情有無違拂終久有無禍患凡其事之不善而可以致訟者皆杜絕之而不爲則訟端無自起矣

初六不永所事小有言終吉

本義 陰柔居下不能終訟故其象占如此 **程傳** 六以柔弱居下不能終極其訟者也故於訟之初因六之才爲之戒曰若不長永其事則雖小有言終得吉也蓋訟非可長之事以陰柔之才而訟於下難以吉矣以上有應援而能不永其事故雖小有言終得吉也有言災之小者也不永其事而不至於凶乃訟之吉也

集說 王氏弼曰處訟之始訟不可終故不永所事然後乃吉凡陽唱而陰和陰非先唱者也處訟之始不爲訟先雖不能不訟而必辨明也○楊氏簡曰訟之初不深也有不永所事之象訟之初未深小有言而已既

不永其事。故終吉。○胡氏炳文曰。初不曰不永訟。而曰不永所事。事之初。猶冀其不成訟也。小有言。與需不同。需小有言。人不能不小有言也。此之小有言。我不能已而小有言也。

象曰。不永所事。訟不可長也。雖小有言。其辯明也。

程傳　六以柔弱而訟於下。其義固不可長永也。永其訟則不勝而禍難及矣又於訟之初卽戒訟非可長之事也。柔弱居下。才不能訟。雖不永所事。既訟矣。必有小災。故小有言也。既不永其事。又上有剛陽之正應。辯理之明。故終得其吉也。不然。其能免乎。在訟之義。同位而相應。相與者也。故初於四爲獲其辯明。同位而不相得。相訟者也。故二與五爲對敵也。

集說　王氏申子曰。止訟於初者上也。故於訟之初。即以訟不可長爲戒。○俞氏琰曰。彖傳云訟不可成。蓋言訟之通義而不欲其成。爻傳云訟不可長。蓋言初爲訟端而不欲其長。

九二。不克訟。歸而逋。其邑人三百戶。无眚。

本義 九二陽剛。爲險之主。本欲訟者也。然以剛居柔。得下之中。而上應九五。陽剛居尊。勢不可敵。故其象占如此。邑人三百戶。邑之小者。言自處卑約以免災患。占者如是則无眚矣。**程傳** 二五相應之地。而兩剛不相與。相訟者也。九二自外來。以剛處險。爲訟之主。乃與五爲敵。五以中正處君位。其可敵乎。是爲訟而義不克也。若能知其義之不可。退歸而逋避。以寡約自處。則得无過眚也。必逋者。避爲敵之地也。三百戶。邑之至小者。若處強大。是猶競也。能无眚乎。眚。過也。處不當也。與知惡而爲有分也。**集說** 荀氏爽曰。二者下體之君。君不爭。則百姓無害也。○王氏弼曰。以剛處訟。不能下物。自下訟上。宜其不克。若能以懼。歸竄其邑。乃可以免災。邑過三百，竄而據強，災未免也。○項氏安世曰：一家好訟，則百家受害。言三百戶无眚，見安者之衆也。○俞氏琰曰：九二以剛居柔，故不克訟，逋逃也。既逋，則近已者皆無連坐之患，故曰其邑人三百戶无眚。

案：三百戶无眚，傳義皆用王氏說。荀氏、項氏、俞氏則以爲所居之邑，託以安居，義亦可從。

象曰：不克訟，歸逋竄也。自下訟上，患至掇也。

本義 掇，自取也。程傳 義既不敵，故不能訟，歸而逋竄，避去其所也。自下而訟其上，義乖勢屈，禍患之至，猶拾掇而取之，言易得也。 集說 項氏安世曰：上兩句皆是爻辭，下兩句方是象傳，如需之上六象傳句法。○王氏申子曰：知義不克，歸而逋竄，猶可免禍。若不知自反，則禍患之至，如掇拾而取之矣。彖稱二剛來而得中，而爻義乃如此，蓋彖總言一卦之體，爻則據其時之用以言之也。

六三。食舊德。貞厲終吉。或從王事。无成。

本義 食。猶食邑之食。言所享也。六三陰柔。非能訟者。故守舊居正。則雖危而終吉。然或出而從上之事。則亦必无成功。占者守常而不出則善也。程傳 三雖居剛而應上。然質本陰柔。處險而介二剛之閒。危懼非爲訟者也。祿者稱德而受。食舊德。謂處其素分。貞。謂堅固自守。厲終吉。謂雖處危地。能知危懼。則終必獲吉也。守素分而无求。則不訟矣。處危。謂在險而承乘皆剛。與居訟之時也。柔從剛者也。下從上者也。三不爲訟而從上九所爲。故曰或從王事。无成。謂從上而成不在己也。訟者剛健之事。故初則不永。三則從上。皆非能訟者也。二爻皆以陰柔不終而得吉。四亦以不克而渝得吉。訟以能止爲善也。集說 虞氏翻曰。道无成而代有終。故曰无成。坤三同義也。○胡氏瑗曰。无成者不敢居其成。但從王事。守其本位本祿而已。故獲其吉也。○徐氏幾曰聖人於初三兩柔爻皆繫之以終吉之辭所以勉人之無訟也苟知柔而不喜訟者終吉則知剛而好訟者終凶矣○李氏簡曰或從王事无成者謂從王事而不以成功自居也夫訟生於其行之相違而天下之訟又起於矜功而伐善以柔而從剛以下而從上有功而不自居故能不失舊德而終又獲吉也○胡氏炳文曰食舊德與位乎天德語同位必稱德而居故寧德過其位毋位過其德食必稱德而食故寧德浮於食毋食浮於德食猶食邑之食九二邑人三百戶食之最約者也二剛險本欲訟者能退處於分之小僅可无眚三陰柔本不能訟者能守其分之常雖厲猶吉○楊氏啓新曰食舊德安其分之所當得是不與人競利也或從王事者分之所不得越是不與人競功也蓋不必告訐之風乃謂之訟一有爭競之心亦訟也

附錄

徐氏幾曰王事即訟事无成即象之訟不可成也

案本義是戒人以不可從王事也但此爻與坤三之文大同小異不應其義差殊故諸家之說可以與本義相參而楊氏尤爲明暢也徐氏即以訟不可成爲解亦可備一說

象曰食舊德從上吉也

本義從上吉謂隨人則吉明自主事則无成功也 程傳守其素分雖從上之所爲非由己也故无成而終得其吉也 集說喬氏中和曰三食舊德其卒也斯謀斯猷皆我后之德從王事而无成何以訟爲故從上吉

九四不克訟復即命渝安貞吉

本義即就也命正理也渝變也九四剛而不中故有訟象以其居柔故又爲不克而復就正理渝變其心

安處於正之象占者如是則吉也　程傳四以陽剛而居健體不得中正本爲訟者也承五履三而應初五君也義不克訟三居下而柔不與之訟初正應而順從非與訟者也四雖剛健欲訟无與對敵其訟无由而興故不克訟也又居柔以應柔亦爲能止之義既義不克訟若能克其剛忿欲訟之心復卽就於命革其心平其氣變而爲安貞則吉矣命謂正理失正理爲方命故以卽命爲復也方不順也書云方命圮族孟子曰方命虐民夫剛健而不中正則躁動故不安處非中正故不貞不安貞所以好訟也若義不克訟而不訟反就正理變其不安貞爲安貞則吉矣　集說龔氏原曰二與五訟四與初訟其與爲敵者強弱不同而皆曰不克者蓋二以下訟上其不克者勢也四以上訟下其不克者理也二見勢之不可故歸而逋竄四知理之不可故復而卽命二四皆剛居柔故能如此　楊氏簡曰九剛四柔有始訟終退之象人惟不安於命故以人力爭訟

今不訟而即於命變而安於貞吉之道也。

象曰復即命渝安貞不失也。

程傳能如是則爲无失矣所以吉也集說丘氏富國曰二沮於勢四屈於理此二之美所以止於无眚而四之貞所以爲不失也

九五訟元吉

本義陽剛中正以居尊位聽訟而得其平者也占者遇之訟而有理必獲伸矣程傳以中正居尊位治訟者也治訟得其中正所以元吉也元吉大吉而盡善也吉大而不盡善者有矣集說王氏肅曰以中正之德齊乖爭之俗元吉也○王氏弼曰處得尊位爲訟之主用其中正以斷枉直中則不過正則不邪故訟

元吉。○趙氏汝楳曰：大人在上，平諸侯萬民之訟，至於見遜畔遜路而息爭，吉孰大焉。○俞氏琰曰：九五以剛明之德，居尊而又中正，彖辭所謂大人是也。訟之有理者，見之必獲伸矣。元吉，乃吉之盡善者也。

象曰：訟元吉，以中正也。

本義 中則聽不偏，正則斷合理。程傳 中正之道，何施而不元吉。集說 楊氏啟新曰：中正則虛心盡下，而聽不偏，因事求情，而斷合理，此之謂大人也。

上九：或錫之鞶帶，終朝三褫之。

本義 鞶帶，命服之飾。褫，奪也。以剛居訟極，終訟而能勝之，故有錫命受服之象。然以訟得之，豈能安久，故又有終朝三褫之象。其占爲終訟无理而或取勝，然其所得終必失之，聖人爲戒之意深矣。程傳 九以陽居上剛健之極，又處訟之終，極其訟者也。人之肆其剛強，窮極於訟，取禍喪身，固其理也。設或使之善訟能勝，窮極不已，至於受服命之賞，是亦與人仇爭所獲，其能安保之乎？故終一朝而三見褫奪也。**集說**王氏弼曰：處訟之極，以剛居上，訟而得勝者也。以訟受錫，榮何可保？故終朝之閒，褫帶者三也。○胡氏炳文曰：上九以剛極處訟終，卦所謂終凶者也，故設此以戒之。

象曰：以訟受服，亦不足敬也。

程傳窮極訟事，設使受服命之寵，亦且不足敬，而可賤惡，況又禍患隨至乎？**集說**蔡氏清曰：亦不足敬，且據其以訟得服言也，況終必見褫乎？猶益上九曰莫益之偏辭也。

總論丘氏富國曰：九五居尊，爲聽訟之主，故訟元吉。餘五爻則皆訟者也。然天下惟剛者訟，柔者不訟。初與三柔也故初不永所事而終吉三食舊德而終吉二四上剛也二與五對接勢不敵而不訟四與初對顧理不可而不訟亦以其居柔故二无眚而四安貞也獨上九處卦之窮下與三對柔不能抗故有錫鞶帶之辭焉然一日三褫辱亦甚矣訟之勝者何足敬乎

序卦傳
訟必有衆起故受之以師師者衆也
雜卦傳
師憂

䷆ 坎下坤上

程傳師序卦訟必有衆起故受之以師師之興由有爭也所以次訟也爲卦坤上坎下以二體言之地中有水爲衆聚之象以二卦之義言之內險外順險道而以順行師之義也以爻言之一陽而爲衆陰之主統衆之象也比以一陽爲衆陰之主而在上君之象也師以一陽爲衆陰之主而在下將帥之象也

師貞丈人吉无咎。

師以九二六五爲主蓋九二在下丈人也六五在上能用丈人

本義 師兵衆也下坎上坤坎險坤順坎水坤地古者寓兵於農伏至險於大順藏不測於至靜之中又卦惟九二一陽居下卦之中爲將之象上下五陰順而從之爲衆之象九二以剛居下而用事六五以柔居上而任之爲人君命將出師之象故其卦之名曰師丈人長老之稱用師之道利於得正而任老成之人乃得吉而无咎戒占者亦必如是也

程傳 師之道以正爲本興師動衆以毒天下而不以正民弗從也強驅之耳故師以貞爲主其動雖正也帥之者必丈人則吉而无咎也蓋有吉而有咎者有无咎而不吉者吉且无咎乃盡善也丈人者尊嚴之稱帥師總衆非衆所尊信畏服則安能得人心之從故司馬穰苴擢自微賤授之以衆乃以衆心未服請莊賈爲將也所謂丈人不必素居崇貴但其才謀德業衆所畏服則是也如穰苴既誅莊賈則衆心畏服乃丈人矣又如淮陰侯起於微賤遂爲大將蓋其謀爲有以使人尊畏也

集說 王氏弼曰興役

動衆無功罪也故吉乃无咎○朱子語類云吉无咎謂如一件事自家作出來好方得无罪咎若作得不好雖是好事也則有咎

彖曰師衆也貞正也能以衆正可以王矣

本義　此以卦體釋師貞之義以謂能左右之也一陽在下之中而五陰皆爲所以也能以衆正則王者之師矣

程傳　能使衆人皆正可以王天下矣得衆心服從而歸正王道止於是也

剛中而應行險而順以此毒天下而民從之吉又何咎矣

本義　又以卦體卦德釋丈人吉无咎之義剛中謂九二應謂六五應之行險謂行危道順謂順人心此非

有老成之德者不能也毒害也師旅之興不无害於天下然以其有是才德是以民悅而從之也

程傳

言二也以剛處中剛而得中道也六五之君爲正應信任之專也雖行險道而以順動所謂義兵王者之師也上順下險行險而順也師旅之興不无傷財害人毒害天下然而民心從之者以其義動也古者東征西怨民心從也如是故吉而无咎吉謂必克无咎謂合義又何咎矣其義故无咎也

集說

游氏酢曰用師之道將以正天下之不正也故師謂之征已則不正其能正人乎剛中而應任將之道也行險而順興師之義也仰順乎天無違天以干時俯順乎人無咈人以從欲興師之順如此故能以衆正以衆正之則人皆知其欲正己而已天下孰不趨於正哉〇胡氏炳文曰毒之一字見得王者之師不得已而用之如毒藥之攻病非有沈痾堅癥不輕用也其指深矣

象曰。地中有水。師。君子以容民畜衆。

本義水不外於地。兵不外於民。故能養民則可以得衆矣。程傳地中有水。水聚於地中。爲衆聚之象。故爲師也。君子觀地中有水之象。以容保其民。畜聚其衆也。集說陳氏琛曰。地中有水。猶民中有兵。非師之象乎。君子觀師之象。必容保其民。必畜其兵衆焉。蓋田以民分。兵以賦出。故當無事之時。必制田里。教樹畜。使比閭族黨州鄉之民。無不各得其養。民既有養。則所謂伍兩卒旅軍師之衆。以爲他日折衝禦侮之用者。皆畜於此矣。苟平時蓄之無其方。則緩急誰復爲之用哉。

初六。師出以律。否臧凶。

本義律。法也。否臧。謂不善也。晁氏曰。否字先儒多作不。是也。在卦之初。爲師之始。出師之道。當謹其始。以律則吉不臧則凶戒占　程傳初師之始也故言出師之義及行師之道在邦國興師而言合義理則是以律法也謂以禁亂誅暴而動苟動不以義則雖善亦凶道也善謂克勝凶謂殃民害義也在行師而言律謂號令節制行師之道以號令節制爲本所以統制於衆不以律則雖善亦凶雖使勝捷猶凶道也制師无法幸而不敗且勝者時有之矣聖人之所戒也　集說王氏弼曰爲師之始齊師者也齊衆以律失律則散○程子曰律有二義有出師不以義者有行師而無號令節制者皆失律也○胡氏炳文曰初六才柔故有否臧之戒然以律不言吉否臧則言凶者律令謹嚴出師之常其勝負猶未可知也故不言吉出而失律凶立見矣

象曰師出以律失律凶也

程傳師出當以律。失律則凶矣。雖幸而勝。亦凶道也。集說蔡氏清曰。不曰否臧凶。而曰失律凶者。明否臧之爲失律也。

九二在師中。吉无咎。王三錫命。

本義九二在下。爲衆陰所歸。而有剛中之德。上應於五。而爲所寵任。故其象占如此。程傳師卦惟九二一陽。爲衆陰所歸。五居君位。是其正應。二乃師之主。專制其事者也。居下而專制其事。唯在師則可。自古命將。閫外之事。得專制之。在師專制而得中道。故吉而无咎。蓋恃專則失爲下之道。不專則无成功之理。故得中爲吉。凡師之道。威和並至則吉也。既處之盡其善。則能成功而安天下。故王錫寵命至於三也。凡事至於三者極也。六五在上。既專倚任。復厚其寵數。蓋禮不稱。則威不重而下不信也。它卦九二爲六五所任者有矣。惟師專主其事而爲衆陰所歸故其義最大人臣之道於事无所敢專唯閫外之事則專制之雖制之在已然因師之力而能致者皆君所與而職當爲也世儒有論魯祀周公以天子禮樂以爲周公能爲人臣不能爲之功則可用人臣不得用之禮樂是不知人臣之道也夫居周公之位則爲周公之事由其位而能爲者皆所當爲也周公乃盡其職耳子道亦然唯孟子爲知此義故曰事親若曾子者可也未嘗以曾子之孝爲有餘也蓋子之身所能爲者皆所當爲也

集說

孔氏穎達曰承上之寵爲師之主任大役重無功則凶故吉乃无咎王三錫命者以其有功故王三加錫命○朱子語類云在師中吉言以剛中之德在師中所以爲吉○胡氏炳文曰卦辭師貞丈人吉无咎爻在師中吉无咎即卦辭意也中則無過不及所以爲貞在師而中所以爲丈人故師六爻惟九二吉无咎

象曰。在師中吉。承天寵也。王三錫命。懷萬邦也。

程傳 在師中吉者。以其承天之寵任也。天。謂王也。人臣非君寵任之。則安得專征之權。而有成功之吉。象以二專主其事。故發此義。與前所云世儒之見異矣。王三錫以恩命。褒其成功。所以懷萬邦也。

集說 干氏寶曰。錫命。非私也。安萬邦而已。○丘氏富國曰。王者用兵非得已。嗜殺豈其本心。故三錫之命。惟在於懷綏萬邦而已。○谷氏家杰曰。不曰威而曰懷。見王者用師之本心。

六三。師或輿尸。凶。

本義 輿尸。謂師徒撓敗。輿尸而歸也。以陰居陽。才弱志剛。不中不正。而犯非其分。故其象占如此。

程傳 三居下卦之上。居位當任者也。不唯其才陰柔不中正。師旅之事。任當專一。二既以剛中之才。爲上信倚必專其事，乃有成功。若或更使衆人主之，凶之道也。輿尸，衆主也，蓋指三也。以三居下之上，故發此義。軍旅之事，任不專一，覆敗必矣。

集說　王氏申子曰：三不中不正，以柔居剛，是小人之才弱志剛者，而居二之上，是二爲主將，三躡而尸之也。凡任將不專，偏裨擅命，權不出一者，皆輿尸也。軍旅何所聽命乎？其取敗必矣。

象曰：師或輿尸，大无功也。

程傳　倚付二三，安能成功？豈唯无功，所以致凶也。

集說　楊氏簡曰：行師之法，權歸一將，使衆主之，凶之道也。衆所不一，必无成功。九二既作師，六三居二之上，有權不歸一之象。

六四：師左次，无咎。

本義　左次，謂退舍也。陰柔不中，而居陰得正，故其象如此。全師以退，賢於六三遠矣，故其占如此。

程

傳師之進。以強勇也。四以柔居陰。非能進而克捷者也。知不能進而退。故左次。左次。退舍也。量宜進退。乃所當也。故无咎。見可而進。知難而退。師之常也。唯取其退之得宜。不論其才之能否也。度不能勝。而完師以退。愈於覆敗遠矣。可進而退。乃爲咎也。易之發此義以示後世。其仁深矣。

集說 吳氏澄曰。按兵家尚右。右爲前。左爲後。故八陣圖天前衝地前衝在右。天後衝地後衝在左。

象曰。左次无咎。未失常也。

本義 知難而退。師之常也。

程傳 行師之道。因時施宜。乃其常也。故左次未爲失也。如四退次。乃得其宜。是以无咎。

集說 楊氏時曰。師以右爲主。常也。左次則失常矣。然四以柔順之資。量敵而後進。慮勝而後會。退而左次。未爲失常也。

六五，田有禽，利執言，无咎。長子帥師，弟子輿尸，貞凶。

本義 六五用師之主，柔順而中，不爲兵端者也。敵加於己，不得已而應之，故爲田有禽之象，而其占利以搏執而无咎也。言，語辭也。長子，九二也。弟子，三四也。又戒占者專於委任，若使君子任事，而又使小人參之，則是使之輿尸而歸，故雖貞而亦不免於凶也。

程傳 五君位，興師之主也，故言興師任將之道。師之興，必以蠻夷猾夏，寇賊姦宄，爲生民之害，不可懷來，然後奉辭以誅之。若禽獸入於田中，侵害稼穡，於義宜獵取，則獵取之。如此而動，乃得无咎。若輕動以毒天下，其咎大矣。執言，奉辭也，明其罪而討之也。若秦皇漢武，皆窮山林以索禽獸者也，非田有禽也。任將授師之道，當以長子帥師。二在下而爲師之主，長子也。若以弟子衆主之，則所爲雖正亦凶也。弟子。凡非長者也。自古任將不專而致覆敗者。如晉荀林父邲之戰。唐郭子儀相州之敗是也。集說孔氏穎達曰。陰不先唱。柔不犯物。犯而後應。故往即有功。猶如田中有禽而來犯苗。若往獵之。則无咎過。○朱子語類問易爻取義。如師之五長子帥師。乃是本爻有此象。又却說弟子輿尸何也。曰。此假設之辭也。言若弟子輿尸則凶矣。問此例恐與家人嗃嗃而繼以婦子嘻嘻同。曰。然。○胡氏炳文曰。長子。即彖所謂丈人也。自衆尊之則曰丈人。自君稱之則曰長子。皆長老之稱。○蔣氏悌生曰。輿尸。程傳訓衆主。朱義訓撓敗。但訓作衆主。則與長子帥師爲反對。其義尤切。禽在山林。固無事於獵取。今入於田。則害我禾稼。畋而執之宜也。長子帥師可也。又使弟子衆主之。是自取凶咎也。○蔡氏清曰。田有禽利執言。是師貞意。長子帥師。是丈人意。

象曰長子帥師以中行也弟子輿尸使不當也

程傳長子謂二以中正之德合於上而受任以行若復使其餘者衆尸其事是任使之不當也其凶宜矣

集說孔氏穎達曰以中行是九二居中也使不當謂六三失位也

上六大君有命開國承家小人勿用

本義師之終順之極論功行賞之時也坤爲土故有開國承家之象然小人則雖有功亦不可使之得有爵土但優以金帛可也戒行賞之人於小人則不可用此占而小人遇之亦不得用此爻也

程傳師上之終也功之成也大君以爵命賞有功也開國封之爲諸侯也承家以爲卿大夫也承受也小人者雖有功不可用也故戒使勿用師旅之興成功非一道不必皆君子也故戒以小人有功不可用也賞之以金帛祿位可

也。不可使有國家而爲政也。小人平時。易致驕盈。況挾其功乎。漢之英彭所以亡也。聖人之深慮遠戒也。此專言師終之義。不取爻義。蓋以其大者。若以爻言。則六以柔居順之極。師既終而在无位之地。善處而无咎者也。

集說 朱子語類云。開國承家。小人勿用。舊時說只作論功行賞之時。不可及小人。今思他既一例有功。如何不及他得。看來開國承家一句是公共得底。未分別君子小人。在小人勿用。則是勿更用他與之謀議經畫耳。漢光武能用此義。自定天下之後。一例論功行封。其所以用之在左右者。則鄧禹耿弇賈復數人。他不與焉。此義方思量得如此。未曾改入本義。且記取。○趙氏汝楳曰。大君六五也。周官軍將皆命卿。開國者出封爲諸侯。師帥皆中大夫。旅帥皆下大夫。承家者。大夫之采邑。○又曰。知勇之人。不能皆全材。用於戎行。有將帥節制於上。未見其害。今爲國爲家。有民人有社稷。則不可屬之小人。○胡氏炳文曰。初師之始。故紀其出師而有律。

上師之終故紀其還師而賞功六爻中將兵將將伐罪賞功靡所不載末曰小人勿用則又戒辭也雖然亦在於謹其始焉耳曰丈人曰長子用以行師者得其人及其開國承家自不至於用小人矣○林氏希元曰小人立功不得不一例賞以爵邑若一例賞以爵邑又恐播惡於衆不若於行師之初不用之爲愈也故象傳謂其必亂邦象辭於師貞之下即言宜用丈人五爻之辭又戒用弟子即此意也師之始既言之師之終而復言正戒人當謹於其始也

案小人勿用非既用而不封亦非既封而不用乃是從初不用所謂丈人吉弟子凶者自其出師之始而已然也胡氏林氏之說皆合卦意但此處小人勿用小人二字又似所包者廣蓋非專論在師立功之人乃是謂亂定之後建官惟賢不可復用小人恐爲他日之亂本爾如解卦難既平矣必曰小人退既濟卦三年克之矣又

必曰小人勿用皆此意也

象曰大君有命以正功也小人勿用必亂邦也

本義聖人之戒深矣

程傳大君持恩賞之柄以正軍旅之功師之終也雖賞其功小人則不可以有功而任用之用之必亂邦小人恃功而亂邦者古有之矣

集說楊氏簡曰師之終功成大君有命所以賞功也正功言賞必當功不可差失也開國承家之始其初不可用小人也於此始言勿用者因此賞功原其始也用小人爲將帥幸而成功則難於不賞使之開國承家則害及民必亂邦也去一害民者又用一害民者以亂易亂必不可○胡氏炳文曰王三錫命命於行師之始大君有命命於行師之終懷邦亂邦丈人小人之所以分此固聖人之所深慮遠戒也○邵氏寶曰弟子輿尸戒於師始小人勿用戒於師終始無弟子則終無小

序卦傳
衆必有所比故受之以比比者比也
雜卦傳
比樂

人。即使有之。或貴而不封。或封而不任。不任亦不用也。

☵☷ 坤下 坎上

程傳 比序卦。衆必有所比。故受之以比。比。親輔也。人之類必相親輔。然後能安。故既有衆則必有所比。比所以次師也。爲卦上坎下坤。以二體言之。水在地上。物之相切比無間。莫如水之在地上。故爲比也。又衆爻皆陰。獨五以陽剛居君位。衆所親附。而上亦親下。故爲比也。

比以九五爲主。蓋卦惟一陽居尊位爲上下所比附者也。

比吉。原筮元永貞。无咎。不寧方來。後夫凶。

本義 比。親輔也。九五以陽剛居上之中而得其正。上下五陰比而從之。以一人而撫萬邦。以四海而仰一人之象。故筮者得之。則當爲人所親輔。然必再筮以自審。有元善長永正固之德。然後可以當衆之歸而无咎。

其未比而有所不安者亦將皆來歸之若又遲而後至則此交已固彼來已晚而得凶矣若欲比人則亦以是而反觀之耳

程傳 比吉道也人相親比自為吉道故雜卦云比樂師憂人相親比必有其道苟非其道則有悔咎故必推原占決其可比者而比之筮謂占決卜度非謂以蓍龜也所比得元永貞則无咎元謂有君長之道永謂可以常久貞謂得正道上之比下必有此三者下之從上必求此三者則无咎也人之不能自保其安寧方且來求親比得所比則能保其安當其不寧之時固宜汲汲以求比若獨立自恃求比之志不速而後則雖夫亦凶矣夫猶凶況柔弱者乎夫剛立之稱傳曰子南夫也又曰是謂我非夫凡生天地之間者未有不相親比而能自存者也雖剛強之至未有能獨立者也比之道由兩志相求兩志不相求則睽矣君懷撫其下下親輔於上親戚朋友鄉黨皆然故當上下合志以相從苟无相求之意則離而凶矣大抵人情相求則合

相持則睽。相持。相待莫先也。人之相親固有道。然而欲比之志不可緩也。

集說 郭氏雍曰。一陽之卦得位者。師比而已。得君位者爲比。得臣位者爲師。○馮氏椅曰。萃與比下體坤順同。上體水澤不相遠。惟九四一爻有分權之象。故元永貞言於五。比下無分權者。故元永貞言於卦。義各有在也。○胡氏一桂曰。六十四卦惟蒙比以筮言。蒙貴初而比貴原者。蓋發蒙之道。當視其初筮之專誠。顯比之道。當致其原筮而謹審。所以不同也。○胡氏炳文曰。原筮本義讀如原蠶原廟原田之原。義皆訓再。曰吉。曰无咎。曰凶。皆占辭。吉。上下相比之占。統言也。无咎。所比者之占。凶。比人者之占。分言也。蒙比卦辭特發兩筮字。以示占者之通例。筮得蒙卦辭。蒙求亨者與亨蒙者皆可用。筮得此卦辭。爲人所比與求比者皆可用。顧其所處所存者何如耳。蒙之筮。問之人者也。不一則不專。比之筮。問其在我者也。不再則不審。不寧方來。指下四陰而言。來者自來。後者自後。吾惟問我之

可比不可比彼之來比不來比吾不問也此固王者大公之道而爲九五之顯比者也

彖曰比吉也

本義此三字疑衍文

比輔也下順從也

本義此以卦體釋卦名義程傳比吉也比者吉之道也物相親比乃吉道也比輔也釋比之義比者相親輔也下順從也解卦所以爲比也五以陽居尊位羣下順從以親輔之所以爲比也集說孔氏穎達曰比吉也者言相親比而得吉也比輔也者釋比所以得吉下順從者謂衆陰順從九五也○朱子語類云比吉也也字羨當云比吉比輔也下順從也比輔也解比字下順從也解吉字○楊氏啓新曰下順從以卦體言

實則兼上下衆陰不曰上下而曰下者以九五爲主也至不寧方來則曰上下應前是尊上之辭後是舉衆之辭

原筮元永貞无咎以剛中也不寧方來上下應也後夫凶其道窮也

本義亦以卦體釋卦辭剛中謂五上下謂五陰程傳推原筮決相比之道得所謂元永貞如五是也以陽剛居中正盡比道之善者也以陽剛當尊位爲君德元也居中得正能永而貞也卦辭本泛言比道彖言元永貞者九五以剛處中正是也人之生不能保其安寧方且來求附比民不能自保故戴君以求寧君不能獨立故保民以爲安不寧而來比者上下相應也以聖人之公言之固至誠求天下之

比以安民也以後王之私言之不求下民之附則危亡至矣故上下之志必相應也在卦言之上下羣陰比於五五比其衆乃上下應也衆必相比而後能遂其生天地之間未有不相親比而能遂者也若相從之志不疾而後則不能成比雖夫亦凶矣无所親比困屈以致凶窮之道也

集說 胡氏炳文曰凡應字多謂剛柔兩爻相應此則謂上下五陰應乎五之剛又一例也師比皆一陽五陰師之應謂五應二將之任專也比之應則謂上下應五君之分嚴也

象曰地上有水比先王以建萬國親諸侯

本義 地上有水水比於地不容有間建國親侯亦先王所以比於天下而无間者也彖意人來比我此取我往比

程傳 夫物相親比而无間者莫如水在地上所以為比也先王觀比之象以建萬國親諸侯建

立萬國所以比民也。親撫諸侯所以比天下也。

集說 張氏浚曰：水行地上，小大相比，率以歸東。先王法之，建萬國以下比其民，親諸侯以上比其君，若身使臂，臂使指，小大相維，順以聽命，制得其道也。○朱子語類云：伊川言建萬國以比民，民不可盡得而比，故建諸侯使比民，而天子所親者諸侯而已，這便是比天下之道。○馮氏當可曰：地上之水，異源同流，畎澮相比以比於川，九川相比以比於海，如萬國諸侯大小相比，而方伯連帥率之以比於天子也。○胡氏炳文曰：師之容民畜衆，井田法也，可以使民自相合而無間。比之建國親侯，封建法也，可使君與民相合而無間。

初六。有孚比之，无咎。有孚盈缶，終來有它吉。

本義 比之初貴乎有信，則可以无咎矣。若其充實，則又有它吉也。 程傳 初六，比之始也。相比之道，以誠信爲本中心不信而親人人誰與之故比之始必有孚誠乃无咎也孚信之在中也誠信充實於內若物之盈滿於缶中也缶質素之器言若缶之盈實其中外不加文飾則終能來有它吉也它非此也外也若誠實充於內物无不信豈用飾外以求比乎誠信中實雖它外皆當感而來從孚信比之本也

集說 鄭氏汝諧曰五爲比之主初最遠而非其應何以有吉義蓋幾生於應物之先而誠出於志之未變故以信求比何咎之有盈充也缶素器也居下而位卑擴吾之信以充之雖遠而非其應終必應而有它吉矣有它吉者非期於必得而得之也○胡氏炳文曰與人交止於信親比之初能有誠信所以比之无咎及其誠信充實則非特无咎又有它吉初六不與五應故曰有它大過九四中孚初九皆曰有它彼則戒其有它向之心此則許其有它至之吉也

象曰。比之初六。有它吉也。

程傳 言比之初六者。比之道在乎始也。始能有孚。則終致有它之吉。其始不誠。終焉得吉。上六之凶。由无首也。集說 蔣氏悌生曰。爻辭有孚凡兩更端。及盈缶等語。象傳皆畧之。直舉初六爲言。可見比之要道在乎始先。此義與卦辭後夫凶之意相發明。

六二。比之自內。貞吉。

本義 柔順中正。上應九五。自內比外。而得其正。吉之道也。占者如是。則正而吉矣。程傳 二與五爲正應。皆得中正。以中正之道相比者也。二處於內。自內。謂由己也。擇才而用。雖在乎上。而以身許國。必由於己。己以得君道合而進。乃得正而吉也。以中正之道應上之求。乃自內也。不自失也。汲汲以求比者。非君子自重之道乃集說梁氏寅曰二與五爲比由內而比外者也自失也集說凡貞吉有爻之本善者有爻非貞而爲之戒者此曰貞吉爻之本善也言自內比外而得其正是以吉也○谷氏家杰曰自內之所有者以比之達不變塞也即此是正故吉

象曰比之自內不自失也

本義得正則不自失矣　程傳守己中正之道以待上之求乃不自失也易之爲戒嚴密二雖中正質柔體順故有貞吉自失之戒戒之自守以待上之求无乃涉後凶乎曰士之脩己乃求上之道降志辱身非自重之道也故伊尹武侯救天下之心非不切必待禮至然後出也集說朱氏震曰六二柔也恐其自失也二處乎內待上之求然後應之比之自內者也故曰不自失也

六三，比之匪人。

本義陰柔不中正，承乘應皆陰，所比皆非其人之象。其占大凶，不言可知。程傳三不中正，而所比皆不中正。四陰柔而不中，二存應而比初，皆不中正，匪人也。比於匪人，其失可知，悔吝不假言也，故可傷。二之中正而謂之匪人，隨時取義，各不同也。集說王氏弼曰：四自外比，二爲五應，近不相得，遠則無應，所與比者皆非己親，故曰比之匪人。○朱子語類云：初應四，四爲比得其人；二應五，亦爲比得其人；惟三乃應上，上爲比之无首者，故爲比之匪人也。○趙氏彥肅曰：初比於五，先也；二，應也；四，承也。六三無是三者之義，將不能比五矣。

象曰：比之匪人，不亦傷乎。

程傳人之相比，求安吉也。乃比於匪人，必將反得悔吝，其亦可傷矣。深戒失所比也。

六四。外比之。貞吉。

本義 以柔居柔。外比九五。為得其正。吉之道也。占者如是。則正而吉矣。 程傳 四與初不相應。而五比之。外比於五。乃得貞正而吉也。君臣相比。正也。相比相與。宜也。五剛陽中正。賢也。居尊位。在上也。親賢從上。比之正也。故為貞吉。以六居四。亦為得正之義。又陰柔不中之人。能比於剛明中正之賢。乃得正而吉也。又比賢從上。必以正道則吉也。數說相須。其義始備。 集說 易氏祓曰。易以上卦為外。下卦為內。而二體亦各有內外。四與五同體。而言外比者。亦所以比五也。○李氏過曰。二與四皆比於五。二應五在卦之內。故言比之自內。四承五在卦之外。故言外比之。外內雖異。而得其所比。其義一也。故皆言貞吉。

象曰。外比於賢。以從上也。

程傳外比謂從五也。五剛明中正之賢。又居君位。四比之。是比賢且從上。所以吉也。

九五。顯比。王用三驅。失前禽。邑人不誡。吉。

本義一陽居尊。剛健中正。卦之羣陰。皆來比已。顯其比而无私。如天子不合圍。開一面之網。來者不拒。去者不追。故爲用三驅失前禽而邑人不誡之象。蓋雖私屬亦喻上意。不相警備以求必得也。凡此皆吉之道。占者如是則吉也。程傳五居君位。處中得正。盡比道之善者也。人君比天下之道。當顯明其比道而已。如誠意以待物。恕己以及人。發政施仁。使天下蒙其惠澤。是人君親比天下之道也。如是天下孰不親比於上。若乃暴其小仁。違道干譽。欲以求下之比。其道亦狹矣。其能得天下之比乎。故聖人以九五盡比道之正。取三驅爲喻。曰王用三驅失前禽邑人不誡吉。先王以四時之畋不可廢也。故推其仁心。爲三驅之禮。乃禮所謂天子不合圍也。成湯祝網，是其義也。天子之畋圍，合其三面，前開一路，使之可去，不忍盡物，好生之仁也。只取其不用命者，不出而反入者也。禽獸前去者皆免矣，故曰失前禽也。王者顯明其比道，天下自然來比，來者撫之，固不煦煦然求比於物。若田之三驅，禽之去者從而不追，來者則取之也。此王道之大，所以其民皡皡而莫知爲之者也。邑人不誡吉，言其至公不私，无遠邇親疎之別也。邑者，居邑。易中所言邑，皆同王者所都，諸侯國中也。誡，期約也。待物之一，不期誠於居邑，如是則吉也。聖人以大公无私治天下，於顯比見之矣。非惟人君比天下之道如此，大率人之相比莫不然。以臣於君言之，竭其忠誠，致其才力，乃顯其比君之道也。用之與否，在君而已。不可阿諛逢迎，求其比已也。在朋友亦然，修身誠意以待之，親已與否，在人而已。不可巧言令色，曲從苟合，以求人之比已也。於鄉黨親戚，於衆人，莫不皆然，三驅失前禽之義也。

集說

朱子語類：問伊川解顯比王用

三驅失前禽所謂來者撫之去者不追與失前禽而殺不去者所警頗不相類如何曰田獵之禮置旃以爲門刈草以爲長圍田獵者自門驅而入禽獸向我而出者皆免惟被驅而入者皆獲故以前禽比去者不追獲者譬來則取之大意如此無緣得一一相似伊川解此句不須疑但邑人不誡吉一句似可疑恐易之文義不如此耳○又云邑人不誡如有聞無聲言其自不消相告誡又如歸市者不止耕者不變相似○胡氏炳文曰諸陰爻皆言比之陰比陽也五言顯比陽爲陰所比也師比之五皆取田象師之田有禽害物之禽也比之失前禽皆己之禽也在師則執之王者之義也在比能失之王者之仁也○梁氏寅曰九五陽剛中正爲比之主陽剛則明而不暗中正則公而不私此其所以爲顯比也以象言之如田狩而用三驅失前禽來者不拒去者不追此上之比下也固顯比也比下旣得其道則雖私屬亦喻上意而不待告誡此下之比上也亦顯比也上下

之相比同一顯明之道又安有不吉乎○林氏希元曰顯與隱對光明正大而無隱伏回曲闇昧褊窄者顯也隱伏回曲闇昧褊窄而不光明正大者隱也王者以父母天下為職生養教誨但知吾分所當為盡其道而為之至於民之感恩與否則聽其在彼初不屑屑焉要其私恩小惠違道干譽以求百姓之我親此其施為舉措何等光明正大而豈有隱伏回曲闇昧褊窄之病故謂之顯比譬如王者解一面之網用三驅之田禽獸向我而入者取之背我而前去者則失之初不求於必得至於私屬亦喻上意不相警備以求必得焉夫王用三驅失前禽者王道之得邑人不誡者王化之行凡此皆吉之道也王者能如九五之顯比則亦王道得而王化行矣○陸氏振奇曰三驅失禽置失得於勿恤者狀蕩平之王心邑人不誡泯知識於大順者狀熙皞之王化

案本義解邑人不誡謂不相警備以求必得似以為求所失之前禽也然語類只作有聞無聲之意尤為精切

蓋言王者田獵。而近郊之處。略不驚擾耳。本義係朱子未脩改之書。故其後來講論每有不同者。皆此類也。大抵爻意是以田獵喻王者皥皥之氣象。前禽失而不追。邑人居而不誡。遠去者若不知有王者之親。乃所以爲親之至也。近附者若不知有王者之尊。乃所以爲尊之至也。顯比之世。凡有血氣莫不尊親。而所謂大順大化不見其迹者又如此。

象曰。顯比之吉。位正中也。舍逆取順。失前禽也。邑人不誡。上使中也。

本義由上之德。使不偏也。

程傳顯比所以吉者。以其所居之位得正中也。處正中之地。乃由正中之道也。比以不偏爲善。故云正中。凡言正中者。其處正得中也。比與隨是也。言中正者。得中與正也。訟與需是也。

禮取不用命者乃是舍順取逆也順命而去者皆免矣比以向背而言謂去者爲逆來者爲順也故所失者前去之禽也言來者撫之去者不追也不期誡於親近上之使下中平不偏遠近如一也 集說 丘氏富國曰舍逆謂舍上一陰陰以乘陽爲逆也取順謂取下四陰陰以承陽爲順也失上一陰故曰失前禽 ○胡氏炳文曰師之使不當誰使之五也比之使中誰使之亦五也

上六比之无首凶

本義 陰柔居上无以比下凶之道也故爲无首之象而其占則凶也 程傳 六居上比之終也首謂始也凡比之道其始善則其終善矣有其始而无其終者或有矣未有无其始而有終者也故比之无首至終則凶也此據比終而言然上六陰柔不中處險之極固非克終者也始比不以道隙於終者天下多矣 集說

王氏弼曰无首後也處卦之終是後夫也爲時所棄宜其凶也○王氏中子曰五以一陽居尊四陰比之於下故象傳曰下順從也而上六孤立於外而不從豈非後夫之象

象曰比之无首无所終也

本義以上下之象言之則爲无首以終始之象言之則爲无終无首則无終矣 程傳比既无首何所終乎相比有首猶或終違始不以道終復何保故曰无所終也 集說楊氏簡曰由初而比之其比也誠比不於其初及終而始求比不忠不信人所不與凶之道也首初也有始則有終無始何以能終故曰无所終也

○蔣氏悌生曰卽卦辭後夫凶之義

䷈ 乾下巽上

序卦傳
比必有所畜故受之以小畜
雜卦傳
小畜寡也

程傳小畜序卦比必有所畜故受之以小畜物相比附則爲聚聚畜也又相親比則志相畜小畜所以次比也畜止也止則聚矣爲卦巽上乾下乾在上之物乃居巽下夫畜止剛健莫如巽順爲巽所畜故爲畜也然巽陰也其體柔順惟能以巽順柔其剛健非能力止之也畜道之小者也又四以一陰得位爲五陽所說得位得柔巽之道也能畜羣陽之志是以爲畜也小畜謂以小畜大所畜聚者小所畜之事小以陰故也彖專以六四畜諸陽爲成卦之義

不言二體蓋舉其重者

小畜亨。密雲不雨。自我西郊。

本義巽亦三畫卦之名一陰伏於二陽之下故其德爲巽爲入其象爲風爲木小陰也畜止之之義也上巽下乾以陰畜陽又卦惟六四一陰上下五陽皆爲所畜故爲小畜又以陰畜陽能係而不能固亦爲所畜者

小畜以六四爲成卦之主而九五則主卦之主也蓋六四以一陰畜陽故彖傳曰柔得位而上下應之九五與之合志以成其

小之象內健外巽二五皆陽各居一卦之中而用事有剛而能中其志得行之象故其占當得亨通然畜未極而施未行故有密雲不雨自我西郊之象蓋密雲陰物西郊陰方我者文王自我也文王演易於羑里視岐周爲西方正小畜之時也筮者得之則占亦如其象云

程傳 雲陰陽之氣二氣交而和則相畜固而成雨陽倡而陰和順也故和若陰先陽倡不順也故不和不和則不能成雨雲之畜聚雖密而不成雨者自西郊故也東北陽方西南陰方自陰倡故不和而不能成雨以人觀之雲氣之興皆自四遠故云郊據西而言故云自我畜陽者四畜之主也

集說 胡氏瑗曰陰陽交則雨澤乃施若陽氣上升而陰氣不能固蔽則不雨若陰氣雖能固蔽而陽氣不交亦當不雨猶若釜甑之氣以物覆之則蒸而爲水也自我西郊是以雲氣起於西郊之陰位必不能爲雨也○程子語錄或以小畜爲臣畜君以大畜爲君畜臣曰不必如此大畜只是所畜者大小畜

畜故彖傳曰剛中而志行

只是所畜者小不必指定一件事便是君畜臣臣畜君皆是這道理隨大小用○張氏浚曰臣之誠意雖通於君上而君德未孚若天氣未應曰密雲不雨西郊陰位自我西郊言陽氣未應也○朱子語類問密雲不雨自我西郊曰凡雨者皆是陰氣盛凝結得密方濕潤下降爲雨今乾上進一陰止他不得所以象中云尚往也是指乾欲上進之象到上九則以卦之始終言畜極則散遂爲既雨既處陰德盛滿如此所以有君子征凶之戒○丘氏富國曰乾本在上之物今在巽下則爲柔所畜故曰小畜但六四以一陰而畜止五陽能係其志而不能固其志此又畜道之小者也夫物畜則止止極則行故小畜亦有亨義密雲陰氣也自二至四互兌屬西方故曰西郊四以柔居柔故有此象凡雲自東而西則雨自西而東則不雨陰先倡也小畜以柔爲主不能固陽而止之故雲雖密而不雨○林氏希元曰小畜有二義一是以小畜大一是所畜者小亦惟以小畜大故所畜者

小其歸一而已矣問天氣屬陽地氣屬陰今以陰畜陽反以天氣爲陰地氣爲陽何也曰以兩儀之分言則位乎下而氣上騰者爲陰位乎上而氣下降者爲陽自四象之交言則陰之騰上者又爲陽陽之下降者又爲陰此蒙引之說也可以發朱子之所未發

案此卦須明取象之意則卦義自明彖言密雲不雨者地氣上騰而天氣未應以其雲之來自我西郊陰倡而陽未和故也蓋以上下之陰陽言之則地氣陰也天氣陽也以四方之陰陽言之則西方陰也東方陽也陰感而陽未應乃卦所以爲小畜之義彖傳尚往謂陰氣上升施未行謂陰氣未能成雨而降也以人事擬之則是臣子志存國家未能得君父和合之象諸家或以地氣上升者爲陽天氣下應者爲陰故於彖傳尚往亦屬陽說惟張氏以爲天氣未應者於卦義極相合也

彖曰。小畜。柔得位而上下應之曰小畜。

本義以卦體釋卦名義。柔得位。指六居四。上下。謂五陽。程傳言成卦之義也。以陰居四。又處上位。柔得位也。上下五陽皆應之。為所畜也。以一陰而畜五陽。能係而不能固。是以為小畜也。彖解成卦之義。而加曰字者。皆重卦名。文勢當然。單名卦惟革有曰字。亦文勢然也。集說胡氏瑗曰。小畜一卦有二義。六四以一陰得位。體無二陰以分其應。故上下五陽皆應之。是小者能畜矣。三陽在下而並進。四以一陰獨當其路。是小有所畜也。此二義也。

健而巽。剛中而志行。乃亨。

本義以卦德卦體而言。陽猶可亨也。程傳以卦才言也。內健而外巽。健而能巽也。二五居中。剛中也。

陽性上進，下復乾體，志在於行也。剛居中，爲剛而得中，又爲中剛。言畜陽則以柔巽，言能亨則由剛中。以成卦之義言，則爲陰畜陽；以卦才言，則陽爲剛中。才如是，故畜雖小而能亨也。

密雲不雨，尚往也。自我西郊，施未行也。

本義　尚往，言畜之未極，其氣猶上進也。

程傳　畜道不能成大，如密雲而不成雨。陰陽交而和，則相固而成雨。二氣不和，陽尚往而上，故不成雨。蓋自我陰方之氣先倡，故不和而不能成雨，其功施未行也。小畜之不能成大，猶西郊之雲不能成雨也。

集說　王氏逢曰：四以陰盛，有密雲之象；以柔止健，不能固陽，是以不雨。西郊，陰地，臣之類也。○楊氏時曰：卦一五陽而一陰，則一陰爲之主。四以陰居陰，柔得位也，爲一卦之主，而上下應之，以陰畜陽也。陽大而陰小，小者畜也。此以六四一爻言之也。合一卦之才，則三陽健而進，一陰體以巽而上行九五剛得中與之合志則志行矣是以亨也○項氏安世曰陰陽之理畜極則亨畜之小者雖未遽亨及其成也終有亨理以六爻言之一柔得位五陽應之能係其情未能全制之也故爲小畜以二卦言之健而能巽不激不亢其勢必通二五皆剛中同心同德其志必行故有亨理凡陰閉之極則陽氣蒸而成雨密雲不雨者陰方上往未至於極也自我西郊者方起於此未至於彼也此皆言所畜之小然謂之尚往則非不往謂之未行則非不行亨固在其中矣此於人事爲以臣畜君終當感悟之象○蔡氏清曰本義其氣猶上進也當以既雨既處來照看此句全就雲雨說不然用不得氣字

象曰風行天上小畜君子以懿文德

本義風有氣而无質能畜而不能久故爲小畜之象懿文德言未能厚積而遠施也　程傳乾之剛健

而爲巽所畜夫剛健之性惟柔順爲能畜止之雖可以畜止之然非能固制其剛健也但柔順以擾係之耳故爲小畜也君子觀小畜之義以懿美其文德畜聚爲蘊畜之義君子所蘊畜者大則道德經綸之業小則文章才藝君子觀小畜之象以懿美其文德文德方之道義爲小也

集說 林氏希元曰大風一過草木皆爲屈撓過後則旋復其舊是能畜而不能久也有氣而無質故也

初九。復自道。何其咎。吉。

本義 下卦乾體本皆在上之物志欲上進而爲陰所畜然初九體乾居下得正前遠於陰雖與四爲正應而能自守以正不爲所畜故有進復自道之象占者如是則无咎而吉也

程傳 初九陽爻而乾體陽在上之物又剛健之才足以上進而復與在上同志其進復於上乃其道也故云復自道復既自道何過咎之有无

咎而又有吉也諸爻言无咎者如是則无咎矣故云无咎者善補過也雖使爻義本善亦不害於不如是則有咎之義初九乃出其道而行无有過咎故云何其咎无咎之甚明也

集說

王氏中子曰復反也初以陽剛居健體志欲上行而爲四得時得位者所畜故復然初剛而得正雖爲所畜而復如自守以正不爲所畜者故曰復自道言雖爲彼所畜而吾實自復於道也○龔氏煥曰復自道此復字與无往不復不遠復之義同謂復於在下之位而不進也初九以陽剛之才位居最下爲陰所畜知幾不進而自復其道焉何咎之有九二牽復亦謂與初九牽連而內復也易及諸經無有以復爲上進者○俞氏琰曰復謂返於本位也以初九之剛往應六四之柔而受其制豈不失其道而有咎今也返而以正道自守故能轉咎而爲吉○何氏楷曰天地閒氣化人事皆有陰畜陽之將陽既爲陰所畜便不宜過剛躁動初以陽才居陽位潛伏於下何咎之有先言何其咎

而後言吉者以无咎爲吉也

案傳義皆以復爲上進沿王弼舊說也以大畜初二爻比例觀之則王氏龔氏諸說爲長

象曰。復自道。其義吉也。

程傳陽剛之才。由其道而復。其義吉也。初與四爲正應。在畜時乃相畜者也。

集說張氏浚曰。能反身以歸道。其行已必不悖於理。是能自畜者也。故曰其義吉。

九二。牽復吉。

本義三陽志同。而九二漸近於陰。以其剛中。故能與初九牽連而復。亦吉道也。占者如是則吉矣。

程傳二以陽居下體之中。五以陽居上體之中。皆以陽剛居中。爲陰所畜。俱欲上復。五雖在四上。而爲其所畜則同是同志者也夫同患相憂二五同志故相牽連而復二陽並進則陰不能勝得遂其復矣故吉也曰遂其復則離畜矣乎曰凡爻之辭皆謂如是則可以如是若已然則時已變矣尚何敎誡乎五爲巽體巽畜於乾而反與二相牽何也曰舉二體而言則巽畜乎乾全卦而言則一陰畜五陽也在易隨時取義皆如此也 集說王氏申子曰二所乘之初爲陰所畜亦既復矣所承之三又爲陰所畜說輻而不進矣二以陽處陰居下得中上又無應故不待畜即與同類牽連而復是不自失其中者也自能審進退而不失其中故吉 ○何氏楷曰與初相牽連而復居於下故吉

象曰。牽復在中。亦不自失也。

本義 亦者承上爻義 程傳 二居中得正者也剛柔進退不失乎中道也陽之復其勢必强二以處中

故雖强於進。亦不至於過剛。過剛乃自失也。文止言牽復而吉之義。象復發明其在中之美。

集說楊氏萬里曰。初安於復。故爲自復。二勉於復。故爲牽復。能勉於復。故亦許其不自失。〇俞氏琰曰。往而不復。則不能不自失。既復矣。則亦不自失也。云亦者。承上爻之義。以初九之不失。而亦不失也。

九三。輿說輻。夫妻反目。

本義九三亦欲上進。然剛而不中。迫近於陰。而又非正應。但以陰陽相說而爲所係畜。不能自進。故有輿說輻之象。然以志剛。故又不能平而與之爭。故又爲夫妻反目之象。戒占者如是則不得進而有所爭也。

程傳三以陽爻居不得中。而密比於四。陰陽之情相求也。又暱比而不中。爲陰畜制者也。故不能前進。猶車輿說去輪輻。言不能行也。夫妻反目。陰制於陽者也。今反制陽。如夫妻之反目也。反目謂怒目相視。不順其夫而

反制之也婦人爲夫寵惑既而遂反制其夫未有夫不失道而妻能制之者也故説輻反目三自爲也

集説

項氏安世曰輻陸氏釋文云本亦作輹按輻車轑也輹車軸轉也輻以利輪之轉輹以利軸之轉然輻無説理必輪破轂裂而後可説若輹則有説時車不行則説之矣大畜大壯皆作輹字○又曰九三反目稱妻言相敵也上九既雨稱婦言相順也○胡氏炳文曰大畜九二輿説輹輹與輻或據左氏傳註以爲通用何也曰説文輹車下横木非輻也大畜九二説輹剛而得中自止而不進也小畜九三説輻剛而不中止於陰而不得進也説輹可復進説輻則不可以行矣

案九三比近六四故有夫妻之象過剛不能自制其動雖有六四比近畜之不能止也進不利於行故曰輿説輻退不安其室故曰夫妻反目

象曰。夫妻反目。不能正室也。

本義 程子曰。說輻反目。三自爲也。 程傳 夫妻反目。蓋由不能正其室家也。三自處不以道。故四得制之不使進。猶夫不能正其室家。故致反目也。 集說 項氏安世曰。下卦三陽。皆爲巽所畜者也。初九止之於初。不施畜止而自復於道。無過可補。此畜之最美者也。九二已動而後牽之。牽而後復。畜而後止。已用力矣。以其在中而未遠。故亦不至於失道。亦之爲言。猶可之辭也。九三剛已過中而後畜之。四當其上。其勢必至於相拂。如人已升輿。輻說係而止之。夫不行。正妻反目而爭之。故曰不能正室也。

六四。有孚。血去惕出。无咎。

本義 以一陰畜衆陽。本有傷害憂懼。以其柔順得正。虛中巽體。二陽助之。是有孚而血去惕出之象也。无

咎宜矣。故戒占者亦

程傳 四於畜時處近君之位，畜君者也。若內有孚誠，則五志信之，從其畜也。卦獨一陰，畜衆陽者也。諸陽之志係於四，四苟欲以力畜之，則一柔敵衆剛，必見傷害。惟盡其孚誠以應之，則可以感之矣，故其傷害遠，其危懼免也。如此則可以无咎，不然則不免乎害矣。此以柔畜剛之道也。以人君之威嚴，而微細之臣有能畜止其欲者，蓋有孚信以感之也。

集說 項氏安世曰：以陰畜陽，以小包大，能無憂乎？獨恃與五有孚，故能離其血，惕去而出之，以免於咎。臣之畜君，必信而後濟，非與上合志，不可爲也。

案：此爻程傳之說獨明，蓋惟此爻與象意合者，以其爲卦之主故也。

象曰：有孚惕出，上合志也。

程傳四既有孚則五信任之與之合志所以得惕出而无咎也惕出則血去可知舉其輕者也五既合志衆陽皆從之矣

集說

郭氏忠孝曰上合志者合九五有孚之志惟其上合志是以能畜也○王氏宗傳曰但云惕出則血去可知蓋謂恐懼猶免則傷害斯遠矣舉輕以見重也

九五有孚攣如富以其鄰

本義

巽體三爻同力畜乾鄰之象也而九五居中處尊勢能有爲以兼乎上下故爲有孚攣固用富厚之力而以其鄰之象以猶春秋以某師之以言能左右之也占者有孚則能如是也

程傳

小畜衆陽爲陰所畜之時也五以中正居尊位而有孚信則其類皆應之矣故曰攣如謂牽連相從也五必援挽與之相濟是富以其鄰也五以居尊位之勢如富者推其財力與鄰比共之也君子爲小人所困正人爲羣邪所厄則在下

者必攀挽於上期於同進在上者必援引於下與之戮力非獨推己力以及人也固資在下之助以成其力耳

朱子語類云孚有在陽爻有在陰爻

伊川謂中虛信之本中實信之質

集說

案此爻之義從來未明今以卦意推之則六四者近君之位也所謂小畜者也九五者君位也能畜其德以受臣下之畜者也四曰有孚是積誠以格其君五亦曰有孚是推誠以待其下上下相孚而後畜道成矣故四曰上合志者指五也五曰以其鄰者指四也四與五相近故曰鄰又鄰即臣也書曰臣哉鄰哉鄰哉是也富者積誠之滿也積誠之滿至於能用其鄰則其鄰亦以誠應之矣故象傳曰不獨富也以誠感誠之謂也大抵上下之閒不實心則不能相交故曰富以其鄰不虛心則亦不能相交故曰不富以其鄰所取象者本於陽實陰虛而其義一也

象曰：有孚攣如，不獨富也。

程傳 有孚攣如，蓋其鄰類皆牽攣而從之，與衆同欲，不獨有其富也。君子之處艱厄，惟其至誠，故得衆力之助，而能濟其衆也。

上九，既雨既處，尚德載，婦貞厲，月幾望，君子征凶。

本義 畜極而成，陰陽和矣，故爲既雨既處之象。蓋尊尚陰德，至於積滿而然也。陰加於陽，故雖正亦厲。然陰既盛而抗陽，則君子亦不可以有行矣。其占如此，爲戒深矣。程傳 九以巽順之極，居卦之上，處畜之終，從畜而止者也，爲四所止也。既雨，和也；既處，止也。陰之畜陽，不和則不能止，既和而止，畜之道成矣。大畜畜之大故極而散小畜畜之小故極而成尚德載四用柔巽之德積滿而至於成也陰柔之畜剛非一朝一夕能成由積累而至可不戒乎載積滿也詩云厥聲載路婦貞厲婦謂陰以陰而畜陽以柔而制剛婦若貞固守此危厲之道也安有婦制其夫臣制其君而能安者乎月幾望則與日敵矣幾望言其盛將敵也陰已能畜陽而云幾望何也此以柔巽畜其志也非力能制也然不已則將盛於陽而凶矣於幾望而爲之戒曰婦將敵矣君子動則凶也君子謂陽征動也幾望將盈之時若已望則陽已消矣尚何戒乎

集說 楊氏時曰三陽下進一陰畜之不能固故密雲不雨尚往也至上九則往極矣故陰既處夫陰陽和則雨而婦以順爲正雖畜而至於雨以是爲正則厲矣月遡日以爲明者也望則與日敵故幾望則不可過君子至此而猶征焉則凶之道也小畜以陰畜陽爲主其極必疑陽故戒之如此○項氏安世曰上九居畜之極畜道已成昔之不雨者今既雨矣昔之

尚往者今既處矣，蒙之所謂亨於是見之。載者，積也，畜至於上，其德積而成載，則所畜大矣。然以小畜大，非可常之事也，婦道貞此而不變則爲危，君子過此而復行則爲凶。蓋月望則是陰極，則消自然之理也。○王氏應麟曰：小畜上九月幾望則凶，陰疑陽也；歸妹六五月幾望則吉，陰應陽也；中孚六四月幾望則无咎，陰從陽也。

案：此爻亦以畜道既成言之耳，楊氏說最完善。

象曰：既雨既處，德積載也。君子征凶，有所疑也。

程傳：既雨既處，言畜道積滿而成也。陰將盛極，君子動則有凶也。陰敵陽則必消陽，小人抗君子則必害君子，安得不疑慮乎？若前知疑慮而警懼，求所以制之，則不至於凶矣。

集說：楊氏簡曰：既畜而通矣，而又往致其畜，則犯矣，非其道也。有所疑，疑其不順也。坤上六曰陰疑於陽，亦此也，凶道也。

繫辭下傳
履德之基也　履和而至　履以和行
序卦傳
物畜然後有禮故受之以履
雜卦傳
履不處也

☰☱ 兌下乾上

程傳履序卦物畜然後有禮故受之以履夫物之聚則有大小之別高下之等美惡之分是物畜然後有禮履所以繼畜也履禮也禮人之所履也爲卦天上澤下天而在上澤而處下上下之分尊卑之義理之當也禮之本也常履之道也故爲履履踐也藉也履物爲踐履於物爲藉以柔藉剛故爲履也不曰剛履柔而曰柔履剛者剛乘柔常理不足道故易中惟言柔乘剛不言剛乘柔也言履藉於剛乃見卑順說應之義

履虎尾不咥人亨。

本義兌亦三畫卦之名一陰見於二陽之上故其德爲說以躡剛强之後有履虎尾而不見傷之象故其卦爲履而占如是也人能如是則處危而不傷矣　程傳

履以六三爲成卦之主而九五則主卦之主也蓋六三以一柔履衆剛之間多危多懼卦之所以名履也居尊

履人所履之道也天在上而澤處下以柔履藉於剛上下各得其義事之至順理之至當也人之履行如此雖履至危之地亦无所害故履虎尾而不見其咥嚙所以能亨也

集說

朱子語類云履上乾下兌以陰躡陽是隨後躡他如踏他脚跡相似所以云履虎尾卦之三四爻發虎尾義便是陰去躡他陽後處○李氏簡曰履禮也行之以和故能進退履衆剛而不見傷禮之用和爲貴其是之謂乎○胡氏炳文曰程傳訓履爲踐爲藉以上下論也本義云有所躡而進以前後論也於尾字爲切諸家多以兌爲虎本義從程傳以乾爲虎本夫子彖傳意也不咥人亨大抵人之涉世多是危機不爲所傷乃見所履大傳曰易之興也其當文王與紂之事邪是故其辭危危莫危於履虎尾之辭矣故九卦處憂患以履爲首○梁氏寅曰履者踐履也人之於禮亦踐行其天理者故履爲禮也夫虎剛猛之獸乾三陽虎之象也上爲虎之首則四爲虎之尾兌履乾之後履虎尾之

位尤當常以危懼存心故九五之辭曰貞厲而彖傳曰剛中正履帝位而不疚

象也。虎咥人者也。然以和說履之。則不見咥而反致亨。以是觀之。人之踐履卑遜。何往而不亨乎。然和非阿容也。說非佞媚也。亦恭順而不失其正耳。兌之傳曰剛中而柔外。此其道也。○蔡氏清曰。八卦惟兌爲至弱。惟乾爲至健。今以至弱者而躡於至健者之後。自是危機。故獨以履名卦。而彖傳復取其德。而謂之履虎尾不咥人亨也。

彖曰。履。柔履剛也。

本義以二體釋卦名義。

集說 王氏申子曰。履以六三成卦。三之象。下迫於二陽之進。上躡乎三陽之剛。○胡氏炳文曰。本義謂二體見得是以兌體之柔履乾體之剛。非指六三以柔而履剛也。

案王氏胡氏二說不同。然當兼用其義乃備。

說而應乎乾是以履虎尾不咥人亨。

本義以卦德釋彖辭。

程傳兌以陰柔履藉乾之陽剛，柔履剛也。兌以說順應乎乾剛而履藉之，下順乎上，陰承乎陽，天下之正理也。所履如此，至順至當，雖履虎尾亦不見傷害，以此履行，其亨可知。

集說游氏酢曰：卦以一柔進退履衆剛，故有履虎尾之象。然而不咥人亨者，說而應乎乾故也。夫敬以和，何事不行。君子之所履，苟在於是，則雖暴人之前無虞矣。○項氏安世曰：以兌說而應乎乾，則所行無忤，履雖危而不傷。莊周曰：虎媚養己者順也。惟柔順而說，則履虎尾而不咥人，且有能亨之理。○胡氏炳文曰：說而應乎乾，亦是以下體之兌應上體之乾。若蒙曰志應，師曰剛中而應，是剛柔兩爻自相應比。小畜上下應，是一爻爲主而衆爻應之。

剛中正履帝位而不疚光明也

本義 又以卦體明之指九五也 程傳 九五以陽剛中正尊履帝位苟無疚病得履道之至善光明者也疚謂疵病夬履是也光明德盛而輝光也 集說 張氏浚曰九五履乾正位曰剛中正剛健不息體大中至正之道以君臨天下履帝位而不疚也君臨天下者其可危爲大蓋人君以一身撫馭海內使所履一不正而蹈於非禮則政令紀綱弛於上讒賊寇攘起於下穆王命君牙曰心之憂危若蹈虎尾涉於春冰是也

象曰上天下澤履君子以辨上下定民志

本義 程傳備矣 程傳 天在上澤居下上下之正理也人之所履當如是故取其象而爲履君子觀履之象以辨別上下之分以定其民志夫上下之分明然後民志有定民志定然後可以言治民志不定天下不

可得而治也古之時公卿大夫而下位各稱其德終身居之得其分也位未稱德則君舉而進之士脩其學學至而君求之皆非有預於己也農工商賈勤其事而所享有限故皆有定志而天下之心可一後世自庶士至於公卿日志於尊榮農工商賈日志於富侈億兆之心交騖於利天下紛然如之何其可一也欲其不亂難矣此由上下无定志也君子觀履之象而分辨上下使各當其分以定民之心志也

集說 朱子語類問履如何都作禮字說曰禮主卑下履也是那踐履處所行若不由禮自是乖戾所以曰履以和行○王氏應麟曰上天下澤履此易之言禮雷出地奮豫此易之言樂呂成公之說本於漢書上天下澤春雷奮作先王觀象爰制禮樂○何氏楷曰天高地下天尊地卑澤又下之下卑之卑者

初九素履往无咎

本義以陽在下。居履之初。未爲物遷。率其素履者也。占者如是。則往而无咎也。程傳履不處者行之義。初處至下。素在下者也。而陽剛之才。可以上進。若安其卑下之素而往。則无咎矣。夫人不能自安於貧賤之素。則其進也。乃貪躁而動。求去乎貧賤耳。非欲有爲也。既得其進。驕溢必矣。故往則有咎。賢者則安履其素。其處也樂。其進也將有爲也。故得其進。則有爲而无不善。乃守其素履者也。集說胡氏炳文曰。初未交於物。有素象。案本義與蔡氏皆曰居履之初。不爲物遷。蔡氏則曰。素者無文之謂。蓋履。禮也。履初言素。禮以質爲本也。賁。文也。賁上言白。文之極反而質也。白賁无咎。其卽素履往无咎與。

象曰。素履之往。獨行願也。

程傳安履其素而往者。非苟利也。獨行其志願耳。獨。專也。若欲貴之心。與行道之心。交戰於中。豈能安履其素也。集說李氏心傳曰。素履往。即中庸所謂素位而行者也。獨行願。即中庸所謂不願乎其外者也。

九二。履道坦坦。幽人貞吉。

本義剛中在下。无應於上。故爲履道平坦。幽獨守貞之象。幽人履道而遇其占。則貞而吉矣。程傳九二居柔。寬裕得中。其所履坦坦然平易之道也。雖所履得坦易之道。亦必幽靜安恬之人處之。則能貞固而吉也。九二陽志上進。故有幽人之戒。集說梁氏寅曰。行於道路者。由中則平坦。從旁則崎險。九二以剛居中。是履道而得其平坦者也。持身如是。不輕自售。故爲幽人貞吉。

象曰。幽人貞吉。中不自亂也。

程傳履道在於安靜。其中恬正。則所履安裕。中若躁動。豈能安其所履。故必幽人則能堅固而吉。蓋其中

心安靜不以利欲自亂也

集說

谷氏家杰曰初之素而曰行願二之坦而曰不亂可見其身之履皆由於志之定也

六三眇能視跛能履履虎尾咥人凶武人爲于大君

本義　六三不中不正柔而志剛以此履乾必見傷害故其象如此而占者凶又爲剛武之人得志而肆暴之象如秦政項籍豈能久也

程傳　三以陰居陽志欲剛而體本陰柔安能堅其所履故如盲眇之視其見不明跛躄之履其行不遠才既不足而又處不得中履非其正以柔而務剛其履如此是履於危地故曰履虎尾以不善履履危地必及禍患故曰咥人凶武人爲于大君如武暴之人而居人上肆其躁率而已非能順

履而遠到也不中正而志剛乃爲羣陽所與是以剛躁蹈危而得凶也

集說

耿氏南仲曰視欲正視而不正則眇者也行欲中行而不中則跛者也故歸妹初九不中則爲跛九二不正則爲眇履六三不中又不正故跛眇兼焉歸妹履皆兌下也○王氏申子曰三以陰居陽以柔履剛謂其明耶則衆陽而獨陰謂其不明耶則又居於陽眇能視之象也謂其能行耶則衆剛而獨柔謂其不能行耶則又履乎剛跛能履之象也是體暗而用明才弱而志剛者也而又不中不正故不自度量而一於進敢於蹈危而取禍如履虎尾而受咥人之凶也若不顧強弱勇猛直前惟武人用之以有爲于大君之事則可然彖亦主三而言曰不咥人亨此曰咥人凶何也蓋彖總言一卦之體爻則據其時與位而言所以不同○吳氏澄曰彖通指一卦而言則上九虎之首也虎口實而合有不咥之象此專據一爻而言則三爲兌之上畫也兌口虛而開故有咥人之象○胡氏炳文曰

御纂周易折中

凡卦辭以爻爲主則爻辭與卦同如屯卦利建侯而初爻亦利建侯以卦上下體論則爻辭與卦不同如此卦云履虎尾不咥人而六三則曰咥人是也卦書不咥人兌三爻說體自與乾三爻健體相應也爻書咥人六三一爻與上九一爻獨相應履虎尾而首應也

案武人爲于大君王氏之說得之蓋三非大君之位且爲于兩字語氣亦不順也子曰暴虎馮河死而無悔者吾不與也即此句之意

象曰眇能視不足以有明也跛能履不足以與行也咥人之凶位不當也武人爲于大君志剛也

程傳陰柔之人其才不足視不能明行不能遠而乃務剛所履如此其能免於害乎以柔居三履非其正所以致禍害被咥而凶也以武人爲喻者以其處陽才弱而志剛也志剛則妄動所履不由其道如武人而爲大君也

集說王氏申子曰三質暗才弱本不足以有爲以當履之時一陰爲主適與時遇是以不顧其位不當勇於行而履危蹈禍斯道也唯武人用之以爲王事一於進以行其志之剛則可故爻辭於咥人凶後言之用各有當也

九四。履虎尾。愬愬終吉。

本義九四亦以不中不正履九五之剛然以剛居柔故能戒懼而得終吉

程傳九四陽剛而乾體雖居四剛勝者也在近君多懼之地无相得之義五復剛決之過故爲履虎尾愬愬畏懼之貌若能畏懼則當終

吉蓋九雖剛而志柔四雖近而不處故能兢慎畏懼則終免於危而獲吉也

集說

王氏弼曰遍近至尊以陽承陽處多懼之地故曰履虎尾愬愬也然以陽居陰以謙爲本雖處危懼終獲其志故終吉也○王氏宗傳曰經曰四多懼處多懼之地而復以恐懼自處所謂愬愬也四處三陽之後故亦曰履虎尾無忘其愬愬之戒故曰終吉在卦德曰履虎尾不咥人亨其九四之謂乎○朱子語類云履三爻正是躡他虎尾處四上躡五亦爲虎尾之象○胡氏炳文曰本義於三之履虎尾曰不中不正以履乾亦以乾爲虎而三在其後也於四履虎尾則曰亦以不中不正履九五之剛是以九五爲虎而四在其後也三四皆不中正而占有不同者三多凶以柔居剛其凶也宜四多懼以剛居柔所以終吉

象曰愬愬終吉志行也

程傳能愬愬畏懼則終得其吉者志在於行而不處也去危則獲吉矣陽剛能行者也居柔以順自處者也

集說李氏過曰畏懼所以行其志也○王氏申子曰三與四皆履虎尾者三凶而四吉何也三柔而志剛勇於行而不知懼四剛而志柔謹於行而知所懼也懼則能防是以終吉其吉者上進之志行也○沈氏一貫曰合而言之則乾爲虎離而言之惟五爲虎故九四亦有履虎尾之象以九居四正與六三相反故其志行

九五夬履貞厲

本義九五以剛中正履帝位而下以兌說應之凡事必行无所疑礙故其象爲夬決其履雖使得正亦危道也故其占爲雖正而危爲戒深矣

程傳夬剛決也五以陽剛乾體居至尊之位任其剛決而行者也如

此則雖得正猶危厲也古之聖人居天下之尊明足以照剛足以決勢足以專然而未嘗不盡天下之議雖芻蕘之微必取乃其所以爲聖也履帝位而光明者也若自任剛明決行不顧雖使得正亦危道也可固守乎有剛明之才苟專自任猶爲危道况剛明不足者乎易中云貞厲義各不同隨卦可見

集說

項氏安世曰六三於彖辭爲亨者以下卦言之有和說之德也於本爻爲凶者資本陰柔履位不正宜其凶也九五於彖辭爲不疚者以上卦言之有剛健中正之德也於本爻爲厲者以剛行剛志在夬決其理雖正其事則危也凡彖多言卦德凡文多論爻位○王氏申子曰履之卦義履剛也履剛之道尚柔不尚剛也五雖中正以履帝位然以剛居剛是一於尚剛者也夬履謂決於行也一於任剛決行而不顧則於中正之道豈能无咎乎若貞固守此危道也故曰貞厲

案凡彖傳中所贊美，則其爻辭無凶厲者，何獨此爻不然？蓋履道貴柔，九五以剛居剛，是決於履也。然以其有中正之德，故能常存危厲之心，則雖決於履，而動可無過舉矣。書云心之憂危，若蹈虎尾，此其所以履帝位而不疚也。與凡易中貞厲，有厲，有以常存危懼之心爲義者，如噬嗑之貞厲无咎，夬之其危乃光是也。然則此之貞厲，兌五之有厲，當從此例也。

象曰：夬履貞厲，位正當也。

本義傷於所恃。程傳戒夬履者，以其正當尊位也。居至尊之位，據能專之勢，而自任剛決，不復畏懼，雖使得正，亦危道也。

上九：視履考祥，其旋元吉。

本義視履之終以考其祥周旋无虧則得元吉占者禍福視其所履而未定也程傳上處履之終於其終視其所履行以考其善惡禍福若其旋則善且吉也旋謂周旋完備无不至也人之所履考視其終若終始周完无疚善之至也是以元吉人之吉凶係其所履善惡之多寡吉凶之小大也集說王氏弼曰禍福之祥生乎所履處履之極履道成矣故可視履而考祥也居極應說高而不危是其旋也履道大成故元吉○梁氏寅曰上履之終也人之所履觀之於始則誠偽未可見惟觀之於終然後見也故視其所履以考其善若周旋无虧則其吉大矣是文也豈非動容周旋中禮而爲盛德之至與

象曰元吉在上大有慶也

本義若得元吉則大有福慶也程傳上履之終也人之所履善而吉至其終周旋无虧乃大有福慶

之人也。人之行，貴乎有終。是解所以元吉。大有慶，是正解元吉。

集說 林氏希元曰：在上，履之終也。言於履之終而得元吉，則大有福慶也。在上

總論 項氏安世曰：一陰一陽之卦，在下者爲復姤，在上者爲夬剝，其義主於消長也。在二五者，陽在二爲師之將，在五爲比之主；陰在二爲同人之君子，在五爲大有之君子，其義主於得位也。在三四者，陽在三則以剛行柔爲勞謙，在四則以剛制柔爲由豫；陰在三則以柔行剛爲履，在四則以柔制剛爲小畜，其義主於用事也。大抵用事之在下者，爲行己之事；在上者，爲制人之事。○又曰：履之六爻，皆以履柔爲吉，故九二爲坦坦，九四爲愬愬終吉，上九爲其旋元吉，皆履柔也。六三卦辭本善，終以履剛爲凶。初九九五所履皆正，然初僅能无咎，五不免於厲，皆履剛也。是故初則懼其失初心之正，而教之以保其素；五則懼其恃勢位之正，而教之以

謹其決。蓋剛者。喜動而好決。任剛而行者。後多可悔之事也。

序卦傳
履而泰然後安故受之以泰泰者通也

雜卦傳
否泰反其類也

御纂周易折中

上經二

䷊ 乾下坤上

程傳泰序卦履而泰然後安故受之以泰履得其所則舒泰泰則安矣泰所以次履也爲卦坤陰在上乾陽居下天地陰陽之氣相交而和則萬物生成故爲通泰

泰小往大來吉亨。

本義泰通也爲卦天地交而二氣通故爲泰正月之卦也小謂陰大謂陽言坤往居外乾來居內又自歸妹來則六往居四九來居三也占者有剛陽之德則吉而亨矣程傳小謂陰大謂陽往往之於外也來來

泰以九二六五爲主蓋泰者上下交而志同九二能盡臣道以上交者也六五

居於內也。陽氣下降，陰氣上交也。陰陽和暢，則萬物生遂，天地之泰也。以人事言之，大則君上，小則臣下，君推誠以任下，臣盡誠以事君，上下之志通，朝廷之泰也。陽爲君子，陰爲小人，君子來處於內，小人往處於外，是君子得位，小人在下，天下之泰也。泰之道吉而且亨也。不云元吉元亨者，時有汙隆，治有小大，雖泰豈一概哉，言吉亨則可包矣。

集說 劉氏牧曰：往來者以內外卦言之，由內而之外爲往，由外而復內爲來。○蔡氏清曰：卦名曰泰，以天地交而二氣通，就造化之本不可相無上取也；卦辭曰小往大來，以內君子外小人而言，就淑懸之分上取也。然則泰有二乎？曰：一也，但是天地交而二氣通，則決然內陽而外陰矣。

彖曰：泰小往大來吉亨，則是天地交而萬物通也，上下交而其志同也。內陽而外陰，內健而外

能盡君道以下交者也二爻皆成卦之主亦皆主卦之主也

順內君子而外小人君子道長小人道消也

程傳小往大來陰往而陽來也則是天地陰陽之氣相交而萬物得遂其通泰也在人則上下之情交通而其志意同也陽來居內陰往居外陽進而陰退也乾健在內坤順在外爲內健而外順君子之道也君子在內小人在外是君子道長小人道消所以爲泰也既取陰陽交和又取君子道長陰陽交和乃君子之道長也

集說孔氏穎達曰所以得名爲泰者由天地氣交而生養萬物物得大通故云泰也上下交而其志同以人事象天地之交也內陽外陰據其象內健外順明其性此就卦爻釋小往大來吉亨也內君子外小人君子道長小人道消更就人事之中釋小往大來吉亨也

○項氏安世曰泰否彖皆具三義第一段以重卦上下爲義於陰陽二氣無所抑揚但貴其交而已第二段以卦體內外爲義雖在內在外各得其所要是重內輕外以

則已於陰陽有所抑揚矣第三段以六爻消長爲義至此則全是好陽而惡陰以陽長陰消爲福則不止於抑揚而已否彖依此推之大抵諸卦皆然如小畜之彖柔得位而上下應之是統論六爻五陽一陰也健而巽却以兩卦言之剛中而志行又以九二九五兩爻言之故彖之義無所不備不可以一說通也○丘氏富國曰天地之形不可交而以氣交氣交而物通者天地之泰也上下之分不可交而以心交心交而志同者人事之泰也陰陽以氣言健順以德言君子小人以類言內外釋往來之義陰陽健順君子小人釋小大之義○王氏應麟曰君子道盛小人自化故舜湯舉皐伊而不仁者遠王泉喩氏云泰小人道消非消小人也化小人爲君子也○喬氏中和曰有陽必有陰有君子必有小人必欲絶而去之有是哉善養身者化瘀邪爲氣血善治國者化盜賊爲良民而已矣

象曰天地交泰后以裁成天地之道輔相天地之宜以左右民

本義裁成以制其過輔相以補其不及程傳天地交而陰陽和則萬物茂遂所以泰也人君當體天地通泰之象而以裁成天地之道輔相天地之宜以左右生民也裁成謂體天地交泰之道而裁制成其施爲之方也輔相天地之宜天地通泰則萬物茂遂人君體之而爲法制使民用天時因地利輔助化育之功成其豐美之利也如春氣發生萬物則爲播植之法秋氣成實萬物則爲收斂之法乃輔相天地之宜以左右輔助於民也民之生必賴君上爲之法制以教率輔翼之乃得遂其生養是左右之也集說朱子語類云裁成是截作段子輔相是佐助他天地之化儱侗相續下來聖人便截作段子如氣化一年一周聖人與他截作

春夏秋冬四時。○蔡氏淵曰：氣化流行，儱侗相續，聖人則爲之裁制以分春夏秋冬之節；地形廣邈，經緯交錯，聖人則爲之裁制以分東西南北之限。此裁成天地之道也。春生秋殺，此時運之自然；高黍下稻，亦地勢之所宜。聖人則輔相之，使當春而耕，當秋而斂，高者種黍，下者種稻，此輔相天地之宜也。○王氏申子曰：天地交而陰陽和，萬物遂，所以爲泰。人君象之，裁成其道，輔相其宜，此天地之間所以無一物之不泰也。

初九，拔茅茹，以其彙，征吉。

本義　三陽在下，相連而進，拔茅連茹之象，征行之吉也。占者陽剛，則其征吉矣。郭璞洞林讀至彙字絕句，下卦放此。

程傳　初以陽爻居下，是有剛明之才而在下者也。時之否則君子退而窮處，時既泰則志在上進也。君子之進必與其朋類相牽援，如茅之根然，拔其一則牽連而起矣。茹，根之相牽連者，故以爲象。彙，類也。

賢者以其類進同志以行其道是以吉也君子之進必以其類不惟志在相先樂於與善實乃相賴以濟故君子小人未有能獨立不賴朋類之助者也自古君子得位則天下之賢萃於朝廷同志協力以成天下之泰小人在位則不肖者並進然後其黨勝而天下否矣蓋各從其類也

集說 劉氏向曰賢人在上位則引其類而聚之於朝在下位則思與其類俱進在上則引其類在下則推其類故湯用伊尹不仁者遠而衆賢至類相致也 朱子語類云以其彙屬上文嘗見郭璞洞林亦如此作句便是那時人已自恁地讀了蓋拔茅連茹者物象也以其彙者那人也 林氏希元曰程傳曰茹根之相牽者也以本義三陽在下相連而進推之乃別茅之根非本茅之根也蓋一陽進而二陽與之相連猶一茅拔而別茅之根與之相連也

象曰拔茅征吉志在外也

程傳時將泰則羣賢皆欲上進三陽之志欲進同也故取茅茹彙征之象志在外上進也集說楊氏萬里曰君子之志在天下不在一身故曰志在外也

九二。包荒。用馮河。不遐遺。朋亡。得尚于中行。

本義九二以剛居柔在下之中上有六五之應主乎泰而得中道者也占者能包容荒穢而果斷剛決不遺遐遠而不眤朋比則合乎此爻中行之道矣程傳二以陽剛得中上應於五五以柔順得中下應於二君臣同德是以剛中之才爲上所專任故二雖居臣位主治泰者也所謂上下交而其志同也故治泰之道主二而言包荒用馮河不遐遺朋亡四者處泰之道也人情安肆則政舒緩而法度廢弛庶事无節治之之道必有包含荒穢之量則其施爲寬裕詳密弊革事理而人安之若无含弘之度有忿疾之心則无深遠之慮有暴

擾之患深弊未去而近患已生矣故在包荒也用馮河泰寧之世人情習於久安安於守常惰於因循憚於更變非有馮河之勇不能有爲於斯時也馮河謂其剛果足以濟深越險也自古泰治之世必漸至於衰替蓋由狃習安逸因循而然自非剛斷之君英烈之輔不能挺特奮發以革其弊也故曰用馮河或疑上云包荒則是包含寬容此云用馮河則是奮發改革似相反也不知以含容之量施剛果之用乃聖賢之爲也不遐遺泰寧之時人心狃於泰則苟安逸而已惡能復深思遠慮及於遐遠之事哉治夫泰者當周及庶事雖遐遠不可遺若事之微隱賢才之在僻陋皆遐遠者也時泰則固遺之矣朋亡夫時之既泰則人習於安其情肆而失節將約而正之非絕去其朋與之私則不能也故云朋亡自古立法制事牽於人情卒不能行者多矣若夫禁奢侈則害於近戚限田產則妨於貴家如此之類既不能斷以大公而必行則是牽於朋比也治泰不能朋亡則爲

之難矣治泰之道有此四者則能合於九二之德 集説
故曰得尚于中行言能配合中行之義也尚配也
胡氏炳文曰若有包容而無斷制非剛柔相濟之中也
必包容荒穢而又果斷剛決則合乎中矣雖不遺遐遠
而或自私於吾之黨類則易至偏重非輕重不偏之中
也惟不遺遐遠而又不昵朋比是不忘遠又不泄邇合
乎中矣本義兩而字當細玩 ○龔氏煥曰初九以其彙
九二則欲其朋亡何也初九在下之賢則欲其引類而
進九二大臣所以進退天下之人才者故欲亡其朋類
惟亡其朋類則能用天下之賢若獨私其朋則天下之
賢有不得進用者矣
此其所以不同也

案此爻以夫子象傳觀之須以包荒兩字爲主蓋聖賢
之心無棄物堯舜之道並生非包荒則不足以體天
地之心而盡君師之道矣然包荒非混而無別之謂故
必斷以行之明以周之公以處之然後用舍舉措無不

合於中道。晉論所謂寬信敏公者，意蓋相似也。四者以寬為本，故曰居上不寬，吾何以觀之哉。

象曰：包荒得尚于中行，以光大也。

程傳　象舉包荒一句，而通解四者之義，言如此則能配合中行之德，而其道光明顯大也。

案　傳只舉包荒，非省文以包下，蓋包荒是治道之本然。包荒而得合乎中道者，以其正大光明，明斷無私，是以有馮河之決，有不遐遺之照，有朋亡之公，以與包荒相濟，而中道無不合也。

九三：无平不陂，无往不復，艱貞无咎，勿恤其孚，于食有福。

本義　將過乎中，泰將極而否欲來之時也。恤，憂也。孚，所期之信也。戒占者艱難守貞，則无咎而有福。程傳三居泰之中，在諸陽之上，泰之盛也。物理如循環，在下者必升，居上者必降，泰久而必否，故於泰之盛與陽之將進而爲之戒，曰：无常安平而不險陂者，謂无常泰也；无常往而不返者，謂陰當復也。平者陂，往者復，則爲否矣。當知天理之必然，方泰之時，不敢安逸，常艱危其思慮，正固其施爲，如是則可以无咎。處泰之道，既能艱貞，則可常保其泰，不勞憂恤，得其所求也。不失所期爲孚。如是則於其祿食有福益也。祿食謂福祉。善處泰者，其福可長也。蓋德善日積，則福祿日臻，德踰於祿，則雖盛而非滿。自古隆盛，未有不失道而喪敗者也。

集說　項氏安世曰：无平不陂，爲三陽言之；无往不復，爲三陰言之。兩言无不者，明此皆天道之必至，而有孚者也。人能知此，則當泰之極，不可不盡人事以防之。撫泰之運而操心之危如此，則舉動之際，必无過咎，然後極彼必至之孚，可以勿恤，我固有之福，可以長享矣。○徐氏直方曰：小人所以勝君子者，非乘其怠，則攻其隙。艱則無怠之可乘。貞則無隙之可攻。如此則可以无咎。可以勿憂其孚矣。或曰。陰陽交運。否泰相仍。時勢然也。雖艱貞勿恤。如之何。曰。平陂往復者。天運之不能無。艱貞勿恤者。人事之所當盡。天人有交勝之理。處其交履其會者。必有變化持守之道。若一諉之天運。以爲無預於人事。則聖人之易。可無作矣。

象曰。无往不復。天地際也。

程傳。无往不復。言天地之交際也。陽降於下。必復於上。陰升於上。必復於下。屈伸往來之常理也。因天地交際之道。明否泰不常之理。以爲戒也。

案。天地際。只是言乾坤交接之際也。自卦言之。外卦爲陰往。自爻言之。外卦又爲陰來。

六四。翩翩。不富以其鄰。不戒以孚。

本義已過乎中，泰已極矣，故三陰翩然而下復，不待富而其類從之，不待戒令而信也。其占為有小人合交以害正道，君子所當戒也。陰虛陽實，故凡言不富者，皆陰爻也。

程傳六四處泰之過中，以陰在上，志在下，復上二陰亦志在趨下。翩翩，疾飛之貌。四翩翩就下與其鄰同也。鄰，其類也，謂五與上。夫人富而其類從者，為利也；不富而從者，其志同也。三陰皆在下之物，居上乃失其實，其志皆欲下行，故不富而相從，不待戒告而誠意相合也。夫陰陽之升降，乃時運之否泰，或交或散，理之常也。泰既過中，則將變矣。聖人於三尚云艱貞則有福，蓋三為將中，知戒則可保。四已過中矣，理必變也，故專言始終反復之道。五泰之主，則復言處泰之義也。

集說沈氏該曰：四處上體，在近君之位，三陽既進，樂與賢者共之，志同願得，是以不富以鄰，不戒而孚也。

○趙氏彥肅曰：從六五下賢，其心休休焉者也。

○李氏簡曰：陰氣上升，陽氣下降，乃天地之休交，泰也。上以謙虛接乎下。下以剛直事乎上。上下相孚。乃君臣之交泰也。君臣交泰。則天下泰矣。故下三爻皆以剛直事其上。上三爻皆以謙虛接乎下。四當二卦之交。故發此義。○俞氏琰曰。翩翩降以相從之貌。易以陰虛爲不富。六四陰爻。故曰不富。○何氏楷曰。此正陰陽交泰之爻也。翩翩羣飛而下貌。陰虛陽實。凡言不富者皆陰爻。鄰指五上。四能挾其並居之鄰。相從而下者。以三陰皆欲求陽。故不待教戒而能以之下孚乎陽也。

案傳義皆以此爻爲小人復來。然以象傳上下交而其志同觀之。則四五正當君相之位。下交之主。兩爻象傳所謂中心願也。中以行願也。則正所謂志同者也。爻辭不富。與謙六五同。皆言其謙虛而不自滿足爾。沈氏趙氏以下諸說。義皆可從。

象曰。翩翩不富。皆失實也。不戒以孚。中心願也。

本義 陰本居下。在上爲失實。

程傳 翩翩下往之疾。不待富而鄰從者。以三陰在上。皆失其實故也。陰本在下之物。今乃居上。是失實也。不待告戒而誠意相與者。蓋其中心所願故也。理當然者天也。衆所同者時也。

集說 李氏簡曰。爻言不富。象言失實。是皆不以富貴驕人。而有虛中無我之意也。鄰以類也。謂五與上也。故四五皆稱。行願在下卦之初。則明以彙交於上。在上卦之初。則明以鄰交於下。蓋上下交而其志同也。○俞氏琰曰。失實。與蒙六四遠實同。皆指陽爲實也。陰之從陽。猶貧之依富也。今三陰在外。而失所依。故曰皆失實也。願者。上下交而其志同也。泰之時上下不相疑忌。蓋出其本心。故曰中心願也。○何氏楷曰。失實。即不富之謂。不富而其鄰從之者。以三爻皆不富。而欲資於陽故也。不待期約而相孚。各出於其中心之所願欲也。○王弼以陰居上爲失實。而傳義從之。考易中皆以陰陽分虛實。不因乎上下也。故凡陽爻爲實爲富。陰爻爲虛爲不富。則失實之爲。觧不富明矣。失實猶言實若虛也。四五皆虛中以下交。其視勢位與才德皆若無有然者。大學所謂無他技。孟子所謂忘勢是也。李氏俞氏何氏之說蓋合經指。

六五。帝乙歸妹以祉元吉。

本義以陰居尊。爲泰之主。柔中虛己。下應九二。吉之道也。而帝乙歸妹之時。亦嘗占得此爻。占者如是則有祉而元吉矣。凡經以古人爲言。如高宗箕子之類者。皆放此。

程傳史謂湯爲天乙。厥後有帝祖乙。亦賢王也。後又有帝乙。多士曰。自成湯至于帝乙。罔不明德恤祀。稱帝乙者。未知誰是。以爻義觀之。帝乙制王姬下嫁之禮法者也。自古帝女雖皆下嫁。至帝乙然後制爲禮法。使降其尊貴。以順從其夫也。六五以陰柔居君位。下應於九二剛明之賢。五能倚任其賢臣而順從之。如帝乙之歸妹然。降其尊而順從於陽。則以之受祉且元吉也。元吉大吉而盡善者也。謂成治泰之功也。集說項氏安世曰。帝女下嫁之禮。至湯而備。湯嫁妹之辭曰。無以天子之富而驕諸侯。陰之從陽。女之順夫。天下之義也。往事爾夫。必以禮義。湯稱天乙。或者亦稱帝乙乎。

象曰。以祉元吉。中以行願也。

程傳所以能獲祉福且元吉者。由其以中道合而行其志願也。有中德所以能任剛中之賢。所聽從者皆其志願也。非其所欲。能從之乎。集說王氏宗傳曰。中以行願。謂以柔中之德。而行此志願以合乎下。故能受其祉福且元吉也。所謂上下交而其志同如此。

上六。城復于隍。勿用師。自邑告命。貞吝。

本義 泰極而否城復于隍之象戒占者不可力爭但可自守雖得其貞亦不免於羞吝也

程傳 掘隍土積累以成城如治道積累以成泰及泰之終將反於否如城土頹圮復反于隍也上泰之終六以小人處之行將否矣勿用師君之所以能用其衆者上下之情通而心從也今泰之將終失泰之道上下之情不通矣民心離散不從其上豈可用也用之則亂衆既不可用方自其親近而告命之雖使所告命者得其正亦可羞吝邑所居謂親近大率告命必自近始凡貞凶貞吝有二義有貞固守此則凶吝者有雖得正亦凶吝者此不云貞凶而云貞吝者將否而方告命爲可羞吝否不由於告命也

集說 朱子語類問泰卦无平不陂无往不復與城復于隍曰此亦事勢之必然治久必亂亂久必治天下無久而不變之理子善遂言天下治亂皆生於人心治久則人心放肆故亂因此生亂極則人心恐懼故治由此起曰固是生於人心履其運者必有變化持

守之道
可也。
案貞者常也。爻義言當此之時只可告邑。未可用師。若守常而用師則吝。非以告邑爲可吝也。

總論劉氏定之曰。泰取天地交而萬物通上下交而其志同故六爻之中。相交之義重。初與四相交泰之始也。故初言以其彙如茅之連茹。四言以其鄰如鳥之連翩。二與五相交泰之中也。故五言人君降其尊貴以任夫臣。二言大臣盡其職任以荅夫君。三與上相交泰之終也。故三言平變而爲陂。上言城復而于隍。蓋君子進而小人退。所以致泰也。君委任而臣效忠。所以致泰也。抑天運之循環。泰極而否。有必然者。而保泰之意隱然有不容不恐懼焉。則平陂城隍。其旨嚴哉。○吳氏愼曰初四以氣類言。二體之始也。三上以時運言。二體之終也。二五以主泰言。二體之中也。

序卦傳物不可以終通故受之以否
雜卦傳否泰反其類也

象曰：城復于隍，其命亂也。

本義 命亂故復否，告命所以治之也。程傳 城復于隍矣，雖其命之亂不可止也。

䷋ 坤下 乾上

程傳 否，序卦：泰者通也，物不可以終通，故受之以否。夫物理往來，通泰之極則必否，否所以次泰也。爲卦天上地下，天地相交，陰陽和暢，則爲泰；天處上，地處下，是天地隔絕，不相交通，所以爲否也。

否之匪人，不利君子貞，大往小來。

本義 否，閉塞也，七月之卦也。正與泰反，故曰匪人，謂非人道也。其占不利於君子之正道。蓋乾往居外，坤來居內，又自漸卦而來，則九往居四，六來居三也。或疑之匪人三字衍文，由比六三而誤也。傳不特解其義，亦

否以六二九五爲主，蓋否者上下不交，六二否亨，斂德辟難者也；九五休否變

可見

程傳

天地交而萬物生於中然後三才備人爲最靈故爲萬物之首凡生天地之中者皆人道也天地不交則不生萬物是无人道故曰匪人謂非人道也消長闔闢相因而不息泰極則復否終則傾无常而不變之理人道豈能无也既否則泰矣夫上下交通剛柔和會君子之道也否則反是故不利君子貞君子正道否塞不行也大往小來陽往而陰來也小人道長君子道消之象故爲否也

集說

孔氏穎達曰否之匪人者言否閉之世非是人道交通之時故云匪人不利君子貞者由小人道長君子道消故不利君子爲正也陽氣往而陰氣來故云大往小來陽主生息故稱大陰主消耗故稱小○崔氏憬曰否不通也於不通之時小人道長故云匪人君子道消故不利君子貞○呂氏大臨曰否閉塞而不交也否之匪人不利君子貞言否閉之世非其人者惡直醜正不利乎君子之守正○王氏宗傳曰匪人所謂非君子人也人非君子則乎時與

否爲泰者也然則六二成卦之主而九五則主卦之主也

君子如柄鑿之不相入者。正斯人也。匪人得志。則君子之道否塞而不行矣。夫正道之在天下。不可以一日無也。今也君子之道否塞而不得行者。皆否之匪人不利乎貞故也。蓋小人之心。同乎已者則利之。異乎已者則不利也。夫惟彼已之勢。旣不相入。故大者往而小者來也。○喬氏中和曰。君子以正自居。隱見隨時。無入而不自得。何不利之有。亦小人不利於君子之貞耳。於是而君子往小人來。而天地否矣。由否而之泰焉。天也。由泰而之否焉。人也。

彖曰。否之匪人。不利君子貞。大往小來。則是天地不交而萬物不通也。上下不交而天下无邦也。內陰而外陽。內柔而外剛。內小人而外君子。

小人道長，君子道消也。

程傳夫天地之氣不交，則萬物无生成之理；上下之義不交，則天下无邦國之道。建邦國所以爲治也，上施政以治民，民戴君而從命，上下相交，所以治安也。今上下不交，是天下无邦國之道也。陰柔在內，陽剛在外，君子往居於外，小人來處於內，小人道長，君子道消之時也。

集說胡氏瑗曰：內柔而外剛者，小人之體也。語曰：色厲而內荏。外有嚴厲之色，內有柔荏之心，此所以反君子之道也。○李氏過曰：否泰反其類，故否之辭皆與泰反。○吳氏綺曰：六十四卦，獨乾坤泰否四卦言陰陽。乾坤，陰陽也。惟泰否二卦，內外皆得乾坤之全體，故亦以陰陽言也。

象曰：天地不交，否。君子以儉德辟難，不可榮以祿。

本義收斂其德。不形於外。以辟小人之難。人不得以祿位榮之。程傳天地不相交通。故爲否。否塞之時。君子道消。當觀否塞之象。而以儉損其德。辟免禍難。不可榮居祿位也。否者小人得志之時。君子居顯榮之地。禍患必及其身。故宜晦處窮約也。

初六。拔茅茹。以其彙。貞吉亨。

本義三陰在下。當否之時。小人連類而進之象。而初之惡則未形也。故戒其貞則吉而亨。蓋能如是則變而爲君子矣。程傳泰與否皆取茅爲象者。以羣陽羣陰同在下。有牽連之象也。泰之時則以同征爲吉。否之時則以同貞爲亨。始以內小人外君子爲否之義。復以初六否而在下爲君子之道。易隨時取義。變動无常。否之時。在下者君子也。否之三陰。上皆有應。在否隔之時。隔絶不相通。故无應義。初六能與其類貞固其節。則處否之吉。而其道之亨也。當否而能進者。小人也。君子則伸道免禍而已。君子進退。未嘗不與其類同也。

集說 王氏弼曰。居否之時。動則入邪。三陰同道。皆不可進。故拔茅茹以類。貞而不諂則吉亨。○胡氏瑗曰。否之初。是小人道長。君子不可用之時也。時既不可用。則必引類而退。守以正道。不可求進。然後得其吉而獲亨也。○王氏宗傳曰。否之初六。雖有其應。然當此之時。上下隔絶而不通。故初六無上應之義。惟其以彙守吾正而已。吉亨。泰之時爲然也。初六以其類貞而亦吉且亨者。詘身以伸道。故無往而不吉。亦無往而不亨也。吉謂免禍。亨。謂伸道也。○王氏應麟曰。泰之征吉。引其類以有爲。否之貞吉。潔其身以有待。

案聖人雖許小人改過。恐無繫以吉亨之辭之理。程傳及諸家作君子守道者近是。

象曰：拔茅貞吉，志在君也。

本義　小人而變爲君子，則能以愛君爲念，而不計其私矣。程傳　爻以六自守於下，明君子處下之道；象復推明以象君子之心。君子固守其節以處下者，非樂於不進獨善也，以其道方否不可進，故安之耳。心固未嘗不在天下也，其志常在得君而進，以康濟天下也，故曰志在君也。集說　王氏弼曰：志在於君，故不苟進。○胡氏瑗曰：君子之志，未嘗不在致君澤民也。雖當此否塞之時，引退守正，不苟務其進，俟時而後動者，亦志在致君澤民而已。○郭氏雍曰：先人曰：先大夫有言，居廟堂之高則憂其民，處江湖之遠則憂其君。蓋泰言志在外，否言志在君之意也。卦象以內爲小人，而爻以初爲君子，伊川所謂隨時取義，變動無常也。志在君者，君子儉德辟難，豈忘君者哉？君臣之義，如之何其廢之？故荷蓧之徒，聖人無取焉。○王氏宗傳曰：時方否塞，故以彙守正於下。若反否而爲泰。則亦如初九之以彙征矣。故初九之象曰志在外。初六之象曰志在君。以言行止雖繫於時。而君子之志於君。亦無往而不在也。

案此爻本義主小人說。故欲其以愛君爲念。然卦象雖分別大小。而爻辭則皆繫以君子之義。朱子嘗荅陳亮書云。就其不遇。獨善其身。以明大義於天下。使天下之人。皆知道義之正而守之。以待上之使令。是亦所以報不報之恩。豈必進爲而撫世哉。正此象傳之意也。

六二包承。小人吉。大人否亨。

本義陰柔而中正。小人而能包容承順乎君子之象。小人之吉道也。故占者小人如是則吉。大人則當安守其否。而後道亨。蓋不可以彼包承於我而自失其守也。程傳六二其質則陰柔。其居則中正。以陰柔小人而言。則方否於下。志所包畜者。在承順乎上以求濟其否。爲身之利。小人之吉也。大人當否。則以道自處。豈肯枉已屈道。承順於上。惟自守其否而已。身之否。乃其道之亨也。或曰上下不交。何所承乎。曰正則否矣。小人順上之心。未嘗无也。**集說**楊氏簡曰。小人者之事其上也。包而不敢露。承而不敢拂。故吉。若夫大人則否而亨。

象曰。大人否亨。不亂羣也。

本義言不亂於小人之羣。**程傳**大人於否之時。守其正節。不雜亂於小人之羣類。身雖否而道之亨也。故曰否亨。不以道而身亨。乃道之否也。不云君子而云大人。能如是則其道大也。**集說**王氏宗傳曰。六二當上下不交之時。五雖正應。無由而通。包承。小人之常態也。乃若大人。則不以非道求合。身雖否而道亨。爻豈務為包承之事。以雜亂於羣流之中而不自知耶。

六三包羞。

本義 以陰居陽而不中正。小人志於傷善而未能也。故為包羞之象。然以其未發。故无凶咎之戒。

程傳 三以陰柔不中不正而居否。又切近於上。非能守道安命。窮斯濫矣。極小人之情狀者也。其所包畜謀慮邪濫。无所不至。可羞恥也。

集說 游氏酢曰。在下體之上。位浸顯矣。當否之世而不去。忍恥冒處。故謂之包羞。

○郭氏雍曰。尸祿素餐。所謂包羞者也。孔子曰。邦無道穀。恥也。其六三之謂與。

○楊氏簡曰。六三德不如六二而位益高。舍正從邪。有愧於中。故曰包羞。是謂君子中之小人。自古此類良多。

象曰。包羞。位不當也。

程傳陰柔居否而不中不正所爲可羞者處不當故也處不當位所爲不以道也 集說王氏弼曰用小道以承其上而位不當所以包羞也

九四有命无咎疇離祉

本義否過中矣將濟之時也九四以陽居陰不極其剛故其占爲有命无咎而疇類三陽皆獲其福也命謂天命 程傳四以陽剛健體居近君之位是有濟否之才而得高位者也足以輔上濟否然當君道方否之時處逼近之地所惡在居功取忌而已若能使動必出於君命威柄一歸於上則无咎而其志行矣能使事皆出於君命則可以濟時之否其疇類皆附離其福祉離麗也君子道行則與其類同進以濟天下之否疇離祉也小人之進亦以其類同也 集說項氏安世曰泰九三於无咎之下言有福否九四於无咎之下

言疇離祉者。二爻當天命之變。正君子補過之時也。泰之三。知其將變。能修人事以勝之。使在我者无可咎之事。然後可以勿恤小人之孚。而自食君子之福也。否之四。因其當變。能修人事以乘之。有可行之時。而无可咎之事。則不獨爲一己之利。又足爲衆賢之祉也。是二者苟有咎焉。其禍可勝言哉。○又曰。泰雖極治。以命亂而成否。否雖極亂。以有命而成泰。命者。天之所令。君之所造也。道之廢興。豈非天耶。世之治亂。豈非君耶。○胡氏炳文曰。否泰之變。皆天也。然泰變爲否易。故於內卦卽言之。否變爲泰難。故於外卦始言之。

象曰。有命无咎。志行也。

程傳有君命則得无咎。乃可以濟否。其志得行也。

九五。休否。大人吉。其亡其亡。繫于苞桑。

繫辭下傳
子曰危者安其位者也亡者保其存者也亂者有其治者也是故君子安而不忘危存而不忘亡治而不忘亂是以身安而國家可保也易曰其亡其亡繫于苞桑

本義 陽剛中正以居尊位能休時之否大人之事也故此爻之占大人遇之則吉然又當戒懼如繫辭傳所云也

程傳 五以陽剛中正之德居尊位故能休息天下之否大人之吉也大人當位能以其道休息天下之否以循致於泰猶未離於否也故有其亡之戒否既休息漸將反泰不可便爲安肆當深慮遠戒常虞否之復來曰其亡矣其亡矣其繫于苞桑謂爲安固之道如維繫于苞桑也桑之爲物其根深固苞謂叢生者其固尤甚聖人之戒深矣漢王允唐李德裕不知此戒所以致禍敗也繫辭曰危者安其位者也亡者保其存者也亂者有其治者也是故君子安而不忘危存而不忘亡治而不忘亂是以身安而國家可保也

集說 朱子語類問九五其亡其亡繫于苞桑如何曰有戒懼危亡之心則便有苞桑繫固之象蓋能戒懼危亡則如繫于苞桑堅固不拔矣如此說則象占乃有收殺非是其亡其亡而又繫于苞桑也

象曰。大人之吉。位正當也。

程傳 有大人之德。而得至尊之正位。故能休天下之否。是以吉也。无其位。則雖有其道。將何爲乎。故聖人之位。謂之大寶。

上九。傾否。先否後喜。

本義 以陽剛居否極。能傾時之否者也。其占爲先否後喜。 程傳 上九否之終也。物理極而必反。故泰極則否。否極則泰。上九否既極矣。故否道傾覆而變也。先極否也。後傾喜也。否傾則泰矣。後喜也。

集說 孔氏穎達曰。處否之極。否道已終。能傾毀其否。故曰傾否也。否道未傾之時。是先否。已傾之後。其事得通。故曰後有喜也。○王氏宗傳曰。言傾否而不言否傾。人力居多焉。○胡氏炳文曰。以陰柔處泰之終。故不能保泰。而泰復爲否以陽剛處否之終故卒能傾否而否復爲泰否泰反復天乎人也○何氏楷曰先否後喜即先天下而憂後天下而樂之意正與其亡其亡之君心相似

象曰否終則傾何可長也

程傳否終則必傾豈有長否之理極而必反理之常也然反危爲安易亂爲治必有剛陽之才而後能也故否之上九則能傾否屯之上六則不能變屯也

集說何氏楷曰則字要歸到人事謂否極則當思所以傾之何可使長否也正責成於人之意

䷌ 離下乾上

程傳同人序卦物不可以終否故受之以同人夫天地不交則爲否上下相同則爲同人與否義相反故

御纂周易折中

同人以

序卦傳

物不可以終否故

受之以同人
雜卦傳
同人親也

相交又世之方否必與人同力乃能濟同人所以次否也爲卦乾上離下以二象言之天在上者也火之性炎上與天同也故爲同人以二體言之五居正位爲乾之主二爲離之主二爻以中正相應上下相同同人之義也又卦惟一陰衆陽所欲同亦同人之義也他卦固有一陰者在同人之時而二五相應天火相同故其義大

同人于野亨利涉大川利君子貞

本義離亦三畫卦之名一陰麗於二陽之閒故其德爲麗爲文明其象爲火爲日爲電同人與人同也以離遇乾火上同於天六二得位得中而上應九五又卦惟一陰而五陽同與之故爲同人于野謂曠遠而无私也有亨道矣以健而行故能涉川爲卦內文明而外剛健六二中正而有應則君子之道也占者能如是則亨而又可涉險然必其所同合於君子之道乃爲利也

程傳野謂曠野取遠與外之義夫同人者以天下大

五爲主蓋六二以一陰能同衆陽而九五與之應故彖傳曰柔得位得中而應乎乾

同之道則聖賢大公之心也常人之同者以其私意所合乃暱比之情耳故必于野謂不以暱近情之所私而於郊野曠遠之地既不繫所私乃至公大同之道无遠不同也其亨可知能與天下大同是天下皆同之也天下皆同何險阻之不可濟何艱危之不可亨故利涉大川利君子貞上言于野止謂不在暱比此復言宜以君子正道君子之貞謂天下至公大同之道故雖居千里之遠生千歲之後若合符節推而行之四海之廣兆民之衆莫不同小人則惟用其私意所比者雖非亦同所惡者雖是亦異故其所同者則爲阿黨蓋其心不正也故同人之道利在君子之貞正

集說

孔氏穎達曰同人謂和同於人野是廣遠之處借其野名喻其廣遠言和同於人必須寬廣無所不同用心無私乃得亨通故云同人于野亨與人同心足以涉難故曰利涉大川與人和同易涉邪僻故利君子貞也○胡氏炳文曰同人于野其同也大利君子貞其同也正與人大同亨道

也雖大川可涉然有所同者大而不出於正者故又當以正爲本○蔡氏清曰大人之道豈必人人而求與之同哉亦惟以正而已正也者人心之公理也不期同而自無不同者也若我既得其正而彼或不我同則彼之悖矣吾何計哉然同我者已億萬而不同者僅一二亦不害其爲大同也○林氏希元曰序卦傳曰與人同者物必歸之同人于野則物無不應人無不助而事無不濟故亨雖大川之險亦利於涉矣然必所同者合於君子之正道乃爲于野而亨且利涉使不以正雖所同滿天下竟是私情之合不足謂之于野又何以致亨而利涉哉

彖曰同人柔得位得中而應乎乾曰同人

本義以卦體釋卦名義柔謂六二乾謂九五　程傳言成卦之義柔得位謂二以陰居陰得其正位

也。五中正而二以中正應之，得中而應乎乾也。五剛健中正，而二以柔順中正應之，各得其正，其德同也，故爲同人。五乾之主，故云應乎乾。象取天火之象，而象專以二言。

集說 項氏安世曰：同人以一柔爲主，徒柔不能以同乎人也，必以天德行之，故雖得位得中，而必應乎乾，乃可謂之同人。至於利涉大川，則又曰此乾行也，明非柔之所能辦也。凡卦以柔爲主者皆然，履之六三不能以自亨也，必曰應乎乾，是以履虎尾不咥人亨。小畜之六四不能以自亨也，必曰剛中而志行乃亨。大有之六五不能以自亨也，必曰應乎天而時行，是以元亨。凡此皆柔爲卦主，而其濟也，必稱乾焉，此乾之所以爲大與。

案傳義皆以乾爲專指九五，然若專指二五之應，恐不得謂之同人于野矣。蓋乾者陽爻之通稱，一陰虛中，與五陽相應，此卦所以爲同人也。不言上下應者，蓋陰陽居上體而爲卦主，則可言上下應，如比、如小畜、如大有是也。若在下體則但言應而已。蒙師履及此卦是也。

同人曰。

本義衍文。程傳此三字羨文。集說孔氏穎達曰。稱同人曰。猶言同人卦曰也

同人于野亨。利涉大川。乾行也。文明以健。中正而應。君子正也。唯君子爲能通天下之志。

本義以卦德卦體釋卦辭。通天下之志。乃爲大同。不然。則是私情之合而已。何以致亨而利涉哉。

程傳至誠无私。可以蹈險難者。乾之行也。无私。天德也。又以二體言其義。有文明之德而剛健。以中正之道相應。乃君子之正道也。天下之志萬殊。理則一也。君子明理。故能通天下之志。聖人視億兆之心。猶一心者。通於

理而已文明則能燭理故能明大同之義剛健則能克己故能盡大同之道然後能中正合乎乾行也

案上專以乾行釋于野涉川者但取剛健無私之義也下釋利貞則兼取明健中正之義蓋健德但主於無私而已必也有文明在於先而所知無不明有中正在於後而所與無不當然後可以盡無私之義而爲君子之貞也

象曰天與火同人君子以類族辨物

本義天在上而火炎上其性同也類族辨物所以審異而致同也　程傳不云火在天下天下有火而云天與火者天在上火性炎上火與天同故爲同人之義君子觀同人之象而以類族辨物各以其類族辨物之同異也若君子小人之黨善惡是非之理物情之離合事理之異同凡異同者君子能辨明之故處物不

失其方也。集說虞氏翻曰。方以類聚。物以羣分。君子和而不同。故於同人以類族辨物也。○朱子語類云。類族。是就人上說。辨物。是就物上說。天下有不可皆同之理。故隨他頭項去分別。

初九。同人于門。无咎。

本義同人之初。未有私主。以剛在下。上无係應。可以无咎。故其象占如此。程傳九居同人之初。而无繫應。是无偏私。同人之公者也。故爲出門同人。出門謂在外。在外則无私昵之偏。其同博而公。如此則无過咎也。集說王氏弼曰。居同人之始。爲同人之首者也。無應於上。心無係吝。通夫大同。出門皆同。故曰同人于門也。出門同人。誰與爲咎。○王氏應麟曰。同人之初曰出門。隨之初曰出門。謹於出門之初。則不苟同。不詭隨。○胡氏炳文曰。同人與隨。皆易溺於私。隨必出門而後可以有功。同人必出門而後可以无咎。

象曰。出門同人。又誰咎也。

程傳出門同人於外。是其所同者廣。无所偏私。人之同也。有厚薄親疎之異。過咎所由生也。既无所偏黨。誰其咎之。

集說林氏希元曰。出門同人。是解同人于門。明于門爲出門也。言出門外去同人。無私繫而能同人者也。內不失己。外不失人。又誰得而咎之。何氏楷曰。同人于門。傳以出門同人釋之。加一出字。而意愈明。

六二。同人于宗。吝。

本義宗黨也。六二雖中且正。然有應於上。不能大同而係於私。吝之道也。故其象占如此。程傳二與五爲正應。故曰同人于宗。宗謂宗黨也。同於所係應。是有所偏與。在同人之道爲私狹矣。故可吝。二若陽爻則為剛中之德。乃以中道相同不為私也。集說馮氏當可曰。以卦體言之則有大同之義。以爻義言之則示阿黨之戒。○蔡氏清曰。柔得位得中而應乎乾曰同人。今乃謂同人于宗吝者。蓋卦是就其全體上取其有相同之義。然同人之道貴乎廣。今二五相同。雖曰兩相與則專。然其道則狹矣。曰于宗吝。以見其利于野也。

象曰。同人于宗。吝道也。

程傳諸卦以中正相應為善。而在同人則為可吝。故五不取君義。蓋私比非人君之道。相同以私為可吝也。集說姜氏寶曰。必出門然後无咎。若于宗則門內之人而已。此所以吝也。

案凡易例九五六二雖正應。然於六二每有戒辭。比之不自失。萃之志未變是也。在同人之卦。其應尤專。故曰吝道。言若同於情之專。而不同於理之正。則其道可吝。亦因占設戒之辭爾。非與卦義異也。但在卦則通言應衆陽而不專指九五之應。在爻則偏言與五位相應。而因以發大公之義各不相悖。

九三。伏戎于莽。升其高陵。三歲不興。

本義 剛而不中。上无正應。欲同於二而非其正。懼九五之見攻。故有此象。**程傳** 三以陽居剛而不得中。是剛暴之人也。在同人之時。志在於同。卦惟一陰。諸陽之志皆欲同之。三又與之比。然二以中正之道與五相應。三以剛強居二五之閒。欲奪而同之。然理不直。義不勝。故不敢顯發。伏藏兵戎於林莽之中。懷惡而內負不直。故又畏懼。時升高陵以顧望。如此至於三歲之久。終不敢興。此爻深見小人之情狀。然不曰凶者。既不敢發。故未至凶也。**集說** 朱子語類問伏戎于莽。升其高陵。如何。曰。只是伏於高陵之草莽中。三歲不敢出。

胡氏炳文曰。卦惟三四不言同人。三四有爭奪之象。非同者也。

象曰。伏戎于莽。敵剛也。三歲不興。安行也。

本義言不能行程傳所敵者五既剛且正其可奪乎故畏憚伏藏也至於三歲不興矣終安能行乎

案敵者應也若艮言敵應中孚言得敵皆謂應爻也

九四。乘其墉。弗克攻。吉。

本義剛不中正又无應與亦欲同於六二而爲三所隔故爲乘墉以攻之象然以居柔故有自反而不克攻之象占者如是則是能改過而得吉也程傳四剛而不中正其志欲同二亦與五爲仇者也墉垣所以限隔也四切近於五如隔墉耳乘其墉欲攻之知義不直而不克也苟能自知義之不直而不攻則爲吉也若肆其邪欲不能反忠義理妄行攻奪則其凶大矣三以剛居剛故終其强而不能反四以剛居柔故有困而能

反之義能反則吉矣畏義而能改其吉宜矣

集說 朱子語類問同人三四皆有爭奪之義曰三以剛居剛便迷而不返四以剛居柔便有返底道理繫辭云近而不相得則凶如初上則各在事外不相干涉所以無爭○項氏安世曰凡爻言不克者皆陽居陰位惟其陽故有訟有攻惟其陰故不克訟弗克攻訟之九二九四同人之九四皆是物也

案卦名同人而三四兩爻所以有乖爭之象者蓋人情同極必異異極乃復於同正如治極則亂亂極乃復於治此人事分合之端易道循環之理也卦之內體自同而異故于門于宗同也至三而有伏戎之象則不勝其異矣外體自異而同故乘墉而弗克攻大師而克相遇漸反其異也至上而有于郊之象則復歸於同矣三四兩爻正當同而異異而同之際故聖人因其爻位爻德以取象三之所謂敵剛者敵上也四之所謂乘墉者攻

繫辭上傳
同人先號咷而後笑。子曰。君子之道。或出或處。或默或

初也。蓋既非應則不則不同。不同則有相敵之象矣。以爲爭六二之應。而應而與九五相敵相攻。卦意也。

象曰。乘其墉。義弗克也。其吉。則困而反則也。

本義 乘其墉矣。則非其力之不足也。特以義之弗克而不攻耳。能以義斷。困而反於法則。故吉也。程傳 所以乘其墉而弗克攻之者。以其義之弗克也。以邪攻正。義不勝也。其所以得吉者。由其義不勝。困窮而反於法則也。二者衆陽所同欲也。獨三四有爭奪之義者。二爻居二五之閒也。初終遠。故取義別。

九五。同人先號咷而後笑。大師克相遇。

本義 五剛中正。二以柔中正相應於下。同心者也。而爲三四所隔。不得其同。然義理所同。物不得而閒之。故有此象。然六二柔弱。而三四剛強。故必用大師以勝之。然後得相遇也。程傳 九五同於二。而爲三四二

語二人同心其利
斷金同心之言其
臭如蘭

陽所隔五自以義直理勝故不勝憤抑至於號咷然邪
不勝正雖爲所隔終必得合故後笑也大師克相遇五
與二正應而二陽非理隔奪必用大師克勝之乃得相
遇也云大師云克者見二陽之强也九五君位而文不
取人君同人之義者蓋五專以私暱應於二而失其中
正之德人君當與天下大同而獨私一人非君道也又
先隔則號咷後遇則笑是私暱之情非大同之體也二
之在下尚以同于宗爲吝況人君乎五既於君道无取
故更不言君道而明二人同心不可閒隔之義繫辭云
君子之道或出或處或默或語二人同心其利斷金中
誠所同出處語默无不同天下莫能閒也同者一也一
不可分分乃二也一可以通金石冒水火无所不能入
故云其利斷金其理至微故聖人贊之曰楊氏萬
同心之言其臭如蘭謂其言意味深長也集說里曰師
莫大於君心而兵革爲小克莫難於小人而敵國爲小
○胡氏炳文曰同人九五剛中正而有應故先號咷而

後笑旅上九剛不中正而無應故先笑後號咷○吳氏曰愼曰案程傳論九五非人君大同之道本義不用此意何也蓋六二爲同人之主著于宗之吝所以明大同之道也至五則取其中正而應故未合而號咷既遇而笑樂非以其私也故象傳明其中直彖傳與其中正而應本義謂其義理所同豈得以私暱病之哉

案居尊位而欲下交居下位而欲獲上其中必多忌害閒隔之者故此爻之號咷鼎九二之我仇有疾亦論其理如此爾說易者必欲求其爻以實之則鑿矣

象曰同人之先以中直也大師相遇言相克也

本義直謂理直 程傳先所以號咷者以中誠理直故不勝其忿切而然也雖其敵剛強至用大師然義直理勝終能克之故言能相克也相克謂能勝見二陽之強也 集說董氏銖曰雖大師相克而後相

遇。亦以義理之同。物終不得而間之故也。

案易凡言號者皆寫心抒誠之謂故曰中直言至誠積於中也當同人之時二五正應必以相克而後相遇者因外卦以反興歸同取象無他旁取也。

上九。同人于郊。无悔。

本義 居外无應物莫與同然亦可以无悔故其象占如此郊在野之內未至於曠遠但荒僻无與同耳

程傳 郊在外而遠之地求同者必相親相與上九居外而无應終无與同者也始有同則至終或有睽悔處遠而无與故雖无同亦无悔雖欲同之志不遂而其終无所悔也

集說 楊氏時曰同人于野亨上九同人于郊止於无悔而已何也蓋以一卦言之則于野無暱比之私焉故亨上九居卦之外而無應不同乎人人

亦無同之者則静而不通乎物也故无悔而已○蔡氏淵曰國外曰郊郊外曰野雖在卦上猶未出乎卦也故止曰郊○梁氏寅曰上無所係應而同人于郊則所同者遠亦無私矣然猶未能極乎遠故不能吉亨止於无悔而已象傳言志未得蓋其所同者未能周於天下是其志之未遂也

象曰同人于郊志未得也

程傳居遠莫同故終无所悔然而在同人之道求同之志不得遂雖无悔非善處也集說蔡氏淵曰未及乎野非盡乎大同之道者也故曰志未得

案卦外有野象于野曰亨而此爻但曰无悔則知郊去野猶一間而大同之志未得也孔子可謂善讀周公之文矣

總論孔氏穎達曰凡處同人而不泰焉則必用師矣者去初上而言二有同宗之吝三有伏戎之禍四有不克之困五有大師之患是處同人之世無大通之志則必用師矣○楊氏文煥曰同人于野則亨于門則无咎于宗則吝于郊則无悔于宗不若于門于門不若于郊于郊不若于野六爻有不能盡卦義者同人是也○梁氏寅曰同人之道以大同而不私爲善故卦之諸爻或比或應皆爲同於所近無大吉者彖言同人于野則能絕其私與而廓然大公此其所以亨也以一卦觀之由內而至外初爲同人于門至近也二爲同人于宗亦近也至上而同人于郊則遠矣然未如野之尤遠也同人于野豈非超出於家邑之外乎二爲同人之主而不能大同故其有應者乃所以爲吝初上雖无咎无悔然終不若于野之亨也聖人以四海爲一家中國爲一人而情無不孚恩無不洽者豈非同人于野之意哉

序卦傳
與人同者物必歸焉故受之以大有
雜卦傳
大有衆也

䷍ 乾下離上

程傳 大有序卦與人同者物必歸焉故受之以大有夫與人同者物之所歸也大有所以次同人也爲卦火在天上火之處高其明及遠萬物之衆无不照見爲大有之象又一柔居尊衆陽並應居尊執柔物之所歸也上下應之爲大有之義大有盛大豐有也

大有元亨

本義 大有所有之大也離居乾上火在天上无所不照又六五一陰居尊得中而五陽應之故爲大有乾健離明居尊應天有亨之道占者有其德則大善而亨也程傳 卦之才可以元亨也凡卦德有卦名自有其義者如比吉謙亨是也有因其卦義便爲訓戒者如師貞丈人吉同人于野亨是也有以其卦才而言者大

大有以六五爲主蓋六五以虛中居尊能有衆陽故彖傳曰柔得尊位大中而上下應之

有元亨是也由剛健文明應天時行故能元亨也

集說

鄭氏汝諧曰陽爲大陰爲小一陰居尊而爲五陽所歸所有者大也大非陰柔所能有也必沖虛不自滿者能有之六五明體而虛中所以爲大有所以爲元亨若直以大有爲富有盛大則失其義矣○丘氏富國曰一陰在上卦之中而五陽宗之諸爻之有皆六五之有也豈不大哉惟其所有者大故其亨亦大也

案比以九居五視大有之六五爲優矣然比之應之者五陰也則民庶之象也大有之應之者五陽也則賢人之象也賢人應之所有孰大於是哉故大有之柔中雖不如比之剛中而比之吉无咎則不如大有之直言元亨也彖辭直言元亨更無他辭者惟此與鼎卦而已皆以尚賢養賢之故也

彖曰大有柔得尊位大中而上下應之曰大有

本義以卦體釋卦名義柔謂六五上下謂五陽**程傳**言卦之所以為大有也五以陰居君位柔得尊位也處中得大中之道也為諸陽所宗上下應之也夫居尊執柔固衆之所歸也而又有虛中文明大中之德故上下同志應之所以為大有也

集說蘇氏軾曰謂五也大者皆見有於五故曰大有○郭氏忠孝曰柔得尊位大中謙以居之不自滿假者也以一柔而應五剛所謂所寶惟賢光天之下萬邦黎獻共惟帝臣不如是不足以為尚賢也○楊氏萬里曰同人大有一柔五剛均也柔在下者曰得位曰得中曰應乎乾而為同人我同乎彼之辭也柔在上者曰尊位曰大中曰上下應而為大有我有其大之辭也○項氏安世曰一陰在下勢不足以有衆能推所有以同乎人者也故名曰同人一陰在上人同乎我為我所有者也故名曰大有象於同人曰應乎乾明我應之也於大有曰上下應之明人應我也履卦柔在下亦曰應乎乾小畜柔在上亦曰

上下應之此可以推卦例矣○胡氏炳文曰或曰小畜亦五陽一陰之卦主巽之一陰則曰小此主離之一陰則曰大何也曰巽之一陰在四欲畜上下五陽其勢逆而難離之一陰在五而有上下五陽其勢順而易

其德剛健而文明應乎天而時行是以元亨

本義以卦德卦體釋卦辭應天指六五也程傳卦之德內剛健而外文明六五之君應於乾之九二五之性柔順而明能順應乎二二乾之主也是應乎乾也順應乾行順乎天時也故曰應乎天而時行其德如此是以元亨也王弼云不大通何由得大有乎大有則必元亨矣此不識卦義離乾成大有之義非大有之義便有元亨由其才故得元亨大有而不善者與不能亨者有矣諸卦具元亨利貞則彖皆釋爲大亨恐疑與乾坤同也不兼利貞則釋爲元亨盡元義也元有大善之義有元亨者四卦大有蠱升鼎也惟升之彖誤隨他卦

作大亨曰諸卦之元與乾不同何也曰元之在乾爲元始之義爲首出庶物之義他卦則不能有此義爲善爲大而已曰元之爲大可矣爲善何也曰元者物之先也物之先豈有不善者乎事成而後有敗敗非先成者也興而後有衰衰固後於興也得而後有失非得則何以有失也至於善惡治亂是非天下之事莫不皆然必善爲先故文言曰元者善之長也

集說

王氏弼曰德應於天則行不失時矣剛健不滯文明不犯應天則大時行無違是以元亨。○項氏安世曰同人大有兩卦皆以離之中爻爲主而以乾爲應者也同人離在下以德爲主故曰應乎乾者應其德也大有離在上以位爲主故曰應乎天而時行者應其命也履兌在下曰應乎乾大畜艮在上曰應乎天亦卦例也

案卦辭未有不根卦名而繫者况柔中居尊能有衆陽是虛心下賢之君而衆君子皆爲之用其亨孰大於是

哉。彖傳又推卦德卦體以盡其蘊。其實皆不出乎卦名之中也。程傳謂卦名未足以致元亨。由卦才而得元亨者。恐非易之通例。

象曰。火在天上。大有。君子以遏惡揚善。順天休命。

本義火在天上。所照者廣。爲大有之象。所有既大。无以治之。則釁蘖萌於其閒矣。天命有善而无惡。故遏惡揚善。所以順天。反之於身。亦若是而已矣。

程傳火高在天上。照見萬物之衆多。故爲大有。大有繁庶之義。君子觀大有之象。以遏絕衆惡。揚明善類。以奉順天休美之命。萬物衆多。則有善惡之殊。君子享大有之盛。當代天工。治養庶類。治衆之道。在遏惡揚善而已。惡懲善勸。所以順天命而安羣生也。

集說王氏弼曰

御纂周易折中 上經 大有

大有。包容之象也故遏惡揚善。成物之美順夫天德休物之命。○司馬氏光曰火在天上明之至也至明則善惡無所逃善則舉之惡則抑之慶賞刑威得其當然後能保有四方。所以順天休命也。○楊氏萬里曰天討有罪吾遏之以天天命有德吾揚之以天吾何與焉此舜禹有天下而不與也故曰順天休命同人離在下而權不敢專故止於類而辨大有離在上而權由已出故極於過而揚

初九。无交害。匪咎。艱則无咎。

本義 雖當大有之時然以陽居下上无係應而在事初未涉乎害者也何咎之有然亦必艱以處之則无咎戒占者宜如是也 程傳 九居大有之初未至於盛處卑无應與未有驕盈之失故无交害未涉於害也大凡富有鮮不有害以子貢之賢未能盡免況其下者乎匪咎艱則无咎言富有本匪有咎也人因富有自為

咎耳。若能享富有而知難處，則自无咎也。處富有而不能思艱兢畏，則驕侈之心生矣，所以有咎也。集說胡氏炳文曰：當大有之時，反易有害。初陽在下，未與物接，所以未涉於害也。何咎之有？然以爲匪咎而以易心處之，反有咎矣。无交害，大有之初如此。艱則无咎，大有自初至終皆當如此。

象曰：大有初九，无交害也。

程傳在大有之初，克念艱難，則驕溢之心无由生矣，所以不交涉於害也。集說陸氏振奇曰：保終之道，慎於厥始，必有克艱於初，而後有天祐於終，故初曰大有初九，上曰大有上吉，獨本末見大有焉。黃氏淳耀曰：无交害者，以九居初，是初心未變，无交，故无害也。若過此而有交，則有害矣。安得不慎終如始，而一以艱處之也。

九二。大車以載。有攸往。无咎。

本義 剛中在下。得應乎上。爲大車以載之象。有所往而如是。可无咎矣。占者必有此德。乃應其占也。

程傳 九以陽剛居二。爲六五之君所倚任。剛健則才勝。居柔則謙順。得中則无過。其才如此。所以能勝大有之任。如大車之材强壯。能勝載重物也。可以任重行遠。故有攸往而无咎也。大有豐盛之時。有而未極。故以二之才。可往而无咎。至於盛極。則不可以往矣。

集說 王氏弼曰。任重而不危。

象曰。大車以載。積中不敗也。

程傳 壯大之車。重積載於其中。而不損敗。猶九二材力之强。能勝大有之任也。

集說 郭氏雍曰。道積於中。無所往而不利。如大車之不可敗也。○吳氏曰愼曰。積中不敗。與詩言不輸爾載相似。

九三公用亨于天子小人弗克

本義亨春秋傳作享謂朝獻也古者亨通之亨享獻之
享烹飪之烹皆作亨字九三居下之上公侯之象
剛而得正上有六五之君虛中下賢故爲享于天子之
象占者有其德則其占如是小人无剛正之德則雖得
此爻不能當也程傳三居下體之上在下而居人上諸侯人君
之象也公侯上承天子天子居天下之尊
率土之濱莫非王臣在下者何敢專其有凡土地之富
人民之衆皆王者之有也此理之正也故三當大有之
時居諸侯之位有其富盛必用亨通乎天子謂以其有
爲天子之有也乃人臣之常義也若小人處之則專其
富有以爲私不知公以奉上之道故曰小人弗克也集說朱子語類云古文無享
字亨享烹竝通用如公
用亨于天子解作亨字便不是又曰亨享二字據說文
本是一字故易中多互用如王用亨于岐山亦當爲享

如王用享于帝之云也。字畫音韻是經中淺事，故先儒得其大者，多不留意。然不知此等處不理會，却枉費了無限辭說牽補，而卒不得其大義，亦甚害事也。

象曰：公用亨于天子，小人害也。

程傳 公當用亨于天子，若小人處之，則爲害也。自古諸侯能守臣節，忠順奉上者，則蕃養其衆，以爲王之屏翰；豐殖其財，以待上之徵賦。若小人處之，則不知爲臣奉上之道，以其爲己之私，民衆財豐，則反擅其富強，益爲不順，是小人大有則爲害。又大有爲小人之害也。

集說 方氏應祥曰：爻言小人弗克，傳言小人害。弗克，則必至於害矣。

九四：匪其彭，无咎。

本義彭字音義未詳程傳曰盛貌理或當然六五柔中之君九四以剛近之有僭逼之嫌然以其處柔也故有不極其盛之象而得无咎戒占者宜如是也 程傳九四居大有之時已過中矣是大有之盛者也過盛則凶咎所由生也故處之之道匪其彭則得无咎謂能謙損不處其太盛則得无咎也四近君之高位苟處太盛則致凶咎彭盛多之貌詩載驅云汶水湯湯行人彭彭行人盛多之狀雅大明云駟騵彭彭言武王戎馬之盛也 集說 沈氏該曰以剛處柔謙以自居而懼以戒其盛得明哲保身之義故无咎也

象曰匪其彭无咎明辨晳也

本義晳明貌 程傳能不處其盛而得无咎者蓋有明辨之智也晳明智也賢智之人明辨物理當其方盛則知咎之將至故能損抑不敢至於滿極也 集說 梁氏寅曰謂之明辨而又謂之晳者見其明智

之極也。

六五厥孚交如。威如。吉。

本義　大有之世。柔順而中。以處尊位。虛己以應九二之賢。而上下歸之。是其孚信之交也。然君道貴剛。太柔則廢。當以威濟之則吉。故其象占如此。亦戒辭也。程傳　六五當大有之時。居君位。虛中。爲孚信之象。人君執柔守中。而以孚信接於下。則下亦盡其信誠以事於上。上下孚信相交也。以柔居尊位。當大有之時。人心安易。若專尚柔順。則陵慢生矣。故必威如則吉。威如。有威嚴之謂也。既以柔和孚信接於下。衆志說從。又有威嚴。使之有畏。善處有者也。吉可知矣。集說　俞氏琰曰。既有誠信以接下。而人信之。又有威嚴以自重。而人畏之。爲大有之君。而剛柔得宜如此。故吉。

象曰厥孚交如信以發志也

本義一人之信足以發上下之志也

威如之吉易而无備也

本義太柔則人將易之而无畏備之心 程傳下之志從乎上者也上以孚信接於下則下亦以誠信事其上故厥孚交如由上有孚信以發其下孚信之志下之從上猶響之應聲也威如之所以吉者謂若无威嚴則下易慢而无戒備也謂无恭畏備上之道備謂備上之求責也 附錄孔氏穎達曰信以發志者釋厥孚交如之義由己誠信發起其志故上下應之與之交接也易而无備者釋威如之吉之義所以威如者以己不私於物惟行簡易無所防備物自畏之故云易而无備

繫辭上傳易曰自天祐之吉无不利子曰祐者助也天之所助者順也人之所助者信也履信思乎順又以尚賢也是以自天祐之吉无不利也

案孔氏之說亦有理蓋言威如則疑於上下相防矣故申之曰易而无備明乎遏惡揚善順理而行非有所戒備也

上九自天祐之吉无不利

本義 大有之世以剛居上而能下從六五是能履信思順而尚賢也滿而不溢故其占如此

程傳 上九在卦之終居无位之地是大有之極而不居其有者也處離之上明之極也惟至明所以不居其有不至於過極也有極而不處則无盈滿之災能順乎理者也五之孚信而履其上爲蹈履誠信之義五有文明之德上能降志以應之爲尚賢崇善之義其處如此合道之至也自當享其福慶自天祐之行順乎天而獲天祐故所往皆吉无所不利也

集說 郭氏雍曰繫辭曰祐者助也天之所助者順也人之所助者信也履信思

乎順又以尚賢也六五之君實盡此而言於上九者蓋
言大有之吉以此終也故象曰大有上吉則知此吉大
有之吉也非止上九之吉也○鄭氏汝諧曰履信思順
又以尚賢蓋言五也五厥孚交如履信也居尊用柔思
順也上九在上尚賢也五獲天之祐吉无不利由其有
是也言五而繫之上何也五成卦之主上其終也五之
德宜獲是福於終可驗也易之取義若是者衆小畜之
上九曰婦貞厲月幾望言六四之畜陽至上而爲貞厲
之婦幾望之月也若指上九而言則上九陽也不得爲
婦與月說易者其失在於泥爻以求義故以履信思順
尚賢歸之於上九也易之所謂尚者上也五尚上九之
賢故自天之祐於上九見之○王氏宗傳曰六五以一
柔有五剛上九獨在五上五能尚之繫辭傳所謂又以
尚賢則上九是也祐之自天吉无不利謂大有至此愈
有隆而無替也然則當大有之極莫大於得天而所以
得天又莫大於尚賢也○胡氏炳文曰小畜上九畜之

終也其占曰厲曰凶承六四言也大有上九有之終也
其占吉无不利承六五言也小畜一陰畜衆陽故其終
也如彼大有一陰有衆陽故其終也如此君臣大分豈
不明哉蓋五之厥孚履信也柔中思順也尚上九之一
陽尚賢也所以其終也
自天祐之吉无不利也
案傳義皆以履信思順尚賢爲上九之事然易中以上
爻終五爻之義者甚多如師之大君有命離之王用出
征解之公用射隼皆非以上爻爲王公也蒙五爻而終
其義爾郭氏鄭氏王氏之說皆與卦意爻義合胡氏最
爲恪守本義者於此獨從郭
氏諸說則亦未允於心故也

象曰大有上吉自天祐也

程傳大有之上有極當變由其所爲順天合道故天祐
助之所以吉也君子滿而不溢乃天祐也繫辭復

繫辭下傳 謙德之柄也 謙尊而光 謙以制禮

中之云天之所助者順也人之所助者信也履信思乎順又以尚賢也是以自天祐之吉无不利也履信謂履五五虛中信也思順謂謙退不居尚賢謂志從於五大有之世不可以盈豐而復處盈焉非所宜也六爻之中皆樂據權位惟初上不處其位故初九无咎上九无不利上九在上履信思順故在上而得吉蓋自天祐也

集說 項氏安世曰象傳曰大有上吉明事關全卦非止上爻也此猶師之上六論師之事至此而終其言大君蓋指六五非謂上六爲大君也○趙氏彥肅曰五能尊上此大有所以上吉也君之大有極於尊賢

䷎ 艮下坤上

程傳 謙序卦有大者不可以盈故受之以謙其有既大不可至於盈滿必在謙損故大有之後受之以謙也爲卦坤上艮下地中有山也地體卑下山高大之物而居地之下謙之象也以崇高之德而處卑之下謙之

謙以九三爲主蓋卦惟一陽得

序卦傳 有大者不可以盈。故受之以謙。雜卦傳 謙輕而豫怠也。

義。也。

謙亨。君子有終。

本義 謙者。有而不居之義。止乎內而順乎外。謙之意也。山至高而地至卑。乃屈而止於其下。謙之象也。占者如是則亨通而有終矣。有終謂先屈而後伸也。 程傳 謙有亨之道也。有其德而不居謂之謙。人以謙巽自處。何往而不亨乎。君子有終。君子志存乎謙巽。達理故樂天而不競。內充故退讓而不矜。安履乎謙。終身不易。自卑而人益尊之。自晦而德益光顯。此所謂君子有終也。在小人則有欲必競。有德必伐。雖使勉慕於謙。亦不能安行而固守。不能有終也。 集說 馮氏椅曰。一陽五陰之卦。其立象也。一陽在上下者。為剝復。象陽氣之消長也。在中者。為師比。象眾之所歸也。至於三四在二體之際。當六畫之中。故以其自上而退處於下位而居下體。謙之象也。故其爻辭與卦同。傳曰。三多凶。而惟此爻最吉。

者爲謙。自下而奮出乎上者爲豫。此觀畫立象之本指也。

案傳義釋卦名。皆不取九三之義。實則成卦之由。在於九三。以豫卦反觀可見也。夫子彖傳所以不舉者。因周公爻辭與彖辭同。則三爲成卦之主。其義易見爾。馮氏之說。可相補備。

彖曰。謙亨。天道下濟而光明。地道卑而上行。

本義言謙之必亨。　程傳濟當爲際。此明謙而能亨之義。天之道。以其氣下際。故能化育萬物。其道光明。下際謂下交也。地之道。以其處卑。所以其氣上行。交於天。皆以卑降而亨也。　集說項氏安世曰。天道下濟而光明。地道卑而上行。此以卦體釋卦辭也。九三乾也。降在下卦。是下濟而光明也。坤地道。處勢至卑。而升在上卦。是卑而上行也。下濟與卑。皆釋謙字。光明與上行。皆釋亨字。自人事言之。尊者行之。則有光。卽天道下濟而光明也卑者行之則不可踰即地道卑而上行也始雖謙下終必高明是有終也自天道虧盈以下皆極言謙之必有後福質之於天地神人之心以明有終之義也○丘氏富國曰凡卦以一陽爲主者彖傳皆以剛言復曰剛反豫曰剛應師比曰剛中剝曰變剛謙主九三而彖不言剛者謙無用於剛也用剛則不能謙矣三有剛而不用此其所以爲謙也○蔡氏淵曰下濟而光明艮也艮有光明之象故艮之彖曰其道光明謂艮陽止乎上陰不得而掩之故光明卑而上行坤也

天道虧盈而益謙地道變盈而流謙鬼神害盈而福謙人道惡盈而好謙謙尊而光卑而不可踰君子之終也

本義變謂傾壞流謂聚而歸之人能謙則其居尊者其德愈光其居卑者人亦莫能過此君子所以有終也。

程傳以天行而言盈者則虧謙者則益日月陰陽是也以地勢而言盈滿者傾變而反陷卑下者流注而益增也以鬼神謂造化之迹盈滿者禍害之謙損者福祐之凡過而損不足而益者皆是也人情疾惡於盈滿而好與於謙巽也謙者人之至德故聖人詳言所以戒盈而勸謙也謙爲卑巽也而其道尊大而光顯自處雖卑屈而其德實高不可加尚是不可踰也君子至誠於謙恆而不變有終也故尊光

集說崔氏憬曰若日中則昃月滿則虧損有餘以補不足天之道也高岸爲谷深谷爲陵是爲變盈而流謙地之道也朱門之家鬼闞其室黍稷非馨明德惟馨是其義矣滿招損謙受益人之道也○劉氏牧曰降卑接下名譽益隆故其道光顯辭貌卑遜而志行剛正故雖卑退而不可踰○朱子語類云天道是就寒暑往來上說地道是就地形

高下上說鬼神言害福是有些造化之柄各自主一事而言耳○問謙之爲義不知天地人鬼何以皆好尚之曰太極中本無物若事業功勞於我何有觀天地生萬物而不言所利可見矣○又云謙尊而光卑而不可踰以尊而行謙則其道光以卑而行謙則其德不可踰尊對卑言伊川以謙對卑說非是聖人九卦引此一句看來大綱說○蔡氏清曰如日沒而升中而昃月晦而弦盈而蝕之類天非有意於虧之益之也若論至無心處則雖人道惡盈好謙初亦何容心於好惡哉在我者有以感召其好惡耳可不慎哉

象曰地中有山謙君子以裒多益寡稱物平施

本義以卑蘊高謙之象也裒多益寡所以稱物之宜而平其施損高增卑以趨於平亦謙之意也

程傳地體卑下山之高大而在地中外卑下而內蘊高大之象故爲謙也不云山在地中而曰地中有山言卑

下之中。蘊其崇高也。若言崇高蘊於卑下之中。則文理不順。諸象皆然。觀文可見。君子以裒多益寡。稱物平施。君子觀謙之象。山而在地下。是高者下之。卑者上之。見抑高舉下。損過益不及之義。以施於事。則裒取多。增益寡者。稱物之多寡以均其施與。使得其平也。

集說

朱子語類。問裒多益寡。是損高就低。使教恰好。不是一向低去。曰大抵人多見得在己者高。在人者卑。謙則抑己之高而卑以下人。便是平也。○馮氏椅曰。凡大象皆別立一意。使人知用易之理。裒多益寡。稱物平施。俾小大長短各得其平。非君子謙德之象。乃君子治一世使謙之象也。彖與六爻無此意。○蔡氏清曰。以卑蘊高。謙之象也。此與上本義山至高而地至卑。乃屈而止於其下。不同。上所謂謙者。主山言。謂高而能下也。此主地言。謂地雖卑。而中之所蘊則高。內充而外欿也。○楊氏敬新曰。人之常情。自高之心常多。下人之心常寡。不裒而益之。則自處太高。處人太卑。而物我之間不得其平。

故抑其輕世傲物之心，而多者不使之多，增其謙卑遜順之意，而寡者不使之寡。多者裒之，則自視不見其有餘；寡者益之，則視人不見其不足，而物我之施，各得其平矣。茲其爲君子之謙與。

案：諸說皆說向謙本義上，惟馮氏以爲推說，亦可相備。

初六：謙謙君子，用涉大川，吉。

本義　以柔處下，謙之至也。君子之行也，以此涉難，何往不濟。故占者如是，則利以涉川也。

程傳　初六以柔順處謙，又居一卦之下，爲自處卑下之至，謙而又謙也，故曰謙謙。能如是者，君子也。自處至謙，衆所共與也，雖用涉險難，亦无患害，況居平易乎？何所不吉也。初處謙而以柔居下，得无過於謙乎？曰：柔居下，乃其常也，但見其謙之至，故爲謙謙，未見其失也。

集說　荀氏爽曰：初最在下，故曰謙謙也。○胡氏一桂曰：涉川貴於遲重不貴於急速用謙謙之道以涉川只是謙退居後而不爭先自然萬無一失故吉○胡氏炳文曰謙主九三故三爻辭與卦辭皆稱君子有終初亦曰君子何也三在下卦之上勞而能謙在上之君子也初在下卦之下謙而又謙在下之君子也在上者尊而光在下者卑而不可踰皆所以爲君子之終也用涉大川吉雖用以濟患可也況平居乎

象曰謙謙君子卑以自牧也

程傳謙謙謙之至也謂君子以謙卑之道自牧也自牧自處也詩云自牧歸荑 集說孔氏穎達曰牧養也解謙謙君子之義恆以謙卑自養其德也○王氏宗傳曰謙卑德也初卑位也養德之地未有不基於至卑之所所養也至則愈卑而愈不卑矣此自養之方也○張氏栻曰謙謙君子卑以自牧如牧牛羊然使之馴

服方可以言謙。今人往往反以驕矜爲養氣。此特客氣非浩然之氣也。○俞氏琰曰。爻辭謙謙句。點爻傳乃以君子綴於謙謙之下。謂謙謙乃君子之德。非君子則不能謙謙也。

六二。鳴謙。貞吉。

本義　柔順中正。以謙有聞。正而且吉者也。故其占如此。

程傳　二以柔順居中。是爲謙德積於中。謙德充積於中。故發於外。見於聲音顏色。故曰鳴謙。居中得正。有中正之德也。故云貞吉。凡貞吉。有爲貞且吉者。有爲得貞則吉者。六二之貞吉。所自有也。

集說　蘇氏軾曰。雄鳴則雌應。故易以陰陽唱和寄之於鳴。謙之所以爲謙者三。六二其鄰也。上九其配也。故皆和之而鳴於謙。

象曰。鳴謙貞吉。中心得也。

程傳二之謙德由至誠積於中所以發於聲音中心所自得也非勉爲之也集說胡氏瑗曰中心得者言君子所作所爲皆得諸心然後發之於外故此謙謙皆由中心得之以至於聲聞流傳於人而獲至正之吉也

九三勞謙君子有終吉

本義卦惟一陽居下之上剛而得正上下所歸有功勞而能謙尤人所難故有終而吉占者如是則如其應矣

程傳三以陽剛之德而居下體爲衆陰所宗履得其位爲下之上是上爲君所任下爲衆所從有功勞而持謙德者也故曰勞謙古之人有當之者周公是也身當天下之大任上奉幼弱之主謙恭自牧夔夔如畏然可謂有勞而能謙矣既能勞謙又須君子行之有終則吉夫樂高喜勝人之常情平時能謙固已鮮矣況

繫辭上傳勞謙君子有終吉子曰勞而不伐有功而不德厚之至也語以其功下人者也德言盛禮言恭謙也者致恭以存其位者也

有功勞可尊乎。雖使知謙之善，勉而爲之，若矜負之心不忘，則不能常久。欲其有終，不可得也。惟君子安履謙順，乃其常行，故久而不變，乃所謂有終。有終則吉也。九三以剛居正，能終者也。此爻之德最盛，故象辭特重。

集說　王氏弼曰：處下體之極，履得其位，上下無陽以分其民，衆陰所宗，尊莫先焉。上承下接，勞謙匪解，是以吉也。○王氏宗傳曰：謙之成卦在此一爻，故卦之德曰君子有終，而九三實當之。○胡氏炳文曰：文王卦辭曰謙亨君子有終。周公於三之爻辭以吉代亨字，謙之上加一勞字。蓋謙非難，勞而能謙爲難。九三之勞，當在上位而位止於下，所謂勞而能謙者也。乾之三以君子稱，坤之三以有終言，謙之三兼乾坤之占辭，蓋所謂勞者即乾之終日乾乾，而謙則又坤之含章也。○吳氏曰愼曰：諸儒皆以君子有終爲句。然據初六謙謙君子，則此爻當勞謙君子爲句，象傳明矣。

象曰勞謙君子萬民服也

程傳　能勞謙之君子萬民所尊服也繫辭云勞而不伐有功而不德厚之至也語以其功下人者也德言盛禮言恭謙也者致恭以存其位者也有勞而不自矜伐有功而不自以爲德是其德弘厚之至也言以其功勞而自謙以下於人也德言盛禮言恭以其德言之則至盛以其自處之禮言之則至恭此所謂謙也夫謙也者謂致恭以存其位者也存守也致其恭巽以守其位故高而不危滿而不溢是以能終吉也夫君子履謙乃其常行非爲保其位而爲之也而言存其位者蓋能致恭所以能存其位言謙之道如此如言爲善有令名君子豈爲令名而爲善也哉亦言其令名者爲善之故也

集說　吳氏澄曰萬民服謂有終而吉也○俞氏琰曰爻辭本以勞謙句點爻傳又以君子二字屬之言勞而能謙乃君子之德非君子則不能如是也

六四，无不利，撝謙。

本義　柔而得正，上而能下，其占无不利矣。然居九三之上，故戒以更當發揮其謙，以示不敢自安之意也。

程傳　四居上體，切近君位，六五之君又以謙柔自處，九三又有大功德，為上所任，衆所宗，而已居其上，當恭畏以奉謙德之君，卑巽以讓勞謙之臣，動作施為无所不利於撝謙也。撝，施布之象，如人手之撝也。動息進退必施其謙，蓋居多懼之地，又在賢臣之上故也。

集說　梁氏寅曰：六四柔而得正，上而能下，可謂謙矣，无不利矣。然處近君之地，在功臣之上，故戒以更當發揮其謙也。世之人臣固有執柔守正、不與物競者矣，然或闇於事理，辭受失宜，無功而受其祿，無實而處其名，若是者失謙之道矣，不可以不戒也。

案　无不利撝謙，本義作兩句，程傳作一句。觀夫子象傳，則程說近是。

象曰无不利撝謙不違則也

本義言不爲過　程傳凡人之謙有所宜施不可過其宜也如六五或用侵伐是也惟四以處近君之地據勞臣之上故凡所動作靡不利於施謙如是然後中於法則故曰不違則也謂得其宜也　集說朱子語類云不違則言不違法則撝謙是合如此不是過分事

六五不富以其鄰利用侵伐无不利

本義以柔居尊在上而能謙者也故爲不富而能以其鄰之象蓋從之者衆矣猶有未服者則利以征之而於他事亦无不利人有是德則如其占也　程傳富者衆之所歸唯財爲能聚人五以君位之尊而執謙順以接於下衆所歸也故不富而能有其鄰也鄰近也不富而得人之親也爲人君而持謙順天下所歸心

也。然君道不可專尚謙柔。必須威武相濟。然後能懷服天下。故利用行侵伐也。威德並著。然後盡君道之宜。而无所不利也。蓋五之謙柔。當防於過。故發此義。

集說楊氏萬里曰。五以君上之尊。體謙柔之德。欲然不有其崇高富貴之勢。此一卦謙德之盛也。推不富之心。則其臣鄰翕然焉往不利哉。利用侵伐。姑舉其大者。○胡氏炳文曰。謙之一字。自禹征有苗而伯益發之。六五一爻不言謙。而曰利用侵伐。何也。蓋不富者六五虛中而能謙也。以其鄰者。衆莫不服五之謙也。如此而猶有不服者。則征之固宜。

象曰。利用侵伐。征不服也。

程傳征其文德謙巽所不能服者也。文德所不能服而不用威武。何以平治天下。非人君之中道。謙之過也。

集說何氏楷曰。侵伐非黷武。以其不服。不得已而征之。正以釋征伐用謙之義。

上六鳴謙利用行師征邑國

本義謙極有聞人之所與故可用行師然以其質柔而无位故可以征己之邑國而已

程傳六以柔處柔順之極又處謙之極極乎謙者也以極謙而反居高未得遂其謙之志故至發於聲音又柔處謙之極亦必見於聲色故曰鳴謙雖居无位之地非任天下之事然人之行己必須剛柔相濟上謙之極也至於太甚則反爲過矣故利在以剛武自治邑國己之私有行師謂用剛武征邑國謂自治其私

集說楊氏時曰君子行有不得則反求諸己故曰利用行師征邑國也邑國私於己者也征邑國自治也不用剛克而能勝己之私者未之有也○朱氏震曰征邑國者非侵伐也克己之謂也君子自克則誠誠則物無不應有不應焉誠未至也○朱子語類問謙是不與人爭如何五上二爻皆言利用侵伐利用行師曰老子言大國下小國則取

御纂周易折中 上經 謙

小國小國下大國則取大國又言抗兵相加哀者勝矣大抵謙自是用兵之道只退處一步耳如必也臨事而懼皆是此意○何氏楷曰所征止於邑國毋敢侵伐亦謙之象

象曰鳴謙志未得也可用行師征邑國也

本義陰柔无位才力不足故其志未得而至於行師然亦適足以治其私邑而已○**程傳**謙極而居上欲謙之志未得故不勝其切至於鳴也雖不當位謙既過極宜以剛武自治其私故云利用行師征邑國也

集說項氏安世曰六二鳴謙象以中心解之上六鳴謙象以志解之豫之初六鳴豫象又以志解之然則凡言鳴者皆志也志有憂有樂皆寓於鳴當豫之時人志以從上為樂當謙之時人志在下不以上為樂也○谷氏家杰曰上之鳴謙外雖有聲譽而其心則歉然不自滿足志猶未得也志未得正是謙處○何氏楷曰志

未得者。上居謙之極。方自視歉然。而猶以其謙爲未足。如益贊於禹滿損謙益之意。

案象傳意言上六之鳴謙。由其中心之志歉然不自滿足故也。是以雖可用行師。而但征其邑國。蓋始終自治之意。亦猶同人之上。其志未得者。乃未能遂其大同之心。故亦歉然而未足也。無同人之上之心。則未極乎大同之量矣。無謙之上之心。則未極乎謙德之虛矣。谷氏何氏之說。獨見大意。

總論 王氏弼曰。夫吉凶悔吝生乎動者也。動之所起。興於利者也。故飲食必有訟。訟必有衆起。未有居衆人之所惡而爲動者所害。處不競之地而爲爭者所奪。是以六爻雖有失位無應乘剛。而皆無凶咎悔吝者。以謙爲主也。謙尊而光。卑而不可踰。信矣哉。○胡氏一桂曰。謙一卦。下三爻皆吉而無凶。上三爻皆利而無害。易中吉利。罕有若是純全者。謙之效固如此。

繫辭下傳
重門擊柝，以待暴客，蓋取諸豫。
序卦傳
有大而能謙必豫，故受之以豫。
雜卦傳
謙輕而豫怠也。

䷏ 坤下 震上

程傳：豫，序卦：有大而能謙必豫，故受之以豫。承二卦之義而爲次也。有既大而能謙，則有豫樂也。豫者，安和悅樂之義。爲卦震上坤下，順動之象。動而和順，是以豫也。九四爲動之主，上下羣陰所共應也。坤又承之以順，是以動而上下順應，故爲和豫之義。以二象言之，雷出於地上。陽始潛閉於地中，及其動而出地，奮發其聲，通暢和豫，故爲豫也。

豫，利建侯行師。

本義：豫，和樂也。人心和樂以應其上也。九四一陽，上下應之，其志得行，又以坤遇震，爲順以動，故其卦爲豫，而其占利以立君用師也。

程傳：豫，順而動也。豫之義，所利在於建侯行師。夫建侯樹屏，所以共安天

豫以九四爲主，卦惟一陽而居上位，卦之所由以爲豫者，故彖傳曰剛應而志行

下。諸侯和順。則萬民悅服。兵師之興。衆心和悅。則順從而有功。故悅豫之道。利於建侯行師也。又上動而下順。諸侯從王。師衆順令之象。君萬邦。聚大衆。非和悅不能使之服從也。

集說　孔氏穎達曰。謂之豫者。取逸豫之義。以和順而動。動不違衆。衆皆悅豫。故謂之豫也。動而衆悅。故利建侯。以順而動。故可以行師也。○丘氏富國曰。屯有震無坤。則言建侯而不言行師。謙有坤無震。則言行師而不言建侯。此合震坤成卦。故兼之。

彖曰。豫。剛應而志行。順以動。豫。

本義　以卦體卦德釋卦名義。

程傳　剛應。謂四爲羣陰所應。剛得衆應也。志行。謂陽志上行。動而上下順從。其志得行也。順以動豫。震動而坤順。爲動而順理。順理而動。又爲動而衆順。所以豫也。

集說　胡氏炳文曰。建萬國。聚大衆。非順理而動。使人心皆和樂而從。不可也。故二者皆繫之豫。

案彖傳中凡稱卦德。皆先內而後外。而其文義又各不同。其曰而者兩字並重。如訟之險而健。既險又健也。小畜之健而巽。既健又巽也。大有剛健而文明。既剛健而又文明也。其曰以者。則重在上一字。如同人文明以健。重在文明字。此卦順以動。重在順字。其或以下一字爲重者。則又變其文法。如復卦動而以順行之類。

豫順以動。故天地如之。而況建侯行師乎。

本義 以卦德釋卦辭。程傳 以豫順而動。則天地如之而弗違。況建侯行師。豈有不順乎。天地之道。萬物之理。惟至順而已。大人所以先天後天而不違者。亦順乎理而已。集說 吳氏曰。愼曰順以動。所謂行其所無事也。天地如之。猶云天且弗違。得其民者。得其心也。故豫利建侯。多助之至。天下順之。故豫利行師。

天地以順動。故日月不過。而四時不忒。聖人以

順動則刑罰清而民服豫之時義大矣哉

本義 極言之而贊其大也 程傳 復詳言順動之道天地之運以其順動所以日月之度不過差四時之行不忒聖人以順動故經正而民興於善刑罰清簡而萬民服也既言豫順之道矣然其旨味淵永言盡而意有餘也故復贊之云豫之時義大矣哉欲人研味其理優柔涵泳而識之也時義謂豫之時義諸卦之時與義用大者皆贊其大矣哉豫以下十一卦是也豫遯姤旅言時義坎睽蹇言時用頤大過解革言時各以其大者也

集說 項氏安世曰豫隨遯姤旅皆若淺事而有深意故曰時義大矣哉欲人之思之也坎睽蹇皆非美事而聖人有時而用之故曰時用大矣哉欲人之別之也頤大過解革皆大事大變也故曰時大矣哉欲人之謹之也○吳氏澄曰專言時者重在時字時義重在義字時用重在用字○蔡氏清曰時之一字貫六

十四卦皆有不止豫等諸卦耳有時則有義有義則有用單言時則義與用在其中矣言義未嘗無用言用未嘗無義各就所切而言

象曰雷出地奮豫先王以作樂崇德殷薦之上帝以配祖考

本義雷出地奮和之至也先王作樂既象其聲又取其義殷盛也

程傳雷者陽氣奮發陰陽相薄而成聲也陽始潛閉地中及其動則出地奮震也始開鬱及奮發則通暢和豫故為豫也坤順震發和順積中而發於聲樂之象也先王觀雷出地而奮和暢發於聲之象作聲樂以褒崇功德其殷盛至於薦之上帝推配之以祖考殷盛也禮有殷奠謂盛也薦上帝配祖考盛之至也

集說荀氏爽曰樂者聖人因人之豫而節

之所以養其正而閑其邪其和可以感鬼神而況於人乎○鄭氏康成曰奮動也雷動於地上萬物乃豫也以至樂則手欲鼓之足欲舞之王者功成作樂以文得之者作籥舞以武得之者作萬舞各克其德而爲制祀天帝以配祖考者使與天同饗其功也故孝經云郊祀后稷以配天宗祀文王於明堂以配上帝也○胡氏炳文曰本義云象其聲者樂之聲法雷之聲又取其義者豫以和爲義雷所以發揚化功而鼓天地之和樂所以發揚功德而召神人之和也

初六鳴豫凶

本義陰柔小人上有强援得時主事故不勝其豫而以自鳴凶之道也故其占如此卦之得名本爲和樂然卦辭爲衆樂之義爻辭除九四與卦同外皆爲自樂所以有吉凶之異程傳初六以陰柔居下四豫之

主也。而應之。是不中正之小人。處豫而爲上所寵。其志意滿極。不勝其豫。至發於聲音。輕淺如是。必至於凶也。鳴。發於聲也。

集說 石氏介曰。四爲豫之主。初與之相應。小人得志。必極其情欲。以至於凶。形於聲鳴。豫之甚也。○蘇氏軾曰。所以爲豫者四也。而初和之。故曰鳴。已無以自樂。而恃其配以爲樂。不得不凶。○王氏應麟曰。鳴謙則吉。鳴豫則凶。鳴者。心聲之發也。○龔氏煥曰。豫之初六。即謙上六之反對。故謙上六曰鳴謙。豫初六曰鳴豫。謙之上六應九三。故鳴其謙。豫之初六應九四。故不勝其豫以自鳴。謙而鳴則吉。豫而鳴則凶。

象曰。初六鳴豫。志窮凶也。

本義 窮謂滿極。程傳云。初六謂其以陰柔處下。而志意窮極。不勝其豫。至於鳴也。必驕肆而致凶矣。

集說 楊氏簡曰。位之在下。未爲窮也。豫而鳴。其志窮矣。○趙氏汝楳曰。位方在初。時勢未窮。而競躁如此。

是志已先窮自取其凶者也

六二介于石不終日貞吉

本義豫雖主樂然易以溺人溺則反而憂矣卦獨此爻中而得正是上下皆溺於豫而獨能以中正自守其介如石也其德安靜而堅確故其思慮明審不俟終日而見凡事之幾微也大學曰安而后能慮慮而后能得意正如此占者如是則正而吉矣

程傳逸豫之道放則失正故豫之諸爻多不得正才與時合也惟六二一爻處中正又无應為自守之象當豫之時獨能以中正自守可謂特立之操是其節介如石之堅也介于石其介如石也人之於豫樂心悅之故遲遲遂至於耽戀不能已也二以中正自守其介如石其去之速不俟終日故貞正而吉也處豫不可安且久也久則溺矣如二可謂見幾而作者也夫子因二之見幾而極言知幾

繫辭下傳
子曰知幾其神乎君子上交不諂下交不瀆其知幾乎幾者動之微吉之先見者也君子見幾而作不俟終日易曰介于石不終日貞吉介如石焉寧用終日斷可識矣君子知微知彰知柔知剛萬夫之

之道。曰知幾其神乎。君子上交不諂。下交不瀆。其知幾乎。幾者動之微。吉之先見者也。君子見幾而作。不俟終日。易曰介于石不終日貞吉。介如石焉。寧用終日。斷可識矣。君子知微知彰。知柔知剛。萬夫之望。夫見事之幾微者。其神妙矣乎。君子上交不至於諂。下交不至於瀆者。蓋知幾也。不知幾則至於過而不已。交於上以恭巽。故過則爲諂。交於下以和易。故過則爲瀆。君子見於幾微。故不至於過也。所謂幾者。始動之微也。吉凶之端可先見而未著者也。獨言吉者。見之於先。豈復至有凶也。君子明哲。見事之幾微。故能其介如石。其守既堅。則不惑而明。見幾而動。豈俟終日也。斷別也。其判別可見矣。微與彰。柔與剛。相對者也。君子見微則知彰矣。見柔則知剛矣。知幾如是。衆所仰也。故贊之曰萬夫之望。

集說 王氏宗傳曰。凡人之情。於逸豫之事。心焉悅之。必至於耽戀而不舍。何者。有所溺故也。惟知幾之君子。其視樂豫之事。如將浼己。斷而識之。速而去之。又豈俟終日也哉。此其所以當豫之時而獲吉也。○丘氏富國曰：豫諸爻以無所係應者爲吉。豫初應四，而三五比四，皆有係者也，是以爲凶、爲悔、爲疾。獨六二陰靜而中正，與四無係，特立於衆陰之中，而無遲遲耽戀之意。方其靜也，則確然自守而介于石；及其動也，則見幾而作，不俟終日。蓋其所居得正，故動靜之間不失其正，吉可知矣。

象曰：不終日貞吉，以中正也。

程傳　能不終日而貞且吉者，以有中正之德也。中正故其守堅，而能辨之早，去之速。爻言六二處豫之道，爲教之意深矣。

集說　黃氏淳耀曰：中正卽介石意，是推明所以不終日之故。

六三：盱豫悔，遲有悔。

本義　盱上視也陰不中正而近於四四爲卦主故六三上視於四而下溺於豫宜有悔者也故其象如此而其占爲事當速悔若悔之遲則必有悔也　程傳　六三陰而居陽不中不正之人也以不中正而處豫動皆有悔盱上視也上瞻望於四則以不中正不爲四所取故有悔也四豫之主與之切近苟遲遲而不前則見棄絕亦有悔也蓋處身不正進退皆有悔吝當如之何在正身而已君子處已有道以禮制心雖處豫時不失中正故无悔也

集說　郭氏忠孝曰處豫之道戒在不能自立而優游無斷雖盱上視而悅之非介于石者也遲疑而有待非不終日者也○胡氏炳文曰二中而得正三陰不中正故盱豫與介石相反遲與不終日相反中正與不中正故也六三雖柔其位則陽猶有能悔之意然悔之速可也悔之遲則又必有悔矣

象曰盱豫有悔位不當也

程傳自處不當。失中正也。是以進退有悔。集說王氏申子曰。此爻與六二相反。盱則不能介于石。遲則不能不終日。中正與不中正故也。

九四。由豫。大有得。勿疑。朋盍簪。

本義九四。卦之所由以爲豫者也。故其象如此。而其占爲大有得。然又當至誠不疑。則朋類合而從之矣。故又因而戒之。簪。聚也。又速也。程傳豫之所以爲豫者。由九四也。爲動之主。動而衆陰悅順。爲豫之義。四。大臣之位。六五之君順從之。以陽剛而任上之事。豫之所由也。故云由豫。大有得。言得大行其志。以致天下之豫也。勿疑。朋盍簪。四居大臣之位。承柔弱之君。而當天下之任。危疑之地也。獨當上之倚任。而下无同德之助。所以疑也。唯當盡其至誠。勿有疑慮。則朋類自當盍聚。夫欲上下之信。唯至誠而已。苟盡其至誠。則何患乎其无助也。簪聚也。簪之名簪。取聚髮也。或曰。卦唯一陽安得同德之助。曰居上位而至誠求助。理必得之。姤之九五曰有隕自天是也。四以陽剛迫近君位而專主乎豫。聖人宜爲之戒。而不然者。豫和順之道也。由和順之道。不失爲臣之正也。如此而專主於豫。乃是任天下之事。而致時於豫者也。故唯戒以至誠勿疑。

集說 侯氏行果曰。爲豫之主。衆陰所宗。莫不由之以得其逸。體剛心直。志不懷疑。故得羣物依歸。朋從大合。若以簪篸之固括也。○耿氏南仲曰。九四爲震之主。以象言之。萬物莫不由雷以豫。以爻言之。五陰莫不由陽以豫。是以大有得也。大有得而勿疑。乃能協衆力以安其上。猶簪之總衆髮以安其冠。若自疑則衆斯睽矣。未聞疑事而有功者也。○梁氏寅曰。由豫者。言人心之和豫由四而致也。處近君之地。以剛而能柔。衆陰之所順附。此所謂大有得也。然人既樂從。則當開誠心。布公道。待以曠大之度。不爲物我之私。然後有以致人心之皆服。故曰勿疑。

朋盍簪。○蔡氏清曰。九四由豫大有得矣。又必戒以勿疑朋盍簪者。誠以由豫任大責重。難以獨力。必得同德者以自輔。自古以聖哲之資。而居元臣之任者。如舜則舉八元八凱。伊尹周公皆有俊乂吉人之助。諸葛孔明亦必開誠心以來諸賢之益。聖人命辭之意深矣哉。○何氏楷曰。簪。聚也。簪之名簪。取聚髮也。或謂古冠服無簪。按鹽鐵論。神禹治水。遺簪不顧。非簪而何。即弁服之笄是也。

象曰。由豫大有得。志大行也。

程傳　由己而致天下於樂豫。故爲大有得。謂其志得大行也。

集說　喬氏中和曰。剛應而志行。蓋由四以陽剛爲羣陰所應。故其志得以大行也。

六五。貞疾。恆不死。

本義當豫之時以柔居尊沈溺於豫又乘九四之剛衆不附而處勢危故爲貞疾之象然以其得中故又爲常不死之象即象而觀占在其中矣

程傳六五以陰柔居君位當豫之時沈溺於豫不能自立者也權之所主衆之所歸皆在於四四之陽剛得衆非耽惑柔弱之君所能制也乃柔弱不能自立之君受制於專權之臣也居得君位貞也受制於下有疾苦也六五尊位權雖失而位未亡也故云貞疾恆不死言貞而有疾常疾而不死如漢魏末世之君也人君致危亡之道非一而以豫爲多在四不言失正而於五乃見其強逼者四本无失故於四言大臣任天下之事之義於五則言柔弱居尊不能自立威權去已之義各據爻以取義故不同也若五不失君道而四主於豫乃是任得其人安享其功如太甲成王也蒙亦以陰居尊位二以陽爲蒙之主然彼吉而此疾者時不同也童蒙而貧之於人宜也耽豫而失之於人危亡之道也故蒙相應則倚任者

也。豫相逼則失權者也。又集說王氏宗傳曰：當逸豫之時，恣驕侈之欲，宜其死於安樂有餘也。然乘九四之剛，恃以拂弼於己，故得恆不死也。孟子曰：入則無法家拂士，出則無敵國外患者，國恆亡。然後知生於憂患而死於安樂也。則六五之得九四，得法家拂士也。故雖當豫之時，不得以縱其所樂。唯不得以縱其所樂，則恆不死宜也。夫當豫之時而不爲豫者，以正自守也，六二是也。當豫之時而不得豫者，見正於人也，六五是也。此豫之六爻，惟六二、六五所以不言豫焉。○何氏楷曰：六五以柔居尊，當豫之時，易於沈溺，必戰兢畏惕，常如疾病在身，乃得恆而不死，所謂生於憂患者也。

案：王氏、何氏說，深得爻義。

象曰：六五貞疾，乘剛也。恆不死，中未亡也。

程傳　貞而疾，由乘剛爲剛所逼也。恆不死，中之尊位未亡也。集說　楊氏時曰：居豫之時，無剛健之才，逸於豫者也。孟子曰：入則無法家拂士，出則無敵國外患者，國常亡。六五之乘剛，有法家拂士，敵國外患之謂也。左右救正之，故以正爲疾，雖未能執其中，而中未亡，則不死於安樂矣，故常不死。○鄭氏汝諧曰：二與五皆不言豫，二靜晦不爲豫也，五乘剛不敢豫也。若人得一固疾，雖不快於己，亦足以久其生者，有戒心也。是以終未亡而常存。○胡氏炳文曰：豫最易以溺人，六二柔中且正，能不終日而去之，六五陰柔不正，未免溺於豫矣，猶得不死者，中未亡也。人莫不生於憂患，而死於逸樂，以六五之中，僅得不死，然則初之鳴，三之盱，上之冥，其不中者，皆非生道矣。

上六，冥豫成，有渝，无咎。

本義以陰柔居豫極，爲昏冥於豫之象。以其動體，故又爲其事雖成而能有渝之象。戒占者如是，則能補過而无咎，所以廣遷善之門也。程傳上六陰柔，非有中正之德，以陰居上，不正也，而當豫極之時。以君子居斯時，亦當戒懼，況陰柔乎？乃耽肆於豫，昏迷不知反者也。在豫之終，故爲昏冥已成也。若能有渝變，則可以无咎矣。在豫之終，有變之義。人之失，苟能自變，皆可以无咎。故冥豫雖已成，能變則善也。聖人發此義，所以勸善也。故更不言冥之凶，專言渝之无咎。集說王氏應麟曰：冥於豫而勉其有渝，開遷善之門也；冥於升而勉其不息，回進善之機也。

案貞疾與成有渝兩爻之義，亦相爲首尾。如人之耽於逸樂，而不能節其飲食起居者，是致死之道也。苟使縱其欲而無病，則將一病不支而亡也無日矣。惟其常有疾也，故常能憂懼儆戒，而得不死也。然所責乎憂懼儆戒者。以其能改變爾向也。耽於逸樂。昏冥而不悟。殆將習與性成矣。今乃一變所爲。而節飲食。愼起居。則可以復得其性命之理。豈獨不死而已乎。故於五不言无咎。而於上言之。所以終卦義而垂至戒也。

象曰。冥豫在上。何可長也。

程傳 昏冥於豫。至於終極。災咎行及矣。其可長然乎。當速渝也。集說 胡氏瑗曰。何可長者。言其悅豫過甚。至於情蕩性冥而不知所止。是何可長如此乎。言能渝變。則可以无咎也。○王氏申子曰。豫至於上極矣。極則不可以久。速渝可也。

☱☳ 震下兌上

程傳 隨。序卦。豫必有隨。故受之以隨。夫悅豫之道。物所隨也。隨所以次豫也。爲卦兌上震下。兌爲說。震爲

繫辭下傳
服牛乘馬引重致

隨以初
九九五

遠以利天下蓋取諸隨。序卦傳豫必有隨故受之以隨雜卦傳隨无故也

動說而動動而說皆隨之義女隨人者也以少女從長男隨之義也又震爲雷兌爲澤雷震於澤中澤隨而動隨之象也又以卦變言之乾之上來居坤之下坤之初往居乾之上陽來下於陰也以陽下陰陰必說隨爲隨之義凡成卦既取二體之義又有取爻義者復有更取卦變之義者如隨之取義尤爲詳備

隨元亨利貞无咎

本義隨從也以卦變言之本自困卦九來居初又自噬嗑九來居五而自未濟來者兼此二變皆剛來隨柔之義以二體言之爲此動而彼說亦隨之義故爲隨己能隨物物來隨己彼此相從其通易矣故其占爲元亨然必利於貞乃得无咎若所隨不正則雖大亨而不免於有咎矣春秋傳穆姜曰有是四德隨而无咎我皆无之豈隨也哉今按四德雖非本義然其下云云深得占法之意。程傳隨之道可以致大亨也君子之

爲主蓋卦之所以爲隨者剛能下柔也初五兩爻皆剛居柔下故爲卦主

道爲衆所隨。與己隨於人。及臨事擇所隨。皆隨也。隨得其道。則可以致大亨也。凡人君之從善。臣下之奉命。學者之從義。臨事而從長。皆隨也。隨之道。利在於貞。正隨得其正。然後能大亨而无咎。失其正則有咎矣。豈能亨乎。

集說　石氏介曰。凡隨之義。可隨則隨。若唯隨之務。不以正道。安得亨乎。

案以二體言之。震剛下兌柔。以卦畫言之。剛爻下於柔爻。六十四卦中。惟此一卦。此卦名爲隨之第一義也。其象則如以貴下賤。以多問於寡。乃堯舜所謂舍己從人者。其義最大。故其辭曰元亨。又曰利貞无咎者。明所隨必得其正。所以終元亨之義也。然則卦義所主。在以己隨人。至於物來隨己。則其效也。若以爲物所隨爲卦名之本義。則非矣。

彖曰。隨。剛來而下柔。動而說。隨。

本義以卦變卦德釋卦名義。

集說孔氏穎達曰。剛謂震也。柔謂兌也。震處兌下。是剛來下柔。震動而兌說。既能下人。動則喜說。所以物皆隨從也。○胡氏瑗曰。震以動。其性剛。兌以說。其性柔。今震在兌下。是剛來而下於柔也。猶聖賢君子以至剛之德。至尊之位。至貴之勢。接於臣而下於民。故賞罰號令。一出於上。則民皆說而隨於下也。○王氏逢曰。上能下下。下之所以隨上。貴能下賤。賤之所以隨貴。隨之義。剛下柔也。○王氏宗傳曰。陽剛非在下之物也。今也得隨之義。來下於陰柔。則是能以上下下。以貴下賤者也。物安得不隨之乎。動而說。此有所動而彼無不說之謂也。彼無不說。則亦無不隨矣。或曰。易家以隨自否來。蠱自泰來。其義如何。曰。非也。乾坤重而爲泰否。故隨蠱無自泰否而來之理。世儒惑於卦變。殊不知八卦成列。因而重之。而內外上下往來之義。已備乎其中。自八卦既重之後。又烏有所謂內外上下往來之義乎。○蔣氏悌生曰。程傳謂說而動。動而說，皆隨之義。朱子語錄云：但當言動而說，不當言說而動。凡卦體卦德皆從內說出去。案王氏說最足以破卦變之支離，得易象之本旨。

大亨貞无咎，而天下隨時。

本義 王肅本時作之。今當從之。釋卦辭，言能如是則天下之所從也。程傳 卦所以爲隨，以剛來而下柔，動而說也。謂乾之上九來居坤之下，坤之初六往居乾之上，以陽剛來下於陰柔，是以上下下，以貴下賤，能如是，物之所說隨也。又下動而上說，動而可說也，所以隨也。如是則可大亨而得正，能大亨而得正則爲无咎。不能亨，不得正，則非可隨之道，豈能使天下隨之乎。天下所隨者時也，故云天下隨時。集說 孔氏穎達曰：大亨貞正，無有咎害，而天下隨之，以正道相隨，故隨之者廣。若不以大亨貞无咎，而以邪僻相隨，則天下不從也。○喬氏中和曰。剛下柔而陽隨陰。以我隨物。則物自隨我。而動罔不說。此大亨之正道也。人同此心。天下有不隨之者哉。

隨時之義大矣哉。

本義王肅本時字在之字下。今當從之。程傳君子之道。隨時而動。從宜適變。不可為典要。非造道之深。知幾能權者。不能與於此也。故贊之曰。隨時之義大矣哉。凡贊之者。欲人知其義之大。玩而識之也。此贊隨時之義大。與豫等諸卦不同。諸卦時與義是兩事。

象曰。澤中有雷。隨。君子以嚮晦入宴息。

本義雷藏澤中。隨時休息。程傳雷震於澤中。澤隨震而動。為隨之象。君子觀象。以隨時而動。隨時之宜。萬事皆然。取其最明且近者言之。君子以嚮晦入宴息。君子晝則自强不息。及嚮昏晦。則入居於內。宴息以安其身。起居隨時。適其宜也。禮。君子晝不居內。夜不居外。隨時之道也。

集說 翟氏玄曰。晦者冥也。雷者陽氣。春夏用事。今在澤中。秋冬時也。故君子象之。日出視事。其將晦冥。退入宴寢而休息也。○朱子語類問。程子云。澤隨雷動。君子當隨時宴息。是否。曰。既曰雷動。何不言君子以動作。卻言宴息。蓋其卦震下兌上。乃雷入地中之象。雷隨時伏藏。故君子亦嚮晦入宴息。

初九。官有渝。貞吉。出門交有功。

本義 卦以物隨爲義。爻以隨物爲義。初九以陽居下。爲震之主。卦之所以爲隨者也。既有所隨。則有所偏主而變其常矣。惟得其正則吉。又當出門以交。不私其隨。則有功也。故其象占如此。亦因以戒之。 程傳九居隨時而震體且動之主有所隨者也官主守也既有所隨是其所主守有變易也故曰官有渝貞吉所隨得正則吉也有渝而不得正乃過動也出門交有功人心所從多所親愛者也常人之情愛之則見其是惡之則見其非故妻孥之言雖失而多從所憎之言雖善爲惡也苟以親愛而隨之則是私情所與豈合正理故出門而交則有功也出門謂非私暱交不以私故其隨當而有功

集說 孔氏穎達曰人心所主謂之官渝變也初九無應無所偏係可隨則隨是所執之志能渝變也唯正是從故貞吉也所隨不以私見善則往隨之以此出門交獲其功○房氏喬曰出門有功先擇後交○石氏介曰陽在二陰之下以剛下柔莫不從之故出門則人從之○朱子語類問初九官有渝貞吉出門交有功官是主宰之義是一卦之主首變得正便吉不正便凶曰是如此○張氏清子曰官主也渝變也當隨之初剛來下柔爲震之主震動也官有渝是主守有變動之

象隨時而動有所變易不能保其無偏也故必變而從正則吉出門而交卽同人于門之意得隨之正而不牽於私則有功而無失矣○俞氏琰曰隨之六爻專取相比相隨不取其應初九震體震以剛爻爲主官也官雖貴乎有守然處隨之時不可守常而不知變也變者何趨時從權不以主自居也故曰官有渝初九乃成卦之主爻主不可以隨人故不言隨而言交係者隨而攀戀不捨之義六二六三上六其性皆陰柔而攀戀相隨不捨故皆言係

案陽爲陰主故曰官夫陽爲主而陰隨之者正也今以剛而下柔是其變也故曰官有渝然當隨而隨變而不失其正者也故可以得吉而出門交有功

象曰官有渝從正吉也出門交有功不失也

程傳既有隨而變。必所從得正則吉也。所從不正則有悔吝。出門而交。非牽於私。其交必正矣。正則无失而有功。

集說俞氏琰曰。卦以陽爻爲主。爲主者故不當隨人。而陽亦不當隨陰。然以正從正。則隨道之當然也。

六二。係小子。失丈夫。

本義初陽在下而近。五陽正應而遠。二陰柔不能自守。以須正應。故其象如此。凶吝可知。不假言矣。程傳二應五而比初。隨先於近。柔不能固守。故爲之戒云。若係小子。則失丈夫也。初陽在下。小子也。五正應在上。丈夫也。二若志係於初。則失九五之正應。是失丈夫也。係小子而失丈夫。捨正應而從不正。其咎大矣。二有中正之德。非必至如是也。在隨之時。當爲之戒也。

象曰係小子。弗兼與也。

程傳 人之所隨。得正則遠邪。從非則失是。无兩從之理。二苟係初。則失五矣。弗能兼與也。所以戒人從正當專一也。

案九五六二之應同也。在比萃則吉。在同人則吝。在隨則係小子而吝亦可知矣。所以然者。皆因卦義而變卦義以剛下柔。柔必係之。故推之爻義而知其弗兼與也。

六三。係丈夫。失小子。隨有求得。利居貞。

本義 丈夫謂九四。小子亦謂初也。三近係四而失於初。其象與六二正相反。四陽當任而已隨之。有求必得。然非正應。故有不正而爲邪媚之嫌。故其占如此。而又戒以居貞也。 程傳 丈夫九四也。小子初也。陽之在上者丈夫也。居下者小子也。三雖與初同體。而切近於四。故係於四也。大抵陰柔不能自立。常親係於所近者。上係於四。故下失於初。舍初從上。得隨之宜也。上隨則善也。如昏之隨明。事之從善。上隨也。背是從非。舍明逐暗。下隨也。四亦无應。无隨之者也。近得三之隨。必與之親善。故三之隨四。有求必得也。人之隨於上。而上與之。是得所求也。又凡所求者可得也。雖然。固不可非理枉道。以隨於上。苟取愛說。以遂所求。如此乃小人邪諂趨利之爲也。故云利居貞。自處於正。則所謂有求而必得者。乃正事君子之隨也。

集說

虞氏翻曰。陰隨陽。三之上無應。上係於四。失初小子。故係丈夫失小子。

○王氏弼曰。雖體下卦。二已據初。將何所附。故舍初係四。志在丈夫。四俱無應。亦欲於己隨之。則得其所求矣。故曰隨有求得也。應非其正。以係於人。何可以妄。故利居貞也。初處己下。四處己上。故曰係丈夫失小子。

○陸氏希聲曰。三非正而隨。其義可尚者。以承陽爲順也。

象曰係丈夫志舍下也

程傳 既隨於上則是其志舍下而不從也舍下而從上舍卑而從高也於隨爲善矣 集說 黃氏淳耀曰人之取舍係乎志三志既係於四則所舍必在於初矣在二則因係以明其弗兼在三則因舍以堅其所係

案此爻何以知其志舍下以無剛來下之則必從上之剛矣四近而初遠故也卦義以剛下柔而此爻以柔從剛於時義則不合而不失乎陽唱陰隨之常理故聖人猶嘉其志焉

九四隨有獲貞凶有孚在道以明何咎

本義 九四以剛居上之下與五同德故其占隨而有獲然勢陵於五故雖正而凶惟有孚在道而明則上安而下從之可以无咎也占者當時之任宜審此戒 程傳 九四以陽剛之才處臣位之極若於隨有獲則

雖正亦凶有獲謂得天下之心隨於已爲臣之道當使恩威一出於上衆心皆隨於君若人心從已危疑之道也故凶居此地者奈何惟孚誠積於中動爲合於道以明哲處之則又何咎古之人有行之者伊尹周公孔明是也皆德及於民而民隨之其得民之隨所以成其君之功致其國之安其至誠存乎中是有孚也其所施爲无不中道在道也惟其明哲故能如是以明也復何過咎之有是以下信而上不疑位極而无逼上之嫌勢重而无專權之過非聖人大賢則不能也其次如唐之郭子儀威震主而主不疑亦由中有誠孚而處无甚失也非明哲能如是乎。

集說

虞氏翻曰謂獲三也○王氏弼曰處說之初下據二陰三求係已不距則獲故曰隨有獲也居於臣地履非其位以擅其民失於臣道故曰貞凶雖違常義志存公誠著信在道以明其功何咎之有○郭氏雍曰六三隨有求得蓋隨人而有得者九四隨有獲蓋以得人之隨爲獲也夫尊近之臣勢疑

於君。又獲天下之隨。守此爲貞則凶矣。是必有至誠之道。足以使天下無疑焉。斯无咎。○徐氏幾曰。六三九四。相比相從。三言有得者。得乎四也。四言有獲者。獲乎三也。○龔氏煥曰。隨卦諸爻。皆以陰陽相隨爲義。三四皆無正應。相比而相隨者也。然六三上而從陽。理之正也。九四下爲陰從。固守則凶。若心所孚信在於道焉。以明自處。何咎之有。

案郭氏徐氏龔氏之說。皆與卦意爻義相合。龔氏尤簡明也。

象曰。隨有獲。其義凶也。有孚在道。明功也。

程傳居近君之位而有獲。其義固凶。能有孚而在道則无咎。蓋明哲之功也。

集說袁氏樞曰。其義凶者。有凶之理也。處得其道。如下所云。則无咎矣。

案義者謂卦義也卦義剛下於柔而四剛爲柔隨且處近君之地尤有招納之嫌故曰其義凶也

九五孚于嘉吉

本義陽剛中正下應中正是信于善也占者如是其吉宜矣 程傳九五居尊得正而中實是其中誠在於隨善其吉可知嘉善也自人君至於庶人隨道之吉惟在隨善而已下應二之正中爲隨善之義 集說楊氏萬里曰九五以陽剛居兌之中正爲一卦說隨之主此聖君至誠樂從天下之善者也吉孰大焉孚誠也嘉善也○王氏應麟曰信君子者治之原隨之九五曰孚于嘉吉信小人者亂之機兌之九五曰孚于剝有厲

象曰孚于嘉吉位正中也

程傳處正中之位，由正中之道，孚誠所隨者正中也，所謂嘉也，其吉可知。所孚之嘉，謂六二也。隨以得中爲善，隨之所防者過也，蓋心所說隨則不知其過矣。

案當隨之時，居尊位而有正中之德，則所孚者皆善矣。初五皆言吉，而五尤吉，以其正中故爾。

上六，拘係之，乃從維之，王用亨于西山。

本義居隨之極，隨之固結而不可解者也。誠意之極，可通神明，故其占爲王用亨于西山。亨亦當作祭享之享。自周而言，岐山在西，凡筮祭山川者得之，其誠意如是則吉也。

程傳上六以柔順而居隨之極，極乎隨者也。拘係之，謂隨之極如拘持縻係之。乃從維之，又從而維繫之也。謂隨之固結如此。王用亨于西山，隨之極如是。昔者太王用此道亨王業于西山。太王避狄之難，去豳來岐，豳人老稚扶攜以隨之如歸市，蓋其人心之隨固結如此用此故能亨盛其王業于西山西山岐山也周之王業蓋興於此上居隨極固為太過然在得民之隨與隨善之固如此乃為善也施於他則過矣

集說 呂氏祖謙曰拘係而不可解隨之極者也如有客詩言授之縶以縶其馬白駒詩縶之維之以永今朝正合此爻○項氏安世曰大有九三公用亨于天子隨上六王用亨于西山益六二王用亨于帝升六四王用亨于岐山四爻句法皆同古文亨即享字今獨益作享讀者俗師不識古字獨於亨帝不敢作亨帝也

案卦之初剛下於二柔則九五之剛亦下於上柔也而諸儒說兩爻義皆不及此故於九五孚嘉以為應六二猶可而於上六拘係則說得全無根據矣凡易中五上二爻六五下上九則有尚賢之義大有大畜頤鼎是也九五近上六則有比匪之義大過咸夬兌是也然九五上六相比不正之私情必於兌體取之者為其以相說

而動易入於不正也獨此卦雖亦兌體而卦以剛下柔爲義則九五上六有相隨之義非不正也故於九五曰孚于嘉所以別於兌之孚于剝也於上六則不曰係小子亦不曰係丈夫而但曰拘係之下乃云王用亨于西山明乎其所係者王也凡易爻言王用亨者三皆謂王用如此爻者之人以亨于山川上帝也非謂其爻爲王也蓋賢人者山川所生上帝所簡故使之主祭則百神亨之而天受之又以見王者之克當天心無有大於用賢者爾此爻與蠱上義正反對當隨之時則拘係而不去當蠱之時則高尚而不事各惟其宜而已矣此豈縻於祿而彼豈遯乎世哉

象曰拘係之上窮也

本義窮極也 程傳隨之固如拘係維持隨道之窮極也

象上窮則有高亢之意在人如絕世離羣往而不返者是也卦之陰爻皆云係至上六獨曰拘係之故夫子發明其義以爲因上六之不易係也

總論 王氏宗傳曰隨之六爻其半陰也其半陽也陽剛之才則有所隨而無所係初九九四九五是也故初之有渝四之有獲五之孚于嘉此有所隨而無所係者也以柔從之才而當隨之時則均不免於有所係六二六三上六是也故二則係小子失丈夫三則係丈夫失小子上則曰拘係之此均不免於有所係者也

䷑ 巽下艮上

程傳 蠱序卦以喜隨人者必有事故受之以蠱承二卦之義以爲次也夫喜説以隨於人者必有事也无事則何喜何隨蠱所以次隨也蠱隨也蠱事訓事蠱乃有事也爲卦山下有風風在山下在山下遇則物亂是

序卦傳 以喜隨人者必有事故受之以蠱蠱者事也

蠱以六五爲主蓋諸爻皆有事

雜卦傳
蠱則飭也

爲蠱象蠱之義壞亂也在文爲蟲皿皿之有蟲蠱壞之義左氏傳云風落山女惑男以長女下於少男亂其情也風遇山而回物皆撓亂是爲有事之象故云蠱者事也既蠱而治之亦事也以卦之象言之所以成蠱也以卦之才言之所以治蠱也

於幹蠱者至五而功始成故諸爻皆有戒辭而五獨曰用譽也

蠱元亨利涉大川先甲三日後甲三日

本義 蠱壞極而有事也其卦艮剛居上巽柔居下上下不交下卑巽而上苟止故其卦爲蠱或曰剛上柔下謂卦變自賁來者初上二下自井來者五上上下自既濟來者兼之亦剛上而柔下皆所以爲蠱也蠱壞之極亂當復治故其占爲元亨而利涉大川甲日之始事之端也先甲三日辛也後甲三日丁也前事過中而將壞則可自新以爲後事之端而不使至於大壞後事方始而尚新然便當致其丁寧之意以監前事之失而不

使至於速壞聖人之深戒也

程傳 既蠱則有復治之理自古治必因亂亂則開治理自然也如卦之才以治蠱則能致元亨也蠱之大者濟時之艱難險阻也故曰利涉大川甲數之首事之始也如辰之甲乙甲第甲令皆謂首也事之端也治蠱之道當思慮其先後三日蓋推原先後爲救弊可久之道先甲謂先於此究其所以然也後甲謂後於此慮其將然也一日二日至於三日言慮之深推之遠也究其所以然則知救之之道慮其將然則知備之之方善救則前弊可革善備則後利可久此古之聖王所以新天下而垂後世也後之治蠱者不明聖人先甲後甲之誡慮淺而事近故勞於救世而亂不革功未及成而弊已生矣甲者事之首庚者變更之首制作政教之類則云甲舉其首也發號施令之事則云庚庚猶更也有所更變也

集說 馬氏融曰十日之中唯稱甲者甲爲十日之首蠱爲造事之端故舉初而明事始也○孔氏穎達曰蠱者事也有事

營爲則大得亨通。有爲之時。利在拯難。故利涉大川也。甲者。創制之令。既在有爲之時。不可因仍舊令。故用創制之令以治於人。○又曰。物既惑亂。終致損壞。當須有事。故序卦云蠱者事也。謂物蠱必有事。非謂訓蠱爲事。○集氏曰。先甲三日。殷勤告戒後甲三日。丁寧宣布。

案二體則陽卦居上。陰卦居下。六位則剛爻居上柔爻居下。六十四卦中亦惟此卦陰陽剛柔不相交。尊卑上下不相接。則隔絶而百弊生。萬事隳矣。亦此卦名蠱之第一義也。壞極則有復通之理。但當弘濟艱難而不可毋於安。維始慎終。而不可輕於動。故以利涉大川先甲後甲爲戒。

彖曰。蠱。剛上而柔下。巽而止。蠱。

本義以卦體卦變卦德釋卦名義。蓋如此則積弊而至於蠱矣。程傳以卦變及二體之義而言。剛上而柔下。謂乾之初九上而爲上九。坤之上六下而爲初六也。陽剛尊而在上者也。今往居於上。陰柔卑而在下者也。今來居於下。男雖少而居上。女雖長而在下。尊卑得正。上下順理。治蠱之道也。由剛之上柔之下變而爲艮巽。艮止也。巽順也。下巽而上止。止於巽順也。以巽順之道治蠱。是以元亨也。

集說 集氏曰。巽而止者。巽而不爲。因循至壞者也。○朱子語類云。剛上柔下。巽而止。此是言致蠱之由。非治蠱之道。○又云。龜山說巽而止乃治蠱之道。言當柔順而止。不可堅正。非惟不成道理。且非易象文義。巽而止蠱。猶順以動豫。動而說隨。皆言卦義。○俞氏琰曰。巽固進退不決。苟非艮之止。亦未至於蠱。惟其巽而止。所以蠱也。巽則無奮迅之志。止則無健行之才。於是事事因循。苟且積弊而至於蠱。故曰巽而止蠱。蓋以卦德言致蠱之由。非飭蠱之道也。

蠱元亨而天下治也。利涉大川。往有事也。先甲

三日後甲三日終則有始天行也

本義　釋卦辭治蠱至於元亨則亂而復治之象也亂之終治之始天運然也　程傳　治蠱之道如卦之才則元亨而天下治矣夫治亂者苟能使尊卑上下之義正在下者巽順在上者能止齊安定之事皆止於順則何蠱之不治也其道大善而亨也如此則天下治矣方天下壞亂之際宜涉艱險以往而濟之是往有所事也夫有始則必有終既終則必有始天之道也聖人知終始之道故能原始而究其所以然要終而備其將然先甲後甲而爲之慮所以能治蠱而致元亨也

集說　楊氏萬里曰蠱壞矣而曰元亨而天下治何也蓋亂爲治根蠱爲飭源雖然亂不自治蠱不自飭不植不立不振不起故利於濟大難往有事也○朱子語類云蠱元亨而天下治言蠱之時如此必須是大善亨通而後天下治○胡氏炳文曰諸卦皆言往有功蠱獨曰

往有事蠱者事也事雖已治不可以無事視之也前事過中而將壞即當爲自新之圖後事方始而尚新即當致丁寧之意亂之極而治之始雖天運然也亦人事致然也○龔氏煥曰蠱卦辭言先甲後甲巽卦辭言先庚後庚事壞而至蠱則當復始甲者事之始故蠱彖傳以先甲後甲爲終則有始也事久而有弊不可以不更庚者事之變故巽爻辭以先庚後庚爲无初有終也夫事之壞而新之是謂終則有始事之弊而革之是謂无初有終終則有始如創業之君新一代之法度也无初有終如中興之主革前朝之弊事也○俞氏琰曰往有事者當蠱壞之時宜涉艱險而往有攸濟不可慮之於無事之域也文子云流水之不腐以其逝故也戶樞之不蠹以其運故也大抵器欲常用久不用則蠹生體欲常動久不動則病生蠱之時止而不動則天下之事終於蠱而已矣故勉之使往不宜坐視其弊而弗救也

象曰：山下有風，蠱。君子以振民育德。

本義　山下有風，物壞而有事矣。而事莫大於二者，乃治己治人之道也。程傳　山下有風，風遇山而回，則物皆散亂，故爲有事之象。君子觀有事之象，以振濟於民，養育其德也。在己則養德，於天下則濟民，君子之所事，无大於此二者。

集說　李氏舜臣曰：山下有風，則風落山之謂，山木摧落，蠱敗之象。飭蠱者必須有以振起之。振民者，猶巽風之鼓爲號令也；育德者，猶山之養成材力也。易中育德，多取於山，故蒙亦曰果行育德。○楊氏文煥曰：振萬物者莫如風，育萬物者莫如山。○李氏簡曰：山下有風，振物之象也。蠱之時，民德敗矣。敗而育之，必振動之，使離其故習可也。猶風之撓物，適所以養之也。○俞氏琰曰：小畜之風在天上，觀之風在地上，渙之風在水上，並無所阻，故皆言行。蠱之風則止於山下，爲山所阻，而不能條達，故不言行而言有。

○沈氏一貫曰：風遇山而回，物皆撓亂，是爲有事之象。君子以振起民心而育其德，作新民也。

案：諸家以振民育德俱爲治人之事，與傳義不同。考其文意，似爲得之。蓋治已不應後於治人，而蒙之果行育德，亦施於蒙者之事也。若漸之居賢德善俗，爲治已治人，則語次先後判然。且居與育亦有別。

初六幹父之蠱有子考无咎厲終吉

本義：幹，如木之幹，枝葉之所附而立者也。蠱者，前人已壞之緒，故諸爻皆有父母之象。子能幹之，則飭治而振起矣。初六蠱未深而事易濟，故其占爲有子則能治蠱，而考得无咎。然亦危矣，戒占者宜如是。又知危而能戒，則終吉也。程傳：初六雖居最下，成卦由之，有主之義。居内在下而爲主，子幹父蠱也。子幹父蠱之道，能堪其事，則爲有子，而其考得无咎。不然，則爲父之累，故必惕厲，則得終吉也。處卑而尸尊事，自當兢畏。以六

御纂周易折中　上經　蠱

之才。雖能巽順。體乃陰柔。在下无應而主幹。非有能濟之義。若以不克幹而言。則其義甚小。故專言爲子幹蠱之道。必克濟則不累其父。能厲則可以終吉。乃備見爲子幹蠱之大法也。

集說 蘇氏軾曰。器久不用而蠱生之謂之蠱。人久宴溺而疾生之謂之蠱。天下久安無爲而弊生之謂之蠱。蠱之災。非一日之故也。必世而後見。故爻皆以父子言之。○胡氏炳文曰。爻辭有以時位言者。有以才質言者。如蠱初六。以陰在下。所應又柔。才不足以治蠱。以時言之。則爲蠱之初。蠱猶未深。事猶易濟。故其占爲有子。則其考可无咎矣。然謂之蠱。則已危厲。不可以蠱未深而忽之也。故又戒占者知危而能戒。則終吉。

象曰。幹父之蠱。意承考也。

程傳 子幹父蠱之道。意在承當於父之事也。故祗敬其事。以置父於无咎之地。常懷惕厲。則終得其吉也。

盡誠於父事。吉之道也。

集說 項氏安世曰。幹父之蠱。迹若不順。意則承之也。迹隨時而遷。久則有敝。何可承也。孝子之於父。不失其忠愛之意而已。○楊氏簡曰。不得已而幹父之蠱。其意未嘗不順承者也。其意則承。其事則不可得而承矣。承其事則蠱不除。乃所以彰父之惡。非孝也。○張氏清子曰。不承其事而承其意。此善繼父之志者也。○楊氏啓新曰。前人以失而致蠱。未必無悔過之心。幹父之蠱。乃承考之意。而置之無過之地也。此聖人以子之賢善歸之於父。爲訓之義大矣。

案意承考。釋考所以无咎。如楊氏之說。

九二。幹母之蠱。不可貞。

本義 九二剛中。上應六五。子幹母蠱而得中之象。以剛承柔而治其壞。故又戒以不可堅貞。言當巽以入之也。程傳九二陽剛。爲六五所應。是以陽剛之才。在下而幹夫在上陰柔之事也。故取子幹母蠱爲義。以剛陽之臣。輔柔弱之君。義亦相近。二巽體而處柔。順義爲多。幹母之蠱之道也。夫子之於母。當以柔巽輔導之。使得於義。不順而致敗蠱。則子之罪也。從容將順。豈无道乎。以婦人言之。則陰柔可知。若伸己剛陽之道。遽然矯拂。則傷恩。所害大矣。亦安能入乎。在乎屈己下意。巽順將承。使之身正事治而已。故曰不可貞。謂不可貞固盡其剛直之道。如是乃中道也。又安能使之爲甚高之事乎。若於柔弱之君。盡誠竭忠。致之於中道則可矣。又安能使之大有爲乎。且以周公之聖輔成王。成王非甚柔弱也。然能使之爲成王而已。守成不失道則可矣。固不能使之爲羲黃堯舜之事也。二巽體而得中。是能巽順而得中道。合不可貞之義。得幹母蠱之道也。

集說蘇氏軾曰。陰之爲性。安無事而惡有爲。是以爲蠱之深。而幹之尤難者。正之則傷愛。不正則傷義。以是爲之難也。二以陽居陰，有剛之實，而無用剛之迹，可以免矣。○楊氏時曰：或曰卦以五爲君位，而可以母言乎？曰：母者陰尊之稱，如晉六二之稱王母，小過六二之稱遇其妣，皆謂六五也。○蔣氏悌生曰：九二以陽剛而承六五之陰柔，有母子之象，但戒以不可貞，則與幹父小異。然以巽順而得中道，亦善幹蠱者也。○楊氏啓新曰：子幹母蠱，易於專斷而失於承順，故戒以不可貞。

象曰：幹母之蠱，得中道也。

程傳　二得中道而不過剛，幹母蠱之善者也。

集說　吳氏曰愼曰：爻曰不可貞，所以戒占者；傳曰得中道，則是本爻象言其能不至於貞者也，貞則非中道矣。

九三：幹父之蠱，小有悔，无大咎。

本義過剛不中，故小有悔，巽體得正，故无大咎。程傳三以剛陽之才，居下之上，主幹者也，子幹父之蠱也。以陽處剛而不中，剛之過也。然而在巽體，雖剛過而不爲无順，順事親之本也。又居得正，故无大過。以剛陽之才，克幹其事，雖以剛過而有小小之悔，終无大過咎也。然有小悔，已非善事親也。

集說趙氏汝楳曰：二三之剛，三有餘於幹，初四五之柔，四不足於幹，重剛之才，易失於太過，則小悔固所宜也。然蠱由以亨，何大咎之有。○胡氏炳文曰：幹蠱之道，以剛柔相濟爲尚，初六、六五，柔而居剛，九二剛而居柔，皆可幹蠱，不然與其爲六四之過於柔而吝，不若九三之過於剛而悔，故曰小有悔，若不足其過於剛，繼之曰无大咎，猶幸其能剛也。

象曰：幹父之蠱，終无咎也。

程傳以三之才幹父之蠱雖小有悔終无大咎也蓋剛斷能幹不失正而有順所以終无咎也集說蔡氏清曰不曰无大咎而只曰无咎蓋不但无大咎也有進而勉之之意

六四裕父之蠱往見吝

本義以陰居陰不能有爲寬裕以治蠱之象也如是則蠱將日深故往則見吝戒占者不可如是也程傳四以陰居陰柔順之才也所處得正故爲寬裕以處其父事者也夫柔順之才而處正僅能循常自守而已若往幹過常之事則不勝而見吝也以陰柔而无應助往安能濟集說朱子語類云此兩爻說得悔吝二字最分明九三有悔而无咎由凶而趨吉也六四雖目下無事然却終吝由吉而趨凶也○劉氏彌邵曰強以立事爲幹怠而委事爲裕事弊而裕之弊益甚矣蓋六四體艮之止而爻位俱柔夫貞固足以幹事今止者

怠柔者儒。怠且儒。皆增益其蠱者也。持是以往。吝道也。安能治蠱耶。

象曰。裕父之蠱。往未得也。

程傳以四之才。守常居寬裕之時則可矣。欲有所往。則未得也。加其所任。則不勝矣。

集說趙氏汝楳曰。謂重柔之往。未得遂其有事之志。斯其爲幹蠱者之吝。

六五。幹父之蠱。用譽。

本義柔中居尊。而九二承之以德。以此幹蠱。可致聞譽。故其象占如此。

程傳五居尊位。以陰柔之質。當人君之幹。而下應於九二。是能任剛陽之臣也。雖能下應剛陽之賢而倚任之。然已實陰柔。故不能爲創始開基之事。承其舊業則可矣。故爲幹父之蠱。夫創業垂統之事。非剛明之才則不能。繼世之君。雖柔弱之資。

苟能任剛賢。則可以爲善繼而成令譽也。太甲成王。皆以臣而用譽者也。集說趙氏汝楳曰。六五德位。適剛柔之中。用以幹蠱。宜有休譽。用譽則蠱之亨可知。○熊氏良輔曰。諸爻稱幹蠱者。皆幹前人已壞之事。六五至於用譽。則不特幹其事之已壞。所謂立身揚名。使國人稱願曰幸哉有子矣。○鄭氏維嶽曰。子有幹蠱之名。則過歸於親。幹蠱而親不失於令名。是用譽以幹之也。幹蠱之最善者。

象曰。幹父用譽。承以德也。

程傳幹父之蠱而用有令譽者。以其在下之賢承輔之以剛中之德也。集說項氏安世曰。六五得尊位。行大中。能以令名掩前人之蠱者也。故曰幹父用譽。承以德也。言不以才幹而以德幹也。○鄭氏維嶽曰。既曰蠱矣。何德之可承。夫使人不曰承敝而承德。若不知其爲前人之蠱然者。

案程傳謂九二承以剛中之德。然凡言承者。皆就父子之繼而言。故初之意承考。此之承以德。文義相似也。不以事承考。而以意承考。不承父以事。而承父以德。父之德著。則譽亦彰矣。承以德。正釋用譽之意。

上九。不事王侯。高尚其事。

本義剛陽居上。在事之外。故爲此象。而占與戒。皆在其中矣。 程傳上九居蠱之終。无係應於下。處事之外。无所事之地也。以剛明之才。无應援而處无事之地。是賢人君子。不偶於時。而高潔自守。不累於世務者也。故云不事王侯。高尚其事。古之人有行之者。伊尹太公望之始。曾子子思之徒是也。不屈道以徇時。既不得施設於天下。則自善其身。尊高敦尚其事。守其志節而已。士之自高尚。亦非一道。有懷抱道德。不偶於時。而高潔自守者。有知止足之道。退而自保者。有量能度分。安於不求知者。有清介自守。不屑天下之事。獨潔其身者。所處雖有得失小大之殊。皆自高尚其事者也。象所謂志可則者。進退合道者也。**集說**石氏介曰。在卦之終。事成也。在卦之上而無所承。身退者也。在外卦而心不累於內。志之高者也。○胡氏炳文曰。初至五皆以蠱言。不言君臣而言父子。臣於君事。猶子於父事也。上九獨以不事王侯言者。蓋君臣以義合也。子於父母。有不可自諉於事之外。若王侯之事。君子有不可事者矣。是故君子之出處。在事之中。盡力以幹焉而不爲汙。在事之外。潔身以退焉而不爲僻。○張氏振淵曰。陽剛非遺世不事事之人也。居蠱之終。則無事之時也。在蠱之外。則不當事之人也。故曰不事王侯。然當事者以幹蠱爲事。不當事者以高尚爲事。故不曰無事。而曰高尚其事。

象曰。不事王侯。志可則也。

程傳如上九之處事外。不累於世務。不臣事於王侯。蓋進退以道。用舍隨時。非賢者能之乎。其所存之志

序卦傳
有事而後可大故受之以臨臨者大也
雜卦傳
臨觀之義或與或求

可爲法 集說 陸氏銓曰士何事尚志志則也可則也正是高尚其事

☱兌下
☷坤上

程傳臨序卦有事而後可大故受之以臨臨者大也蠱者事也有事則可大矣故受之以臨也韓康伯云可大之業由事而生二陽方長而盛大故爲臨也爲卦澤上有地澤上之地岸也與水相際臨近乎水故爲臨天下之物密近相臨者莫若地與水故地上有水則爲比澤上有地則爲臨也臨者臨民臨事凡所臨皆是在卦取自上臨下臨民之義

臨以初九九二爲主象傳所謂剛浸而長是也

臨元亨利貞至于八月有凶

本義臨進而淩逼於物也二陽浸長以逼於陰故爲臨十二月之卦也又其爲卦下兌說上坤順九二以

剛居中上應六五故占者大亨而利於正然至于八月當有凶也八月謂自復卦一陽之月至於遯卦二陰之月陰長陽遯之時也或曰八月謂夏正八月於卦爲觀亦臨之反對也又因占而戒之

程傳 以卦才言也臨之道如卦之才則大亨而正也二陽方長於下陽道嚮盛之時聖人豫爲之戒曰陽雖方長至于八月則其道消矣是有凶也大率聖人爲戒必於方盛之時方盛而慮衰則可以防其滿極而圖其永久若既衰而後戒則无及矣自古天下安治未有久而不亂者蓋不能戒於盛也方其盛而不知戒故狃安富則驕侈生樂舒肆則綱紀壞忘禍亂則釁孽萌是以浸淫不知亂之至也

集說 張子曰臨言有凶者易之於爻變陽至二便爲之戒未過中已戒猶履霜堅冰之義及泰之三曰无平不陂无往不復過中之戒也○朱子語類問臨不特上臨下之謂臨凡進而逼近者皆謂之臨否曰然此是二陽自下而進上則凡相逼近者皆爲臨也○程氏

迴曰。陽極於九。而少陰生於八。陰之義配月。陰極於六。而少陽復於七。陽之義配日。○王氏應麟曰。臨所謂八月。其說有三。一云自丑至申爲否。一云自子至未爲遯。一云自寅至酉爲觀。本義兼取遯觀二說。復所謂七日。其說有三。一謂卦氣起中孚。六日七分之後爲復。一謂過坤六位。至復爲七日。一謂自五月姤一陰生至十一月一陽生。本義取自姤至復之說。○胡氏炳文曰。諸家臨字。訓近訓大。只見上臨下。不見剛臨柔之意。本義依如臨深淵之臨。謂進而迫於淵。此所謂臨者。剛進而迫於柔也。蓋復者陰之極而陽初來也。臨者二陽皆來而迫於陰也。故復亨而臨大亨。復不言利貞者。復是初陽之萌。無有不善。臨則二陽浸盛。易至放肆。故戒之也。

彖曰。臨。剛浸而長。

本義 以卦體釋卦名。

集說 王氏應麟曰。陰符經云。天地之道浸。故陰陽勝。愚嘗讀易之臨曰剛浸而長遯曰浸而長也自臨而長爲泰自遯而長爲否浸者漸也聖人之戒深矣○張氏清子曰自復一陽生積而至臨則二陽長矣故曰剛浸而長遯者臨之反也臨彖曰剛浸而長遯彖不曰柔浸而長而止曰小利貞浸而長易不爲小人謀也

說而順剛中而應

本義　又以卦德卦體言卦之善

案剛浸而長說而順剛中而應皆釋卦名也蓋剛浸而長則陽道方亨有說順之德則人心和附剛中得應則上下交而志同此其所以德澤及於天下而足以有臨也此亦如泰之取義兼交泰與消長兩意見正道之盛大故夫子釋之曰臨者大也若但以臨爲陵逼小人之義則於卦爻之辭多有所難通者

大亨以正。天之道也。

本義 當剛長之時。又有此善。故其占如此也。程傳 浸。漸也。二陽長於下而漸進也。下兌上坤。和說而順也。剛得中道而有應助。是以能大亨而得正。合天之道。剛正而和順。天之道也。化育之功。所以不息者。剛正和順而已。以此臨人臨事臨天下。莫不大亨而得正也。兌爲說。說乃和也。夬彖云。決而和。

至于八月有凶。消不久也。

本義 言雖天運之當然。然君子宜知所戒。程傳 臨二陽生。陽方漸盛之時。故聖人爲之戒云。陽雖方長。然至于八月。則消而凶矣。八月。謂陽生之八月。陽始生於復。自復至遯。凡八月。自建子至建未也。二陰長而陽消矣。故云消不久也。在陰陽之氣言之。則消長如循環。不可易也。以人事言之。則陽爲君子。陰爲小人。方君

子道長之時。聖人爲之誡。使知極則有凶之理而虞備之常不至於滿極則无凶也

集說孔氏穎達曰。陽長之卦。每卦皆應八月有凶但此卦名臨是盛大之義故於此卦特戒之耳。若以類言之。則陽長之卦至其終末。皆有凶也。○陸氏振奇曰。日陽象。月陰象。八少陰之數。七少陽之數。故言陰來之期曰八月。言陽來之期曰七日。

案八月七日。說者多鑿。陸氏之說。最爲得之。蓋陽數窮於九。則退而生少陰之八。陰數窮於六。則進而生少陽之七。七八者。陰陽始生之數也。若拘拘於卦氣月候之配。則震既濟之七日。與夫三日三年十年之類。皆多不可通者矣。

象曰。澤上有地臨。君子以敎思无窮。容保民无

疆。

本義　地臨於澤。上臨下也。二者皆臨下之事。敎之无窮者兌也。容之无疆者坤也。程傳　澤之上有地。澤岸也。水之際也。物之相臨與含容。无若水之在地。故澤上有地爲臨也。君子觀親臨之象。則敎思无窮。親臨於民。則有敎導之意思也。无窮。至誠无斁也。觀含容之象。則有容保民之心。无疆。廣大无疆限也。含容有廣大之意。故爲无窮无疆之義。

集說　王氏弼曰。相臨之道。莫若悅順。不恃威制。得物之誠。故物無違也。是以君子敎思无窮。容保民无疆。○劉氏牧曰。岸高於澤。俯臨之也。○胡氏炳文曰。不徒曰敎而曰敎思。其意思如兌澤之深。不徒曰保民而曰容保民。其度量如坤土之大。○俞氏琰曰。臨有二義。以爻之陰陽言。則爲大臨小。以象之地澤言。則爲上臨下。○蔡氏淸曰。敎思。謂其一段敎育成就人底意思也。敎人以善謂之忠。味忠之一字方見此之所謂教思者○又曰勞之來之匡之直之輔之翼之使自得之又從而振德之此可見君子教思之无窮民吾同胞以至鰥寡孤獨皆吾弟兄之顛連無告者也必使皆樂其樂而利其利可見君子之容保民无疆也

案臨者大也澤上有地澤之盛滿將與地平大之義也教思无窮容保无疆蓋言王澤之盛大所以淪浹之深而漸被之廣者

初九咸臨貞吉

本義卦唯二陽徧臨四陰故二爻皆有咸臨之象初九剛而得正故其占為貞吉

程傳咸感也陽長之時感動於陰四應於初感之者也比它卦相應尤重四近君之位初得正位與四感應是以正道為當位

所信任得行其志獲乎上而得行其正道是以吉也它卦初上爻不言得位失位蓋初終之義爲重也臨則以初得位居正爲重凡言貞吉有既正且吉者有得正則吉者有貞固守之則吉者各隨其事也 集說李氏舜臣曰山澤通氣故山上有澤其卦爲咸而澤上有地初二爻亦謂之咸者陰陽之氣相感也

象曰咸臨貞吉志行正也

程傳所謂貞吉九之志在於行正也以九居陽又應四之正其志正也 集說吳氏曰愼曰有守正有行正臨初正與屯同

九二咸臨吉无不利

本義剛得中而勢上進故其占吉而无不利也 程傳二方陽長而漸盛感動於六五中順之君其交

之親。故見信任。得行其志。所臨吉而无不利也。吉者已然。如是故吉也。无不利者將然。於所施爲无所不利也。

集說 蔡氏淸曰。初九以剛得正而吉。九二以剛中而吉。剛中則貞無待於言也。剛中最易之所善。

象曰。咸臨吉无不利。未順命也。

本義 未詳。

程傳 未者非遽之辭。孟子或問勸齊伐燕有諸。曰未也。又云仲子所食之粟。伯夷之所樹與。抑亦盜跖之所樹與。是未可知也。史記侯嬴曰人固未易知。古人用字之意皆如此。今人大率用對已字。故意似異。然實不殊也。九二與五感應以臨下。蓋以剛德之長。而又得中。至誠相感。非由順上之命也。是以吉而无不利。五順體而二說體。又陰陽相應。故象特明其非由說順也。

案 君子道長。天之命也。然命不于常。故彖言八月有凶。而傳言消不久。君子處此。惟知持盈若虛。所謂大亨以正天之道者則順道而非順命矣以二爲剛長之主節卦主也故特發此義以與彖意相應凡天之命消長爲而已方其長也則不順命不受命知盈不可久而進不可恃也及其消也則志不舍命知物不可窮而往之必復也易之大義盡在於斯

六三甘臨无攸利既憂之无咎

本義 陰柔不中正而居下之上爲以甘說臨人之象其占固无所利然能憂而改之則无咎也勉人遷善爲教深矣 **程傳** 三居下之上臨人者也陰柔而說體又處不中正以甘說臨人者也在上而以甘說臨下失德之甚无所利也兌性既說又乘二陽之上陽方長而上進故不安而益甘既知危懼而憂之若能持謙守正至誠以自處則无咎也邪說由已能憂而改之復何咎乎 **集說** 蘇氏軾曰樂而受之謂之甘○胡氏

炳文曰。彖唯取剛臨柔。爻則初二外。皆上臨下。三兌體在二陽之上。爲以甘說臨人之象。節九五以中正爲甘則吉。此以不中不正爲甘。故无攸利。憂者說之反。能憂而改。則无咎矣。

案臨卦本取勢之盛大爲義。因其勢之盛大。又欲其德業之盛大。是此卦彖爻之意也。初二以德感人。故曰咸以德感人者。蓋以盛大爲憂而未嘗樂也。六三說主德不中正。以勢爲樂。故曰甘臨。夫恣情於勢位。則何利之有哉。然說極則有憂之理。既憂則知勢位之非樂。而咎不長矣。此爻與節三不節之嗟正相似。皆兌體也。

象曰。甘臨。位不當也。既憂之。咎不長也。

程傳　陰柔之人。處不中正。而居下之上。復乘二陽。是處不當位也。既能知懼而憂之。則必強勉自改。故其過咎不長也。

集說　李氏簡曰。六三不中不正。處不當位。雖甘說此位。亦安足以有臨乎。能知而憂之。強勉自改，則過咎不長也。

案：三之爻位不當，而四之爻位當，故其德有善否。然三之所處，位高勢盛，不可甘也，而甘之，此其所以爲不當也；四之所處，與下相親，最切至也，而能至焉，此其所以爲當也。是爲借爻位之當不當，以明所處位之當不當，易之例也。

六四：至臨，无咎。

本義：處得其位，下應初九，相臨之至，宜无咎者也。

程傳：四居上之下，與下體相比，是切臨於下，臨之至也。臨道尚近，故以比爲至。四居正位，而下應於剛陽之初，處近君之位，守正而任賢，以親臨於下，是以无咎，所處當也。

集說：王氏宗傳曰：四以上臨下，其與下體最相親，故曰至臨，以言上下二體，莫親於此也。

象曰至臨无咎位當也

程傳居近君之位爲得其任以陰處四爲得其正與初相應爲下賢所以无咎蓋由位之當也集說鄭氏汝諧曰其位在上下之際臨之切至也凡上之臨下惟患其遠而不相通四既近於下其所處之位至當是以无咎

六五知臨大君之宜吉

本義以柔居中下應九二不自用而任人乃知之事而大君之宜吉之道也程傳五以柔中順體居尊位而下應於二剛中之臣是能倚任於二不勞而治以知臨下者也夫以一人之身臨乎天下之廣若區區自任豈能周於萬事故自任其知者適足爲不知唯能取天下之善任天下之聰明則无所不周是不自任

其知則其知大矣五順應於九二剛中之賢任之以臨下乃已以明知臨天下大君之所宜也其吉可知集說王氏申子曰中庸曰唯天下至聖為能聰明睿知足以有臨也故知臨為大君之宜六五以柔中之德任九二剛中之賢不自用其知而兼衆知為知之大是宜為君而獲吉也○胡氏炳文曰臨是以己臨人五虛中下應九二不任己而任人所以為知所以為大君之宜

象曰大君之宜行中之謂也

程傳君臣道合蓋以氣類相求五有中德故能倚任剛中之賢得大君之宜成知臨之功蓋由行其中德也人君之於賢才非道同德合豈能用也集說沈氏該曰能以其知行中者也

上六敦臨吉无咎

本義居卦之上處臨之終敦厚於臨吉而无咎之道也故其象占如此

程傳上六坤之極順之至也而居臨之終敦厚於臨也與初二雖非正應然大率陰求於陽又其至順故志在從乎二陽尊而應卑高而從下尊賢取善敦厚之至也故曰敦臨所以吉而无咎陰柔在上非能臨者宜有咎也以其敦厚於順剛是以吉而无咎六居臨之終而不取極義臨无過極故止爲厚義上无位之地止以在上言

集說朱子語類云上六敦臨自是積累至極處有敦篤之義艮上九亦謂之敦艮復上六爻不好了所以只於五爻謂之敦復

○楊氏啓新曰處臨之終有厚道焉教思无窮容保无疆者也如是則德厚而物無不載道久而化無不成

象曰敦臨之吉志在內也

程傳志在內應乎初與二也志順剛陽而敦篤其吉可知也

集說張氏振淵曰志在內即萬物一

序卦傳
物大然後可觀故
受之以觀
雜卦傳
臨觀之義或與或
求

體之意所以能敦若將天下國家置
在度外雖有些小德澤終是淺薄
參此志在內當與泰初志在外反觀同是天下國家也
自初言之則爲外自上言之則爲內伊尹躬耕而自任
以天下之重可謂志在外矣堯舜耄
期倦勤而念不忘民可謂志在內矣

☷☴
坤下
巽上

程傳觀序卦臨者大也物大然後可觀故受之以觀觀
所以次臨也凡觀視於物則爲觀爲觀於下則爲
觀如樓觀謂之觀者爲觀於下也人君上觀天道下觀
民俗則爲觀修德行政爲民瞻仰則爲觀風行地上徧
觸萬類周觀之象也二陽在上四陰在下陽剛居尊爲
羣下所觀仰觀之義也在諸爻則唯取觀見隨時爲義
也

觀以九
五上九
爲主象
傳所謂
大觀在
上是也

觀盥而不薦有孚顒若

本義觀者有以示人而爲人所仰也九五居上四陰仰之又內順外巽而九五以中正示天下所以爲觀盥將祭而潔手也薦奉酒食以祭也顒然尊嚴之貌言致其潔清而不輕自用則其孚信在中而顒然可仰戒占者宜如是也或曰有孚顒若謂在下之人信而仰之也此卦四陰長而二陽消正爲八月之卦而名卦繫辭更取他義亦扶陽抑陰之意

程傳子聞之胡翼之先生曰君子居上爲天下之表儀必極其莊敬則下觀仰而化也故爲天下之觀當如宗廟之祭始盥之時不可如旣薦之後則下民盡其至誠顒然瞻仰之矣盥謂祭祀之始盥手酌鬱鬯於地求神之時也薦謂獻腥獻熟之時也盥者事之始人心方盡其精誠嚴肅之至也至旣薦之後禮數繁縟則人心散而精一不若始盥之時矣居上者正其表儀以爲下民之觀當莊嚴如始

盥之初。勿使誠意少散。如既薦之後。則天下之人莫不盡其孚誠。顒然瞻仰之矣。顒。仰望也。

集說 朱子語類云。自上示下曰觀。自下觀上曰觀。故卦名之觀去聲。而六爻之觀皆平聲。○或問伊川以爲灌鬯之初誠意猶存。至薦羞之後精意懈怠。本義以爲致其潔清而不輕自用。其義不同。曰。盥只是浣手。不是灌鬯。伊川承先儒之誤。若云薦羞之後誠意懈怠。則先王祭祀只是灌鬯之初猶有誠意。及薦羞之後皆不成禮矣。問若爾則是聖人在上。視聽言動皆當爲天下法。而不敢輕。亦猶祭祀之時致其潔清而不敢輕用否。曰然。○又云。祭祀無不薦者。此是假設來說。薦是用事了。盥是未用事之初。云不薦者。言常持得這誠敬。如盥之意常在。若薦則是用出。用出則纔畢便過了。無復有初意矣。○問有孚顒若。承上文盥而不薦。蓋致其潔清而不輕自用。則孚信在中而顒然可仰。一說下之人信而仰之。二說孰長。曰。從後說。則合得彖辭下觀而化之義。問前說似好。

曰當以彖辭爲定○馮氏椅曰卦疊艮之畫有門闕重複之象故取象於觀○龔氏煥曰易之名卦以陽爲主在陽長之卦固主於陽而言在陰長之卦亦主於陽而言主於陽而言者所以扶陽也此四陰之卦不曰小壯而曰觀也四陽之卦有曰大過四陰之卦有曰小過者何陰可以言過而不可以言壯也然大過之四陽過而居中小過之四陰過而居外亦崇陽抑陰之意○梁氏寅曰盥而不薦設辭以見其潔清之至而不輕自用耳猶中庸曰不動而敬不言而信聖人未嘗不言不動也而其敬其信則尤在於未言動之時故聖人之御天下也其政教之施民固無不化矣而其政教未施之時所以化民者尤有不言之妙焉蓋其篤恭之極如臨大祭而孚誠之念存於中顒然之容見於外故下民之望之也其信從化服自有不知其然矣○蔡氏清曰平菴項氏云此但以盥而不薦象恭已無爲耳愚謂恭已二字則說得無爲二字難通無爲者聖人德盛而民自化不

待有所爲。非不輕自用意也。無爲豈可用心乎。雖堯舜亦不能自期於無爲。至於神道設教而天下服。則是觀之極致。聖人之能事。是則所謂無爲者。○林氏希元曰。盥將以薦。豈有不薦之理。曰盥而不薦。特以明敬常在之意耳。盥而不薦。就祭祀上說。則有孚顒若。亦是就祭祀上說。爲觀之意。則在言表。

彖曰。大觀在上。順而巽。中正以觀天下。

本義 以卦體卦德釋卦名義。 程傳 五居尊位。以剛陽中正之德爲下所觀。其德甚大。故曰大觀在上。下坤而上巽。是能順而巽也。五居中正。以巽順中正之德爲觀於天下也。 集說 趙氏彥肅曰。大觀在上。統謂二陽。中正以觀天下。獨舉九五。○楊氏啓新曰。順以宅心。堯舜之溫恭克讓。文王之徽柔懿恭是也。巽以制事。通人情。酌物理。隨物付物。因時制宜者也。巽德之制也。非巽何以使萬事各得其宜。

觀盥而不薦有孚顒若下觀而化也

本義釋卦辭　程傳爲觀之道嚴敬如始盥之時則下民至誠瞻仰而從化也不薦謂不使誠意少散也　集說虞氏翻曰孚信顒顒有威容貌容止可觀進退可度則下觀其德而順其化詩曰顒顒卬卬如圭如璋君德之義也○朱氏震曰祭之初迎尸入廟天子涗手而後酌酒涗謂之盥酌酒獻尸尸得之灌地而祭謂之祼祼之後三獻而薦腥五獻而薦熟謂之薦盥者未祼之時精神專一誠意未散不言之信發而爲敬順之貌顒顒如也故下觀而化莫不有敬順之心也○王氏申子曰觀示天下之道其誠意精一常如始盥之時則觀感之下莫不從化蓋有不動而敬不言而信之妙

觀天之神道而四時不忒聖人以神道設教而

天下服矣。

本義極言觀之道也。四時不忒。天之所以爲觀也。神道設教。聖人之所以爲觀也。

程傳天道至神。故曰神道。觀天之運行。四時无有差忒。則見其神妙。聖人見天道之神。體神道以設教。故天下莫不服也。夫天道至神。故運行四時。化育萬物。无有差忒。至神之道。莫可名言。唯聖人默契。體其妙用。設爲政教。故天下之人涵泳其德而不知其功。鼓舞其化而莫測其用。自然仰觀而戴服。故曰以神道設教而天下服矣。

集說虞氏翻曰。聖人退藏於密。以神明其德。故設教而天下服矣。○王氏弼曰。統說觀之爲道。不以刑制使物。而以觀感化物。神則無形者也。不見天之使四時。而四時不忒。不見聖人使百姓。而百姓自服也。○楊氏時曰。古人所以交神而接人。其道一主於誠。故曰明則有禮樂。幽則有鬼神。幽明本無二理。故所以感之者一。聖人以神道設教。所謂神道。誠意而已。誠意。天德也。○朱子語類云。聖人以神道設教。卽是盥而不薦之義。○又云。天之神道。只是自然運行底道理。四時自然不忒。聖人神道亦是有教人自然觀感處。○吳氏澄曰。常人以言設教。則有聲音。以身設教。則有形迹。聖人妙天道於不測。其應捷如影響。蓋所存者神。故所過者化也。○楊氏啓新曰。聖人設教。誠於此。動於彼。不顯之德。篤恭之妙。與上天之載無聲無臭者同一機。而其動物之妙。不變之感。有非人所能測者。故曰神道設教。

象曰。風行地上。觀。先王以省方觀民設教。

本義 省方以觀民。設教以爲觀。程傳 風行地上。周及庶物。爲由歷周覽之象。故先王體之。爲省方之禮。以觀民俗而設政教也。天子巡省四方。觀視民俗。設爲政教。如奢則約之以儉。儉則示之以禮是也。省方觀民也。設教。爲民觀也。集說九家易曰。風行地上。草木必偃。故以省察四方。觀視民俗。而設其教也。○劉氏牧曰。風行地上。無所不至。散采萬國之聲詩。省察其俗。有不同者。教之使同。

初六。童觀。小人无咎。君子吝。

本義卦以觀示爲義。據九五爲主也。爻以觀瞻爲義。皆觀乎九五也。初六陰柔在下。不能遠見。童觀之象。小人之道。君子之羞也。故其占在小人則无咎。君子得之則可羞矣。程傳六以陰柔之質。居遠於陽。是以觀見者淺近。如童稚然。故曰童觀。陽剛中正在上。聖賢之君也。近之則見其道德之盛。所觀深遠。初乃遠之。所見不明。如童蒙之觀也。小人下民也。所見昏淺。不能識君子之道。乃常分也。不足謂之過咎。若君子而如是。則可鄙吝也。集說王氏弼曰。觀之爲義。以所見爲美者也。故以近尊爲尚。遠之爲吝。

象曰初六童觀小人道也

程傳所觀不明如童稚乃小人之分故曰小人道也集說王氏申子曰卑下而無遠見在凡民爲可恕在君子爲可羞

六二闚觀利女貞

本義陰柔居內而觀乎外闚觀之象女子之正也故其占如此丈夫得之則非所利矣程傳二應於五觀於五也五剛陽中正之道非二陰暗柔弱所能觀見也故但如闚覘之觀耳闚覘之觀雖少見而不能甚明也二既不能明見剛陽中正之道則利如女子之貞雖見之不能甚明而能順從者女子之道也在女子爲貞也二既不能明見九五之道能如女子之順從則不失中正乃爲利也集說胡氏炳文曰初位陽

故爲童。二位陰。故爲女。童觀。是茫然無所見。小人日用而不知者也。闚觀。是所見者小。而不見全體也。占曰利女貞則非丈夫之所爲可知矣。

象曰。闚觀女貞。亦可醜也。

本義在丈夫則爲醜也。

程傳君子不能觀見剛陽中正之大道。而僅闚覘其彷彿。雖能順從。乃同女子之貞。亦可羞醜也。

集說郭氏忠孝曰。男女吉凶不同。故恆卦曰婦人吉夫子凶。則知利女貞者。固爲男之醜也。

六三。觀我生進退。

本義我生。我之所行也。六三居下之上。可進可退。故不觀九五而獨觀己所行之通塞。以爲進退。占者宜自審也。

程傳 三居非其位，處順之極，能順時以進退者也。若居當其位，則无進退之義也。觀我生，我之所生，謂動作施爲出於已者。觀其所生而隨宜進退，所以處雖非正而未至失道也。隨時進退，求不失道，故无悔咎，以能順也。

集說 孔氏穎達曰：三居下體之極，是有可進之時；又居上體之下，復是可退之地。遠則不爲童觀，近則未爲觀國，居在進退之處，可以自觀時，可則進，時不可則退，故曰觀我生進退也。○劉氏牧曰：自觀其道，應於時則進，不應於時則退。○朱子語類云：六三之觀我生進退者，事君則觀其言聽計從，治民則觀其政教可行，膏澤可下，可以見自家所施之當否而爲進退。○王氏申子曰：三處下之上，上之下，故有進退之象。君子進退常觀乎時，今不觀乎時而觀我生者，蓋九五方以陽剛中正觀示天下，則時不待觀也，但觀吾之所有以爲進退可也。○胡氏炳文曰：他卦三不中多不善，二居中多善，而觀以遠近爲義，故如此。諸爻皆欲觀五。惟近者得之。六四最近。故可決於進。六三上下之間。可進可退之地。故不必觀五。但觀我所爲而爲之進退。

本義謂占者宜自審。蓋當進退之際。惟當自審其所爲何如耳。

象曰。觀我生進退。未失道也。

程傳觀己之生。而進退以順乎宜。故未至於失道也。

案道。即進退之道。量而後入。則不失乎進退之道矣。

六四。觀國之光。利用賓于王。

本義六四最近於五。故有此象。其占爲利於朝覲仕進也。程傳觀莫明於近。五以陽剛中正居尊位。聖賢之君也。四切近之。觀見其道。故云觀國之光。觀見國之盛德光輝也。不指君之身而云國者。在人君而言。

豈止觀其行一身乎當觀天下之政化則人君之道德可見矣。四雖陰柔而巽體居正。切近於五。觀見而能順從者也。利用賓于王。夫聖明在上。則懷抱才德之人。皆願進於朝廷。輔戴之以匡濟天下。四既觀見人君之德。國家之治。光華盛美。所宜賓于王朝。效其智力。上輔於君。以施澤天下。故云利用賓于王也。古者有賢德之人。則人君賓禮之。故士之仕進於王朝。則謂之賓。

集說 劉氏定之曰。九五大君。觀己所爲以儀型天下。初居陽而去五遠。所觀不明。如童子。二居陰而去五遠。所觀不明。如女子。惟四得正而去五近。所觀最明。故曰觀光賓王。蓋諸爻皆就五取義也。

象曰。觀國之光。尚賓也。

程傳 君子懷負才業。志在乎兼善天下。然有卷懷自守者。蓋時无明君。莫能用其道。不得已也。豈君子之志哉。故孟子曰。中天下而立。定四海之民。君子樂之。既觀見國之盛德光華。古人所謂非常之遇也。所以志願登進王朝。以行其道。故云觀國之光尚賓也。尚謂志尚。其志意願慕賓於王朝也。 集說 楊氏簡曰。言其國貴尚賓賢。可以進也。

九五。觀我生。君子无咎。

本義 九五陽剛中正以居尊位。其下四陰。仰而觀之。君子之象也。故戒居此位得此占者。當觀己所行。必其陽剛中正亦如是焉。則得无咎也。 程傳 九五居人君之位。時之治亂。俗之美惡。係乎己而已。觀己之生。若天下之俗。皆君子矣。則是己之所爲政化善也。乃无咎矣。若天下之俗。未合君子之道。則是己之所爲政治未善。不能免於咎也。 集說 孔氏穎達曰。九五居尊。爲觀之主。四海之內。由我而化。我教化善。則天下有君子之風。教化不善。則天下著小人之俗。故觀民以察我道。有君子之風者。則无咎也。○朱子語類云。九五之觀我生。如觀風俗之媺惡。臣民之從違。可以見自家所施之善惡。○王氏申子曰。五陽剛中正。居尊位以觀天下。此君子之道也。天下皆仰而觀之。在五又當觀己之所行。必一出於君子之道。然後可以立身於無過之地。故曰觀我生君子无咎。

象曰。觀我生。觀民也。

本義　此夫子以義言之。明人君觀己所行。不但一身之得失。又當觀民德之善否。以自省察也。程傳　我生。出於己者。人君欲觀己之施爲善否。當觀於民。民俗善則政化善也。王弼云。觀民以察己之道是也。集說　胡氏瑗曰。觀流則可以知源。觀影則可以知表。觀民則可以知己政之得失也。

上九。觀其生。君子无咎。

本義　上九陽剛。居尊位之上。雖不當事任。而亦爲下所觀。故其戒辭畧與五同。但以我爲其。小有主賓之異耳。程傳　上九以陽剛之德。處於上。爲下之所觀。而不當位。是賢人君子不在於位。而道德爲天下所觀仰者也。觀其生。觀其所生也。謂出於已者。德業行義也。既爲天下所觀仰。故自觀其所生。若皆君子矣。則无過咎也。苟未君子。則何以使人觀仰矜式。是其咎也。集說　王氏弼曰。觀我生。自觀其道者也。觀其生。爲民所觀者也。不在於位。最處上極。高尚其志。爲天下所觀者也。處天下所觀之地。可不愼乎。故君子德見。乃得无咎。

案上九觀其生。似只是承九五之義。而終言之爾。蓋九五正當君位。故曰我。上非君位。而但以君道論之。故曰其辭與九五無異者。正所以見聖人省身察己始終如一之心。故象傳發明之曰志未平也。

象曰。觀其生。志未平也。

本義 志未平。言雖不得位。未可忘戒懼也。程傳 雖不在位。然以人觀其德。用爲儀法。故當自慎省觀其所生。常不失於君子。則人不失所望而化之矣。不可以不在於位。故安然放意。无所事也。是其志意未得安也。故云志未平也。平。謂安寧也。集說 陸氏希聲曰。民之善惡。由我德化。其志未平。憂民之未化也。

總論 朱子語類問觀卦陰盛而不言凶咎。曰。此卦取義不同。蓋陰雖盛於下。而九五之君。乃當正位。故只取爲觀於下之義。而不取陰盛之象也。○問觀六爻。一爻勝似一爻。豈所居之位愈高。則所見愈大耶。曰。上二爻意自別。下四爻是所據之位愈近。則所見愈親切底意思。

繫辭下傳

日中爲市致天下之民聚天下之貨交易而退各得其所蓋取諸噬嗑

序卦傳

可觀而後有所合故受之以噬嗑嗑者合也

雜卦傳

噬嗑食也

䷔ 震下 離上

程傳 噬嗑序卦可觀而後有所合故受之以噬嗑嗑者合也既有可觀然後有來合之者也噬嗑所以次觀也噬齧也嗑合也口中有物間之齧而後合之也卦上下二剛爻而中柔外剛中虛人頤口之象也中虛之中又一剛爻爲頤中有物之象口中有物則隔其上下不得嗑必齧之則得嗑故爲噬嗑聖人以卦之象推之於天下之事在口則爲有物隔而不得合在天下則爲有強梗或讒邪間隔於其間故天下之事不得合也當用刑法小則懲戒大則誅戮以除去之然後天下之治得成矣凡天下至於一國一家至於萬事所以不和合者皆由有間也无間則合矣以至天地之生萬物之成皆合而後能遂凡未合者皆有間也若君臣父子親戚朋友之間有離貳怨隙者蓋讒邪間於其間也除去之則和合矣故間隔者天下之大害也聖人觀噬嗑之象

噬嗑以六五爲主象傳所謂柔得中而上行是也

推之於天下萬事。皆使去其間隔而合之。則无不和且洽矣。噬嗑者。治天下之大用也。去天下之間在任刑罰。故卦取用刑爲義。在二體明照而威震。乃用刑之象也。

噬嗑亨。利用獄。

本義　噬。齧也。嗑。合也。物有間者。齧而合之也。爲卦上下兩陽而中虛。頤口之象。九四一陽。間於其中。必齧之而後合。故爲噬嗑。其占當得亨通者。有間故不通。齧之而合。則亨通矣。又三陰三陽。剛柔中半。下動上明。下雷上電。本自益卦六四之柔上行以至於五而得其中。是知以陰居陽。雖不當位。而利用獄。蓋治獄之道。惟威與明而得其中之爲貴。故筮得之者。有其德。則應其占也。

程傳　噬嗑亨。卦自有亨義也。天下之事所以不得亨者。以有間也。噬而嗑之。則亨通矣。利用獄。噬而嗑之之道。宜用刑獄也。天下之間。非刑獄何以去之。不云利用刑而云利用獄者，卦有明照之象，利於察獄也。獄者所以究治情僞，得其情，則知爲閒之道，然後可以設防與致刑也。

集說　李氏舜臣曰：噬嗑震下離上，天地生物，有爲造物之梗者，必用雷電擊搏之；聖人治天下，有爲民之梗者，必用刑獄斷制之。故噬嗑以去其頤中之梗，雷電以去天地之梗，刑獄以去天下之梗也。

彖曰：頤中有物曰噬嗑。

本義　以卦體釋卦名義。

集說　王氏宗傳曰：易之立卦，其命名立象，各有所指。鼎、井、大過棟橈、小過飛鳥，若此類者，遠取諸物也。艮背、頤頤、噬嗑頤中有物，若此類者，近取諸身也。

噬嗑而亨，剛柔分，動而明，雷電合而章，柔得中而上行，雖不當位，利用獄也。

本義　又以卦名卦體卦德二象卦變釋卦辭。程傳　頤中有物故爲噬嗑有物間於頤中則爲害噬而嗑之則其害亡乃亨通也故云噬嗑而亨剛柔分動而明雷電合而章以卦才言也剛爻與柔爻相間剛柔分而不相雜爲明辨之象明辨察獄之本也動而明下震上離其動而明也雷電合而章雷震而電燿相須並見合而章也照與威並行用獄之道也能照則无所隱情有威則莫敢不畏上既以二象言其動而明故復言威照並用之意六五以柔居中爲用柔得中之義上行謂居尊位雖不當位謂以柔居五爲不當而利於用獄者治獄之道全剛則傷於嚴暴過柔則失於寬縱五爲用獄之主以柔處剛而得中得用獄之宜也以柔居剛爲利用獄以剛居柔爲利否曰剛柔質也居用也用柔非治獄之宜也

集說　崔氏憬曰物在頤中隔其上下因齧而合乃得其亨焉以喻人於上下之間有亂羣者當用刑去之故言利用獄○石氏介曰大凡柔則

言上行。剛則言來。柔下剛上。定體也。剛來。如訟无妄渙等。剛體本在上而來下。上行。如晉睽鼎噬嗑等。柔體本在下。今居五位爲上行。○朱氏震曰。六五柔中。不當位也。施於用獄。無若柔中之爲利。蓋人君止於仁。不以明斷稱。以皐陶寧失不經。曾子哀矜而勿喜之言觀之。則不在明斷審矣。○趙氏汝楳曰。體卦之畫。則寛嚴胥濟。體卦之德。則明清善聽。體卦之象。則獄不淹宿。噬以剛動而能噬嗑。彖言利用獄。疑當以剛能斷制。而聖人歸之六五之柔。其哀矜惟良之義乎。大君在上。三又而後制刑。德雖柔。於獄則利。○俞氏琰曰。噬嗑倒轉爲賁。亦有頤中有物之象。而以爲賁何耶。曰。凡噬者必下動。賁無震。故不得爲噬嗑也。夫頤而中虛。則無事於噬而自可合。今有物焉。則窒塞矣。苟不以齒決之。烏得而合。故噬已則嗑。嗑則窒者去而上下亨通。故文王曰。噬嗑亨。孔子添一而字。蓋謂噬而嗑之則亨。不噬則不嗑。不嗑則不亨也。

象曰雷電噬嗑先王以明罰勑法

本義雷電當作電雷 程傳象无倒置者疑此文互也雷電相須並見之物亦有嗑象電明而雷威先王觀雷電之象法其明與威以明其刑罰飭其法令法者明事理而爲之防者也 集說侯氏行果曰雷所以動物電所以照物雷電震照則萬物不能懷邪故先王則之明罰勑法以示萬物也○項氏安世曰陰陽相噬而有聲則爲雷有光則爲電二物因噬而嗑故曰雷電噬嗑○徐氏幾曰明罰者所以示民而使之知所避勑法者所以防民而使之知所畏此先王忠厚之意也未至折獄致刑處故與豐象異○張氏清子曰蔡邕石經本作電雷○蔡氏清曰先王以明罰勑法此以立法言故曰先王若豐折獄致刑以用法言則曰君子矣○薛氏瑄曰噬嗑賁豐旅四卦論用刑皆離火之用以是見用法貴乎明噬嗑豐以火雷雷火交互爲體用法

繫辭下傳
子曰小人不恥不仁不畏不義不見利不勸不威不懲小懲而大誡此小人之福也易曰屨校滅趾无咎此之謂也

賁乎威明並濟賁旅以山火火山交互爲體用法賁乎明愼並用

初九屨校滅趾无咎

本義　初上无位爲受刑之象中四爻爲用刑之象初在卦始罪薄過小又在卦下故爲屨校滅趾之象止惡於初故得无咎占者小傷而无咎也　程傳　九居初最下无位者也下民之象爲受刑之人當用刑之始罪小而刑輕校木械也其過小故屨之於足以滅傷其趾人有小過校而滅其趾則當懲懼不敢進於惡矣故得无咎繫辭云小懲而大誡此小人之福也言懲之於小與初故得无咎也初與上无位爲受刑之人餘四爻皆爲用刑之人初居最下无位者也上處尊位之上過於尊位亦无位者也王弼以爲无陰陽之位陰陽係於奇偶豈容无也然諸卦初上不言當位不當位者蓋初終之義爲大臨之初九則以位爲正若需上六云不

當位。乾上九云无位。爵位之位。非陰陽之位也。集說王氏弼曰。居無位之地以處刑。初受刑而非治刑者也。凡過之所始。必始於微。而後至於著。罰之所始。必始於薄。而後至於誅。過輕戮薄。故屨校滅趾。桎其行也。足懲而已。故不重也。過而不改。乃謂之過。小懲大誡。乃得其福。故无咎也。○俞氏琰曰。校。獄具也。初在下。趾象也。滅沒而不見也。以剛物加於著屨之足而沒其趾。故曰屨校滅趾。懲之於小。戒之於初。則不進於惡。故无咎。○姜氏寶曰。滅沒也。言屨校於足而遮沒其趾。非傷滅其趾之謂也。

象曰。屨校滅趾。不行也。

本義滅趾。又有不進於惡之象。程傳屨校而滅傷其趾。則知懲誡而不敢長其惡。故云不行也。古人制刑。有小罪則校其趾。蓋取禁止其行。使不進於惡也。集說胡氏炳文曰。下卦為震。滅趾使其不敢如震之動也。動則進於惡矣。

六二。噬膚滅鼻。无咎。

本義 祭有膚鼎。蓋肉之柔脆。噬而易嗑者。六二中正。故其所治如噬膚之易。然以柔乘剛。故雖甚易。亦不免於傷滅其鼻。占者雖傷而終无咎也。 程傳 二應五之位。用刑者也。四爻皆取噬爲義。二居中得正。是用刑得其中正也。用刑得其中正。則罪惡者易服。故取噬膚爲象。噬齧人之肌膚爲易入也。滅。沒也。深入至沒其鼻也。二以中正之道。其刑易服。然乘初剛。是用刑於剛強之人。刑剛強之人。必須深痛。故至滅鼻而无咎也。中正之道。易以服人。與嚴刑以待剛強。義不相妨。 集說 孔氏穎達曰。六二處中得位。是用刑者。膚是柔脆之物。以喻服罪受刑之人也。乘剛而刑未盡順。噬過其分。故至滅鼻。言用刑太深也。刑中其理。故无咎。○胡氏炳文曰。噬而言膚腊胏肉者。取頤中有物之象也。各爻雖取所噬之難易而言。然因各爻自有此象。故其所噬者因而爲之象耳。六二柔而中正。故所治如噬膚之易入。初剛未服。不能無傷。然始雖有傷。終可服也。

象曰。噬膚滅鼻。乘剛也。

程傳 深至滅鼻者。乘剛故也。乘剛乃用刑於剛強之人。不得不深嚴也。深嚴則得宜。乃所謂中也。

集說 孔氏穎達曰。乘剛者。釋噬膚滅鼻之義。以其乘剛。故用刑深也。

六三。噬腊肉。遇毒。小吝。无咎。

本義 腊肉。謂獸腊。全體骨而爲之者。堅韌之物也。陰柔不中正。治人而人不服。爲噬腊遇毒之象。占雖小吝。然時當噬嗑。於義爲无咎也。

程傳 三居下之上。用刑者也。六居三。處不當位。自處不得其當而刑於人。

則人不服而怨懟悖犯之。如噬齧乾腊堅韌之物，而遇毒惡之味，反傷於口也。用刑而人不服，反致怨傷，是可鄙吝也。然當噬嗑之時，大要噬閒而嗑之，雖其身處位不當，而強梗難服，至於遇毒，然用刑非爲不當也。故雖可吝，而亦小噬而嗑之，非有咎也。 集說胡氏炳文曰：肉因六柔取象，腊因三剛取象。六二柔居柔，故所噬象膚之柔。六三柔居剛，故所噬象腊肉，柔中有剛，比之二難矣。二三皆无咎，而三小吝者，中正不中正之分也。

象曰：遇毒，位不當也。

程傳六三以陰居陽，處位不當。自處不當，故所刑者難服而反毒之也。

案此亦借爻位之不當，以明其所處之難爾，非其所行有不當也。若所行有不當，則施之刑獄，其失大矣，安得无咎。又豈獨小吝而已乎。

九四。噬乾胏。得金矢。利艱貞。吉。

本義 胏，肉之帶骨者，與胾通。周禮獄訟入鈞金束矢而後聽之。九四以剛居柔，得用刑之道，故有此象。言所噬愈堅而得聽訟之宜也。然必利於艱難正固則吉，戒占者宜如是也。

程傳 九四居近君之位，當噬嗑之任者也。四已過中，是其閒愈大而用刑愈深也，故云噬乾胏。胏，肉之有聯骨者。乾肉而兼骨，至堅難噬者也。噬至堅而得金矢，金取剛，矢取直。九四陽德剛直，爲得剛直之道。雖用剛直之道，利在克艱其事而貞固其守，則吉也。九四剛而明，體陽而居柔。剛明則傷於果，故戒以知難。居柔則守不固，故戒以堅貞。剛而不貞者有矣，凡失剛者皆不貞也。在噬嗑四最爲善。

集說 陸氏績曰：金矢者，剛直也。噬胏雖難，終得申其剛直也。

楊氏時曰九四合一卦言之則爲間者以爻言則居近君之位任除間之責者也易之取象不同類如此○王氏宗傳曰以一卦言之則九四頤中之物也所以爲強梗者也以六爻言之則九四剛直之才也所以去強梗者也肉之附骨者謂之胏而又乾焉亦最難噬者也然三之於腊肉則遇毒而四之於乾胏則無是患者剛柔之才異也○丘氏富國曰噬嗑惟四五兩爻能盡治獄之道彖以五之柔爲主故曰柔得中而上行雖不當位利用獄也利用之言獨歸之五而他爻不與焉爻以四之剛爲主故曰噬乾胏得金矢利艱貞吉吉之言獨歸之四而他爻謂之无咎也主柔而言以仁爲治獄之本主剛而言以威爲治獄之用仁以寓其哀矜威以懲其奸慝剛柔迭用畏愛兼施治獄之道得矣○胡氏炳文曰離爲乾卦故爲乾胏腊肉肉藏骨柔中有剛六三柔居剛故所噬如之乾胏骨連肉剛中有柔九四剛居柔故所噬如之三遇毒所治之人不服也四得金矢其人

服矣。然必艱難正固乃无咎。

象曰利艱貞吉未光也。

程傳凡言未光，其道未光大也。戒於利艱貞，蓋其所不足也。不得中正故也。集說方氏應祥曰聽訟者之心有所未光，故以利艱貞爲戒。

六五噬乾肉得黄金貞厲无咎。

本義噬乾肉，難於膚而易於腊胏者也。黄，中色。金亦謂鈞金。六五柔順而中，以居尊位，用刑於人，人无不服，故有此象。然必貞厲乃得无咎，亦戒占者之辭也。程傳五在卦愈上而爲噬乾肉，反易於四之乾胏者，五居尊位，乘在上之勢，以刑於下，其勢易也。在卦將極矣。其爲閒甚大，非易嗑也，故爲噬乾肉也。得黄金，黄中

色。金剛物。五居中爲得中道。處剛而四輔以剛。得黃金

也。五无應而四居大臣之位。得其助也。貞厲无咎。六五

雖處中剛。然實柔體。故戒以必正固而懷危厲。則得无

咎也。以柔居尊。而當噬嗑之時。豈可不貞固而懷危懼

哉。集說 朱子語類問。九四利艱貞。六五貞厲。皆有艱難

正固危懼之意。故皆爲戒占者之辭。曰。亦是爻

中元自有此道理。大抵纔是治人。彼必爲敵。不是易事。

故雖是時位卦德得用刑之宜。亦須以艱難正固處之。

○李氏過曰。九四以剛噬。六五以柔噬。以剛噬者。有司

執法之公。以柔噬者。人君不忍之仁也。○胡氏炳文曰。

噬膚噬腊肉噬乾胏。一節難於一節。六五噬乾肉則易

矣。五君位也。以柔居剛。柔而得中。用獄之道也。何難之

有。訟則出矣。獄則出金。訟爲小。獄爲大。四於訟獄兼得

大小兼理之也。五君也。非大獄不敢以聞。書所謂罔攸

兼于庶獄是也。○谷氏家杰曰。四先艱而後貞者。先以

艱難存心。而後出入罔不得其正。此獄未成之前詳審

之法。人臣以執法爲道也。五先貞而後厲者。雖出入無不得正。而猶以危厲惕其心。此獄既成之後。欽恤之仁。人君以好生爲德也。

象曰。貞厲无咎。得當也。

程傳 所以能无咎者。以所爲得其當也。所謂當。居中用剛。而能守正慮危也。 集說 趙氏汝楳曰。釋象言不當位。此言得當者。釋象以位言。此以事言。六五以柔用獄。行以正厲。其无咎者。得用獄之當者也。○林氏希元曰。得當。即是得用刑之道。不就爻位說。若果是說位得中。當以解得黃金。不宜以解貞厲无咎矣。

上九。何校滅耳。凶。

本義 何。負也。過極之陽。在卦之上。惡極罪大。凶之道也。故其象占如此。 程傳 上過乎尊位。无位者

繫辭下傳
善不積不足以成

名惡不積不足以滅身小人以小善爲无益而弗爲也以小惡爲无傷而弗去也故惡積而不可掩罪大而不可解易曰何校滅耳凶

也。故爲受刑者。居卦之終。是其聞大惡之極也。繫辭所謂惡積而不可揜。罪大而不可解者也。故何校而滅其耳凶可知矣。何。負也。謂在頸也。集說 郭氏雍曰。初上滅字。或以爲刑。獨孔氏訓没。履校。桎其足。桎大而滅趾。何校。械其首。械大而没耳也。或以滅耳爲刵。滅鼻爲劓。滅趾爲剕。書註劓刵輕刑。呂刑剕辟爲重。故漢斬趾同於棄市。方初九小刑。固不當斷趾。上九罪大。復不當輕刑。以是知三者言滅皆非刑也。

象曰。何校滅耳。聰不明也。

本義 滅耳。蓋罪其聽之不聽也。若能審聽而早圖之。則无此凶矣。程傳 人之聾暗不悟。積其罪惡以至於極。古人制法。罪之大者。何之以校。爲其无所聞知。積成其惡。故以校而滅傷其耳。誡聽之不明也。集說 胡氏炳文曰。上卦爲離。滅耳。言其不能如離之明也。○林氏希元曰。聰字單言則包明。與明並言。則聰又

序卦傳物不可以苟合而已故受之以賁賁者飾也

雜卦傳賁无色也

爲體而明爲用

總論李氏過曰以六爻之位言之五君位也爲治獄之主四大臣位也爲治獄之卿三二又其下也爲治獄之吏

䷕ 離下艮上

賁亨小利有攸往

程傳賁序卦噬嗑者合也物不可以苟合而已故受之以賁賁者飾也物之合則必有文文乃飾也如人之合聚則有威儀上下物之合聚則有次序行列合則必有文也賁所以次噬嗑也爲卦山下有火山者草木百物之所聚也下有火則照見其上草木品彙皆被其光彩有賁飾之象故爲賁也

賁以六二上九爲主象傳所謂柔來而文剛剛上而文柔是也

本義賁飾也卦自損來者柔自三來而文二剛自二上而文三自既濟而來者柔自上來而文五剛自五上而文上又內離而外艮有文明而各得其分之象故爲賁占者以其柔來文剛陽得陰助而離明於內故爲亨以其剛上文柔而艮止於外故小利有攸往

程傳物有飾而後能亨故曰无本不立无文不行有實而加飾則可以亨矣文飾之道可增其光彩故能小利於進也

集說王氏申子曰徒質則不能亨質而有文以加飾之則可亨故曰賁亨然文盛則實必衰苟專尚文以往則流故曰小利有攸往小者謂不可太過以滅其質也○梁氏寅曰賁者文飾之道也有質而加之以文斯可亨矣朝廷文之以儀制而亨焉賓主文之以禮貌而亨焉家人文之以倫序而亨焉官府文之以敎令而亨焉推之事物凡有質者無不待於文也文則無不亨也然既亨矣而曰小利有攸往何也文飾之道但加之文采耳非能變其實也故文之過盛非所利也但小

利於有往而已矣。世之不知本者，或忘其當務之急，而屑屑焉於文飾。雖欲其亨，亦安得而亨乎。○張氏振淵曰：離德文明，莫掩則無徑情直行之弊，行之可通，故亨。艮德止而不過，又有不盡飾之象焉，故用文者，亦但可少有所飾，不可務爲盡飾，以戕其本眞，故曰小利有攸往。

彖曰：賁亨，

本義：亨字疑衍。

柔來而文剛，故亨。分剛上而文柔，故小利有攸往，天文也。

本義：以卦變釋卦辭。剛柔之交，自然之象，故曰天文。先儒說天文上當有剛柔交錯四字，理或然也。集說蘇氏軾曰易有剛柔往來上下相易之說而其最著者賁之彖傳也故學者沿是爭推其所從變曰泰變爲賁此大惑也一卦之變爲六十三豈獨爲賁也哉徒知泰之爲賁又烏知賁之不爲泰乎凡易之所謂剛柔往來相易者皆本諸乾坤也乾施一陽於坤以化其一陰而生三子凡三子之卦有言剛來者明此本坤也而乾來化之坤施一陰於乾以化其一陽而生三女凡三女之卦有言柔來者明此本乾也而坤來化之非是卦也則無是言也○胡氏炳文曰柔來而文剛是以剛爲主也剛往文柔必曰分剛上而文柔者亦以剛爲主也故本義於柔文剛則曰陽得陰助於剛文柔而不曰陰得陽助蓋一陰下而爲離則陰爲陽之助而明於內一陽上而爲艮則陽爲陰之主而止於外是知皆以剛爲主也○何氏楷曰剛爲質柔爲文柔來文剛是本先立矣而文行焉故亨分剛上而文柔者非以剛爲文也分剛畫居上而柔始得成其文不然無質之文非文已○

張氏振淵曰。柔來文剛。是當質勝之餘。而以文濟之。剛上文柔。是當文勝之後。而以質救之。二者皆以質爲主。案亨與小利有攸往。皆指文而言之。故柔來而文剛者。見剛當以柔濟之而後可通也。剛上文柔者。見柔當以剛節之。而柔之道不可純用以行也。何氏張氏質文之說極明。○又案剛上文柔而曰分者。本於內之誠實以爲節文之則。乃是由中而分出者。故曰分也。

文明以止。人文也。

本義又以卦德言之。止。謂各得其分。**程傳**卦爲賁飾之象。以上下二體。剛柔交相爲文飾也。下體本乾。柔來文其中而爲離。上體本坤。剛往文其上而爲艮。乃爲山下有火。止於文明而成賁也。天下之事。无飾不行。故賁則能亨也。柔來而文剛。故亨。柔來文於剛而成文明之象。文明所以爲賁也。賁之道能致亨。實由飾而能亨也。分剛上而文柔，故小利有攸往。分乾之中爻往文於艮之上也。事由飾而加盛，由飾而能行，故小利有攸往。夫往而能利者，以有本也。賁飾之道，非能增其實也，但加之文彩耳。事由文而顯盛，故為小利有攸往。亨者亨通也，往者加進也。二卦之變，共成賁義，而彖分言上下，各主一事者，蓋離明足以致亨，文柔又能小進也。天文也，文明以止，人文也。此承上文，言陰陽剛柔相文者，天之文也。止於文明者，人之文也。止，謂處於文明也。質必有文，自然之理。理必有對待，生生之本也。有上則有下，有此則有彼，有質則有文，一不獨立，二則為文。非知道者，孰能識之？天文，天之理也；人文，人之道也。

集說　孔氏穎達曰：文明，離也；以止，艮也。用此文明之道裁止於人，是人之文德之教。○胡氏允曰：君臣父子兄弟夫婦朋友，粲然有禮以相接者，文之明也；截然有分以相守者，文之止也。是則卦中離明而艮止者也。○王氏應麟曰：大畜為學，賁為文，能止健而後可以為學，文明以止而後可以爲文者篤實而已不以篤實爲本則學不足以成德文不足以明理○何氏楷曰止者限而不過之謂一文之一止之而文成禮以節文爲訓卽此意

觀乎天文以察時變觀乎人文以化成天下

本義極言賁道之大也　**程傳**天文謂日月星辰之錯列寒暑陰陽之代變觀其運行以察四時之遷改也人文人理之倫序觀人文以教化天下天下成其禮俗乃聖人用賁之道也賁之象取山下有火又取卦變柔來文剛剛上文柔凡卦有以二體之義及二象而成者如屯取動乎險中與雲雷訟取上剛下險與天水違行是也有取一爻者成卦之由也柔得位而上下應之曰小畜柔得尊位大中而上下應之曰大有是也有取二體又取消長之義者雷在地中復山附於地剝是也有取二象兼取二爻交變爲義者風雷益兼取損

上益下。山下有澤損，兼取損下益上是也。有既以二象成卦，復取爻之義者，夬之剛決柔，姤之柔遇剛是也。有以用成卦者，巽乎水而上水，井；木上有火，鼎是也。鼎又以卦形爲象。象有以形爲象者，山下有雷，頤；頤中有物曰噬嗑是也。此成卦之義也。如剛上柔下，損上益下，謂剛居上，柔在下，損於上，益於下，據成卦而言，非謂就卦中升降也。如訟、无妄云剛來，豈自上體而來也？凡以柔居五者，皆云柔進而上行，柔居下者也，乃居尊位，是進而上也，非謂自下體而上也。卦之變，皆自乾坤，先儒不達，故謂賁本是泰卦，豈有乾坤重而爲泰，又由泰而變之理？下離本乾，中爻變而成離；上艮本坤，上爻變而成艮。離在內，故云柔來；艮在上，故云剛上，非自下體而上也。乾坤變而爲六子，八卦重而爲六十四，皆由乾坤之變也。

象曰：山下有火，賁。君子以明庶政，无敢折獄。

本義　山下有火明不及遠明庶政事之小者折獄事之大者內離明而外艮止故取象如此　程傳　山者草木百物之所聚生也火在其下而上照庶類皆被其光明為賁飾之象也君子觀山下有火明照之象以脩明其庶政成文明之治而无敢果於折獄也折獄者人君之所致慎也豈可恃其明而輕自用乎乃聖人之用心也為戒深矣象之所取惟以山下有火明照庶物以用明為戒而賁亦自有无敢折獄之義折獄者專用情實有文飾則沒其情矣故无敢用文以折獄也

集說　王氏弼曰處賁之時止物以文明不可以威刑故君子以明庶政而无敢折獄○朱子語類問明庶政无敢折獄曰此與旅卦都說刑獄事但爭艮與離之在內外故其說相反止在外明在內故明政而不敢折獄止在內明在外故明謹用刑而不敢留獄如今州縣治獄禁勘審覆自有許多節次過乎此而不決便是留獄不及乎此而決便是敢於折獄尚書要囚至於旬時他

須有許多時日與周禮秋官同意○蔡氏淵曰有山之材而照之以火則光彩外著賁之象也明庶政離明象政者治之具所當文飾也无敢折獄艮止象折獄貴乎情實賁則文飾而沒其情矣○何氏楷曰呂刑曰非佞折獄惟良折獄苟恃其明察而緣飾以沒其情民且有含冤矣故言刻覈者曰深文言鍛鍊者曰文致法曰文網弄法者曰舞文治獄之多冤未有不起於文者此皆敢心誤之也

初九賁其趾舍車而徒

本義剛德明體自賁於下為舍非道之車而安於徒步之象占者自處當如是也　程傳初九以陽剛居明體而處下君子有剛明之德而在下者也君子在无位之地无所施於天下唯自賁飾其所行而已趾取在下而所以行也君子脩飾之道正其所行守節處義其行不苟義或不當則舍車輿而寧徒行衆人之所

羞而君子以爲賁也。舍車而徒之義。兼於比應取之。初比二而應四。應四正也。與二非正也。九之剛明守義。不近與於二而遠應於四。舍易而從難。如舍車而徒行也。守節義。君子之賁也。是故君子所賁。世俗所羞。世俗所貴。君子所賤。以車徒爲言者。因趾與行爲義也。

象曰。舍車而徒。義弗乘也。

本義 君子之取舍。決於義而已。程傳 舍車而徒行者。於義不可以乘也。初應四正也。從二非正也。近舍二之易而從四之難。舍車而徒行也。君子之賁。守其義而已。

六二。賁其須。

本義 二以陰柔居中正。三以陽剛而得正。皆无應與。故二附三而動。有賁須之象。占者宜從上之陽剛而動卦之爲賁，雖由兩爻之變，而文明之義爲重，二也。

程傳

實賁之主也，故主言賁之道。飾於物者不能大變其質也，因其質而加飾耳，故取須義。須隨頤而動者也，動止唯繫於所附，猶善惡不由於賁也。二之文明唯爲賁飾，善惡則繫其質也。

集說

王氏弼曰：得其位而無應，三亦無應，俱無應而比焉，近而相得者也。須之爲物，上附者也，故曰賁其須。○朱氏震曰：毛在頤曰須，在口曰髭，在頰曰髯。三至上有頤體，二在頤下，須之象。二三剛柔相賁，賁其須也。夫文不虛生，須生於頤，須所以賁其頤也。○俞氏琰曰：二無應而比三，三亦無應而比二，故與之相賁。賁以柔來文剛，故亨。文當從質，非質則不能自飾。陰必從陽，非陽則不能自進。六二純柔，必待九三之動而後動，故曰賁其須。○蔣氏悌生曰：六以二居中，故有賁須之象。須於人身，無損益於軀體，但可以爲儀表之飾，周旋揖讓，進退低昂，皆隨面貌而動，使人儀舉者文采容止可觀，故象曰與上興也。○何氏楷曰須陰血之形而柔所以文剛者。然陰柔不能自動，必附麗於陽，如須雖有美，必附麗於頤也。大抵剛爲質，柔爲文，文不附質，焉得爲文？故二必賁其須以從三，五必賁于丘園以從上，聖人右質左文之意，於此可見。

象曰：賁其須，與上興也。

程傳 以須爲象者，謂其與上同興也。隨上而動，動止唯係所附也，猶加飾於物，因其質而賁之，善惡在其質也。

集說 侯氏行果曰：自三至上有頤之象，二在頤下，須之象也。上無其應，三亦無應，若能上承於三，與之同德，雖俱無應，可相與而興起也。○袁氏樞曰：陰不能以自明也，得陽而後明；柔不能以自立也，得剛而後立；下不能以自興也，得上而後興也。○沈氏一貫曰：上無正應而從乎三，故曰與上興，貴從陽也。

九三：賁如濡如，永貞吉。

本義一陽居二陰之間得其賁而潤澤者也。然不可溺於所安。故有永貞之戒。

程傳三處文明之極。與二四二陰間處相賁。賁之盛者也。故云賁如。如辭助也。賁飾之盛。光彩潤澤。故云濡如。光彩之盛則有潤澤。詩云麀鹿濯濯。永貞吉。三與二四非正應。相比而成相賁。故戒以常永貞正。賁者飾也。賁飾之事難乎常也。故永貞則吉。三與四相賁。又下比於二。二柔文一剛。上下交賁。爲賁之盛也。

集說胡氏炳文曰。互坎有濡義。亦有陷義。既未濟濡首濡尾。濡而陷者也。九三非不貞也。能永其貞。則二陰於我爲潤澤之濡。我於彼不爲陷溺之濡矣。○俞氏琰曰。九三處六二六四之間。故曰賁如濡如。文過則質喪。質喪則文弊。要當永久以剛正之德固守則吉。○潘氏士藻曰。三本剛正。特慮其爲二陰所陷溺。未免有滅質之患。故有永貞之戒。○何氏楷曰。以一剛介二柔之間。賁之盛者也。曰濡如者。猶詩言六轡如濡。謂所飾之文采鮮澤也。然受物之飾。恐爲物溺。

故戒之曰永貞吉長守其陽剛之正而不爲陰柔所溺則不至以文滅質矣

象曰永貞之吉終莫之陵也

程傳飾而不常且非正人所陵侮也故戒能永正則吉也其賁既常而正誰能陵之乎　集說蔡氏淵曰陵侮也三能永貞則二柔雖比己而濡如然終莫之陵侮而不至陷溺也　沈氏一貫曰下三爻皆取離義至三而文明極矣有溺質之象惟永貞則濟之以艮止故吉而莫之陵

六四賁如皤如白馬翰如匪寇婚媾

本義皤白也馬人所乘人白則馬亦白矣四與初相賁者乃爲九三所隔而不得遂故皤如而其往求之心如飛翰之疾也然九三剛正非爲寇者也乃求婚媾耳故其象如此　程傳四與初爲正應相賁者也

本當賁如而爲三所隔故不獲相賁而皤如皤白也未獲賁也馬在下而動者也未獲相賁故云白馬其從正應之志如飛故云翰如匪爲九三之寇讎所隔則婚媾遂其相親矣已之所乘與動於下者馬之象也初四正應終必獲親第始爲其間隔耳

集說 朱子語類云六四白馬翰如言此爻無所賁飾其馬亦白也言無飾之象如此○胡氏炳文曰屯二應五下求上也不可以急賁四應初上求下也不可以緩○俞氏琰曰髮白爲皤馬白爲翰禮記云商人尚白戎事乘翰鄭氏註云翰馬白色也四當賁道之變文返於質故其象如此○梁氏寅曰六四在離明之外爲艮止之始乃賁之盛極而當反質素之時也故云賁如皤如夫初之舍車爲在下而無所乘故也四在九三之上則有所乘矣故云白馬翰如人既質素則馬亦白也○蘇氏濬曰六四一爻當以白賁之義推之四與初相賁者也以實心而求於初不爲虛飾初曰賁趾四曰皤如初曰舍車四曰白馬同

一白賁之風而已

案程傳沿註疏之說本義又沿程傳之說皆以爲初四相賁而爲三所隔故未得其賁而皤然也然朱子語類以無飾言之則已自改其說矣故以後諸儒皆以皤白爲崇素返質之義實於卦意爲合○又案易中凡重言如者皆兩端不定之辭故屯如邅如者欲進而未從進也此三爻賁如濡如者得陰自賁又慮其見濡也此爻賁如皤如者當賁之時既外尚乎文飾而下應初剛又心崇乎質素兩端未能自決象傳謂之疑者此也白馬翰如指初九也已有皤如之心故知白馬翰如而來者匪寇也乃已之婚媾也凡言匪寇婚媾皆就上文所指之物而言屯二睽上與此正同

象曰六四當位疑也匪寇婚媾終无尤也

本義當位疑謂所當之位可疑也終无尤謂若守正而不與亦无他患也 程傳 四與初相於其間是所當之位為可疑也雖為三寇讎所隔未得親於婚媾然其正應理直義勝終必得合故云終无尤也尤怨也終得相賁故无怨尤也 集說 朱氏震曰純白無偽誰能間之始疑而終合故曰終无尤也○郭氏雍曰四雖自飾亦有皤如之質猶丘園之賁虛已待物之象也初飾其趾而來翰如之馬也以剛下柔而來應匪寇也婚媾之道也四雖懷疑終何尤哉

六五賁于丘園束帛戔戔吝終吉

本義 六五柔中為賁之主敦本尚實得賁之道故有丘園之象然陰性吝嗇故有束帛戔戔之象束帛薄物戔戔淺小之意人而如此雖可羞吝然禮奢寧儉故得終吉 程傳 密比於上九剛陽

之賢陰比於陽復无所繫應從之者也受賁於上九也自古設險守國故城壘多依丘坂丘謂在外而近且高者園圃之地最近城邑亦在外而近者丘園謂在外而近者指上九也六五雖居君位而陰柔之才不足自守與上之剛陽相比而志從焉獲賁於外比之賢賁于丘園也若能受賁於上九受其裁制如束帛而戔戔則雖其柔弱不能自爲爲可吝少然能從於人成賁之功終獲其吉也戔戔翦裁分裂之狀帛未用則束之故謂之束帛及其制爲衣服必翦裁分裂戔戔然束帛喻六五本質戔戔謂受人翦製而成用也其資於人與蒙同而蒙不言吝者蓋童蒙而賴於人乃其宜也非童幼而資賁於人爲可吝耳然享其功終爲吉也

集說

朱子語類問賁于丘園安定作敦本說曰某之意正要如此或以戔戔爲盛多之貌非也戔戔者淺小之意所以下文云吝終吉吝者雖不好看然終却吉○又云賁于丘園束帛戔戔是箇務農尚儉戔戔是狹小不足之意以

字義考之從水則爲淺從貝則爲賤從金則爲錢六五居尊位却如此敦本尚儉便似吝嗇如衛文公漢文帝雖是吝却終吉此在賁卦有反本之意○問六五是在艮體故安止於丘園而不復外賁之象曰亦是上比於九漸漸到極處若一向賁飾去亦自不好須是收斂方得○胡氏炳文曰不賁於市朝而賁于丘園敦本也束帛戔戔尚實也○潘氏士藻曰五居中履尊下無應與而上比文柔之剛得止之義以成賁之道故有賁于丘園之象○何氏楷曰比於上九剛陽之賢受賁于上九者也丘園指上上陽剛而處外乃賢人隱丘園之象據彖曰剛上文柔則六五乃上所賁者爻所謂賁于丘園猶曰受賁飾於丘園也按昏禮納帛一束束五兩注十端爲束束白戔戔其儀文雖薄然終與上合志而吉

象曰六五之吉有喜也

程傳能從人以成賁之功享其吉美是有喜也集說方氏應祥曰於文勝之時而爲丘園之賁豈不甚可喜乎非自喜也爲世道喜也

案傳於五位多言有慶慶大而喜小也此爻居尊而返樸崇儉亦可以易俗移風而但曰有喜者且就一身無過言爾如无妄五損四兌四之例皆以無疾爲喜若推其用則化成天下慶在其中矣

上九白賁无咎

本義賁極反本復於无色善補過矣故其象占如此程傳上九賁之極也賁飾之極則失於華僞唯能質白其賁則无過失之咎白素也尚質素則不失其本眞所謂尚質素者非无飾也不使華沒實耳集說朱子語類問如本義說六五上九兩爻却是賁極反本之意曰六五已有反本之漸故曰賁于丘園束帛

戔戔至上九白賁則反本而復於無飾矣蓋皆賁極之象也○王氏申子曰上以陽剛爲成卦之主居艮止之極當賁道之終止文之流於終終則返而質矣故賁道成而無弊無弊故无咎○熊氏良輔曰白賁云者終歸於無所飾也賁之取義始則因天下之質而飾之以文終則反天下之文而歸之於質○胡氏炳文曰賁上卦言白馬言束帛戔戔終言白賁雜卦曰賁无色也可謂一言以蔽之矣○蔣氏悌生曰六五上九皆敦尚質素以白爲賁素以爲絢之意上九處無位之地高尚其事不尚華飾以質素爲賁甘受和白受采其賢於五采彰施遠矣

象曰白賁无咎上得志也

程傳 曰賁无咎以其在上而得志也上九爲得志者在上而文柔成賁之功六五之君又受其賁故雖居

无位之地。而實尸賁之功。爲得志也。與他卦居極者異矣。既在上而得志。處賁之極。將有華僞失實之咎。故戒以質素則无咎。飾不可過也。

集說 朱子語類問何謂得志。曰。居卦之上。在事之外。不假文飾而有自然之文。便是優游自得也。○項氏安世曰。六二柔來而文剛。主內卦之文者也。內卦以文爲文。故曰賁其須。須之麗於身。最爲虛文也。然陽氣不盛。不足以賁其須。故曰與上興也。二與上交而成卦。二以上爲主。猶須以陽爲主也。深明文之與質。未嘗相離。故不言吉凶。吉凶繫於質也。上九分剛上而文柔。主外卦之文者也。外卦以質爲文。故曰白賁。白本非所以爲文也。然文之初興。必自質始。則白固在衆采之先。文之既極。必以質終。則白又在衆采之後。是則白者賁之所成終而所成始也。故曰上得志也。以其在卦之終。主賁之成。是以得遂其篤實之志。深明質之與文。未嘗相悖。故言无咎。蓋行與時違。疑於有咎也。

案項氏以與上爲上九。不如指九三言爲當。

總論

丘氏富國曰。陰陽二物。有應者以應而相賁。無應者以比而相賁。四與初應。求賁於初。故初賁趾而四翰如也。二比三而賁乎三。故二賁須而三濡如也。五比上而賁乎上。故五賁丘園而上白賁也。初與四應而相賁者也。二與三五與上比而相賁者也。此賁六爻之大旨也。○龔氏煥曰。賁之爲言飾也。謂飾以文華也。然以六爻考之。初之舍車而徒。五之丘園。上之白賁。皆質實而不事文華者也。四之皤如。賁於初。二之賁須。附於三。惟三之賁如濡如。乃賁飾之盛。而即有永貞之戒者。懼其溺於文也。如是則古人之所賁者。未始非文華也。亦務其本實而已。本實旣立。文華不外焉。徒事文華。不務本實。非古人所謂賁。

䷖ 坤下艮上

序卦傳致飾然後亨則盡矣故受之以剝剝者剝也

雜卦傳剝爛也

程傳剝序卦賁者飾也。致飾然後亨則盡矣。故受之以剝。夫物至於文飾亨之極也。極則必反。故賁終則剝也。卦五陰而一陽。陰始自下生。漸長至於盛極。羣陰消剝於陽。故為剝也。以二體言之。山附於地。山高起地上。而反附著於地。頹剝之象也。

剝以上九為主陰雖剝陽而陽終不可剝也故為卦主

剝不利有攸往。

本義剝落也。五陰在下而方生。一陽在上而將盡。陰盛長而陽消落。九月之卦也。陰盛陽衰。小人壯而君子病。又內坤外艮。有順時而止之象。故占得之者不可以有所往也。程傳剝者羣陰長盛。消剝於陽之時。衆小人剝喪於君子。故君子不利有所往。唯當巽言晦迹。隨時消息。以免小人之害也。

彖曰。剝。剝也。柔變剛也。

本義以卦體釋卦名義。言柔進于陽。變剛爲柔也。　集說陳氏友文曰。夬彖曰剛決柔而剝曰柔變剛何也。君子之去小人。聲其罪與天下共棄之。名正言順。故曰決。小人之欲去君子。辭不順。理不直。必委曲浸潤以侵蝕之。故曰變。一字之閒。君子小人之情狀皦然矣。

不利有攸往。小人長也。順而止之。觀象也。君子尚消息盈虛。天行也。

本義以卦體卦德釋卦辭。　程傳剝。剝也。謂剝落也。柔變剛也。柔長而剛變也。夏至一陰生而漸長。一陰長則一陽消。至於建戌。則極而成剝。是陰柔變陽剛也。陰。小人之道。方長盛而剝消於陽。故君子不利有所往也。君子當剝之時。知不可有所往。順時而止。乃能觀剝之象也。卦有順止之象。乃處剝之道。君子當觀而體之君子尚消息盈虛天行也。君子存心消息盈虛之理而能順之。乃合乎天行也。理有消衰有息長有盈滿有虛損順之則吉逆之則凶君子隨時敦尚所以事天也。

象曰。山附於地剝。上以厚下安宅。

程傳 艮重於坤。山附於地也。山高起於地。而反附著於地圮剝之象也。上謂人君與居人上者觀剝之象而厚固其下。以安其居也。下者上之本。未有基本固而能剝者也。故上之剝必自下。下剝則上危矣。爲人上者知理之如是。則安養人民以厚其本。乃所以安其居也。書曰民惟邦本本固邦寧。

集說 虞氏翻曰。山高絶於地。今附地者。明被剝矣。君當厚錫於下。然後得安其居。○劉氏牧曰。山以地爲基。厚其地則山保其高。君以民爲本。厚其下則君安於上。○司馬氏光曰。基薄則牆頹。下薄則上危。故君子厚其下者。所以自安其居也。

○朱子語類云。惟其地厚。所以山安其居而不搖。人君厚下以得民。則其位亦安而不搖。猶所謂本固邦寧也。

初六。剝牀以足。蔑貞凶。

本義 剝自下起。滅正則凶。故其占如此。蔑。滅也。程傳 陰之剝陽。自下而上。以牀爲象者。取身之所處也。自下而剝。漸至於身也。剝牀以足。剝牀之足也。剝始自下。故爲剝足。陰自下進。漸消滅於貞正。凶之道也。蔑。无也。謂消亡於正道也。陰剝陽。柔變剛。是邪侵正。小人消君子。其凶可知。集說 俞氏琰曰。陰之消陽。自下而進。初在下。故爲剝牀而先以牀足滅於下之象。當此不利有攸往之時。唯宜順時而止耳。貞凶。戒占者固執而不知變則凶也。

案俞氏之說。是以蔑字屬上句讀。蓋自象傳滅下看出。亦可備一說。

象曰。剝牀以足。以滅下也。

程傳取牀足爲象者。以陰侵没陽於下也。滅。没也。侵滅正道。自下而上也。集說虞氏翻曰。牀所以安人。在下故稱足。先從下剝。漸及於上。故曰以滅下也。

六二。剝牀以辨。蔑貞凶。

本義辨。牀幹也。進而上矣。程傳辨。分隔上下者。牀之幹也。陰漸進而上。剝至於辨。愈滅於正也。凶益甚矣。集說俞氏琰曰。既滅初之足於下。又滅二之辨於中。則進而上矣。得此占者。若猶固執而不知變。則其凶必也。

象曰。剝牀以辨。未有與也。

本義言未大盛。程傳陰之侵剝於陽。得以益盛。至於剝辨者。以陽未有應與故也。小人侵剝君子。若君子有與。則可以勝小人。不能爲害矣。唯其无與。所以被蔑而凶。當消剝之時。而无徒與。豈能自存也。言未有與。剝之未盛。有與猶可勝也。示人之意深矣。集說崔氏憬曰。辨當在第足之間。是牀梐也。未有與者。言至三則應。故二未有與也。○吳氏澄曰。若六三之剝之。雖其有與也。○龔氏煥曰。六二陰柔中正。使上有陽剛之與。則必應之助之。而不爲剝矣。惟其无與。所以雜於羣陰之中而爲剝。若三則有與。故雖不如二之中正而得无咎。

案崔氏吳氏龔氏之說。皆得文意。六三不中正而辭優於二。故聖人以未有與失上下明之。

六三。剝之无咎。

本義眾陰方剝陽而已獨應之。去其黨而從正。无咎之道也。占者如是。則得无咎。程傳眾陰剝陽之時。而三獨居剛應剛。與上下之陰異矣。志從於正。在剝之時爲无咎者也。三之爲可謂善矣。不言吉何也。曰方羣陰剝陽。眾小人害君子。三雖從正。其勢孤弱。所應在无位之地。於斯時也。難乎免矣。安得吉也。其義爲无咎耳。言其无咎。所以勸也。集說荀氏爽曰。眾皆剝陽。三獨應上。無剝害意。是以无咎。○王氏弼曰。與上爲應。羣陰剝陽。我獨協焉。雖處於剝。可以无咎。○胡氏炳文曰。剝之三。即復之四。復六四不許以吉。剝六三許以无咎。何也。曰復君子之事。明道不計功。不以吉許之。可也。剝小人之事。小人中獨知有君子。不以无咎許之。無以開其補過之門也。

案王氏程子皆以剝之无咎連讀。言此乃剝時之无咎者也。玩本義似以剝之爲剝去其黨。

象曰：剝之无咎，失上下也。

本義：上下謂四陰。程傳：三居剝而无咎者，其所處與上下諸陰不同，是與其同類相失，於處剝之道爲无咎，如東漢之呂強是也。集說：王氏弼曰：三上下各有二陰，而三獨應於陽，則失上下也。○丘氏富國曰：上謂四五，下謂初二，違去四陰而獨從剛，故曰失上下也。

六四，剝牀以膚，凶。

本義：陰禍切身，故不復言蔑貞，而直言凶也。程傳：始剝於牀足，漸至於膚，膚身之外也，將滅其身矣，其凶可知。陰長已盛，陽剝已甚，貞道以消，故更不言蔑貞，直言凶也。

象曰：剝牀以膚，切近災也。

程傳五爲君位。剝已及四。在人則剝其膚矣。剝及其膚。身垂於亡矣。切近於災禍也。

六五貫魚。以宮人寵。无不利。

本義魚。陰物。宮人。陰之美而受制於陽者也。五爲衆陰之長。當率其類。受制於陽。故有此象。而占者如是。則无不利也。　程傳剝及君位。剝之極也。其凶可知。故更不言剝而別設義。以開小人遷善之門。五。羣陰之主也。魚。陰物。故以爲象。五能使羣陰順序。如貫魚然。反獲寵愛於在上之陽。如宮人。則无所不利也。宮人。宮中之人。妻妾侍使也。以陰言。且取獲寵愛之義。以一陽在上。衆陰有順從之道。故發此義。集說張子曰。陰陽之際。近必相比。六五能上附於陽。反制羣陰。不使進逼方得處剝之善。下無剝之之憂。上得陽功之庇。故曰无不利。○熊氏良輔曰。卦本爲陰剝陽。而陽凶。爻則以剝陽而見凶。故五則以順上爲无不利。三則以應上爲无咎。而上則有碩果得輿之象焉。○張氏振淵曰。遯陰長而猶微可制也。則告陽以制陰之道。曰畜臣妾。剥陰長已極。不可制矣。則教陰以從陽之道。曰以宮人寵。

象曰。以宮人寵。終无尤也。

程傳　羣陰消剥於陽。以至於極。六五若能長率羣陰。駢首順序。反獲寵愛於陽。則終无過尤也。於剥之將終。復發此義。聖人勸遷善之意。深切之至也。

案五以陰居尊。取后妃之象。而爲貫魚以宮人寵。則豈有妬害瀆亂。以剥其君之尤哉。

上九。碩果不食。君子得輿。小人剥廬。

本義　一陽在上。剥未盡而能復生。君子在上。則爲衆陰所載。小人居之。則剥極於上。自失所覆。而无復碩果得輿之象矣。取象既明。而君子小人。其占不同。聖人之情益可見矣。

程傳：諸陽削剝已盡。獨有上九一爻尚存。如碩大之果不見食。將見復生之理。上九亦變則純陰矣。然陽无可盡之理。變於上則生於下。无間可容息也。聖人發明此理。以見陽與君子之道不可亡也。或曰。剝盡則爲純坤。豈復有陽乎。曰。以卦配月。則坤當十月。以氣消息言。則陽剝爲坤。陽來爲復。陽未嘗盡也。剝盡於上。則復生於下矣。故十月謂之陽月。恐疑其无陽也。陰亦然。聖人不言耳。陰道盛極之時。其亂可知。亂極則自當思治。故衆心願載於君子。君子得輿也。詩匪風下泉。所以居變風之終也。理既如是。在卦亦衆陰宗陽爲共載之象。小人剝廬。若小人則當剝之極。剝其廬矣。无所容其身也。更不論爻之陰陽。但言小人處剝極。則及其廬矣。廬取在上之象。或曰。陰陽之消。必待盡而後復生於下。此在上便有復生之義。何也。夬之上六何以言終有凶。曰。上九居剝之極。止有一陽。陽无可盡之理。故明其有復生之義，見君子之道不可亡也。夬者陽消陰，陰小人之道也，故但言其消亡耳，何用更言却有復生之理乎。集說程子曰：息訓爲生者，蓋息則生矣，中無間斷。碩果不食，則便爲復也。○楊氏文煥曰：貫魚者，衆陰在下之象也。碩果者，一陽在上之象也。○胡氏炳文曰：乾爲木果，衆陽皆變，而上獨存，有碩果不食象。果中有仁，天地生生之心存焉。碩果專以象言，得輿剝廬兼占而言。牀上之藉下以安者也，廬下之藉上以安者也。始而剝牀，欲上失所安，今而剝廬，自失所安矣。自古小人欲害君子，亦豈小人之利哉。○蔡氏清曰：易固爲君子謀，然其爲君子謀者，亦所以爲小人謀也。觀小人剝廬之辭可見。蓋道理自是如此，天地間豈可一日無善類哉。不然，人之類滅矣。可見聖人非姑爲是抑彼以伸此也。○喬氏中和曰：碩果不食，核也，仁也，生生之根也。自古無不朽之株，有相傳之果，此剝之所以復也。

象曰：君子得輿，民所載也。小人剝廬，終不可用也。

程傳　正道消剝既極，則人復思治，故陽剛君子為民所承載也。若小人處剝之極，則小人之窮耳，終不可用也。非謂九為小人，但言剝極之時，小人如是也。

集說　朱子語類云：唯君子乃能覆蓋小人，小人必賴君子以保其身。今小人欲剝君子，則君子亡，而小人亦無所容其身，如自剝其廬也。且看自古小人欲害君子，到害得盡後，國破家亡，其小人曾有存活得者否？故聖人於象曰：君子得輿，民所載也。小人剝廬，終不可用也。

繫辭下傳
復德之本也

復

䷗ 震下坤上

程傳　復，序卦：物不可以終盡，剝窮上反下，故受之以復。物无剝盡之理，故剝極則復來，陰極則陽生，陽剝

復以初九為主

小而辨于物　復以自知
序卦傳　物不可以終盡剝窮上反下故受之以復
雜卦傳　復反也

極於上而復生於下。窮上而反下也。復所以次剝也。爲卦一陽生於五陰之下。陰極而陽復也。歲十月陰盛既極。冬至則一陽復生於地中。故爲復也。陽君子之道。陽消極而復反。君子之道。消極而復長也。故爲反善之義。

彖傳所謂剛反者是也

復亨。出入无疾。朋來无咎。反復其道。七日來復。利有攸往。

本義　復。陽復生於下也。剝盡則爲純坤十月之卦。而陽氣已生於下矣。積之踰月。然後一陽之體始成而來復。故十有一月。其卦爲復。以其陽既往而復反。故有亨道。又內震外坤。有陽動於下。而以順上行之象。故其占又爲已之出入。既得无疾。朋類之來。亦得无咎。又自五月姤卦一陰始生。至此七爻而一陽來復。乃天運之自然。故其占又爲反復其道。至於七日。當得來復。又以剛德方長。故其占又爲利有攸往也。反復其道。往而復來。來而復往之意。七日者。所占來復之期也。程傳復亨。既復則亨也。陽氣復生於下。漸亨盛而生育萬物。君子之道既復。則漸以亨通。澤於天下。故復則有亨盛之理也。出入无疾。出入。謂生長。復生於內。入也。長進於外。出也。先云出。語順耳。陽生非自外也。來於內。故謂之入。物之始生。其氣至微。故多屯艱。陽之始生。其氣至微。故多摧折。春陽之發。爲陰寒所折。觀草木於朝暮。則可見矣。出入无疾。謂微陽生長。无害之者也。既无害之。而其類漸進而來。則將亨盛。故无咎也。所謂咎。在氣則爲差忒。在君子則爲抑塞。不得盡其理。陽之當復。雖使有疾之。固不能止其復也。但爲阻礙耳。而卦之才。有无疾之義。乃復道之善也。一陽始生至微。固未能勝羣陰。而發生萬物。必待諸陽之來。然後能成生物之功。而无差忒。以朋來而无咎也。三陽子丑寅之氣。生成萬物。衆陽之功也。若君子之道。既消而復。豈能便勝於小人。必待其朋類漸盛。則能協力以勝之也。反復其道。謂消長之道。反復迭至。陽之消。至七日而來復。姤陽之始消也。七變而成復。故云七日。謂七更也。臨云八月有凶。謂陽長至於陰。長歷八月也。陽進則陰退。君子道長則小人道消。故利有攸往也。

集說

房氏喬曰。出入无疾害之者。喜陽氣之復。朋來无罪咎之者。欲衆陽漸進之意。○邵子曰。復次剝。明治生於亂乎。夬次姤。明亂生於治乎。時哉時哉。未有剝而不復。未有夬而不姤者。○鄭氏剛中曰。七者陽數。日者陽物。故於陽長言七日。八者陰數。月者陰物。臨剛長以陰爲戒。故曰八月。○朱子語類云。七日只取七義。猶八月有凶只取八義。○胡氏炳文曰。反復其道。統言陰陽往來。其理如此。七日來復專言一陽往來。其數如此。○林氏希元曰。天下事非一人所能獨辦。君子有爲於天下。必與其類同心共濟。故復重朋來。而泰重彙征。○張氏振淵曰。反復其道。猶云反復計其程道也。此二句。正見天運自有定期。君子不可不善承之耳。

彖曰。復亨。剛反。

本義剛反則亨。

動而以順行。是以出入无疾。朋來无咎。

本義以卦德而言。集說孔氏穎達曰。復亨者。以陽復則亨。故以亨連復而釋之也。剛反動而以順行者。既上釋復亨之義。又下釋出入无疾朋來无咎之理。○潘氏夢旂曰。剝以順而止。復以順而行。君子處道消之極。至道長之初。未嘗一豪之不以順也。

反復其道。七日來復。天行也。

本義陰陽消息。天運然也。集說侯氏行果曰。五月天行至午。陰升也。十一月天行至子。陽升也。天地運往。陰陽升復。凡歷七月。故曰七日來復。此天之運行也。豳詩曰。一之日觱發。二之日栗烈。一之日。周之正月也。二之日。周之二月也。則古人呼月爲日明矣。

利有攸往。剛長也。

本義　以卦體而言。既生則漸長矣。

集說　項氏安世曰。剝曰不利有攸往。小人長也。復曰利有攸往。剛長也。易之意。凡以爲君子謀也。○丘氏富國曰。剛反。言剝之一剛。窮上反下而爲復也。剛長。言復之一陽。自下進上。爲臨爲泰。以至爲乾也。以其既去而來反也。故亨。以其既反而漸長也。故利有攸往。剛反。言方復之初。剛長。言已復之後。

復其見天地之心乎。

本義積陰之下。一陽復生。天地生物之心。幾於滅息。而至此乃復可見。在人則爲靜極而動。惡極而善。本心幾息而復見之端也。程子論之詳矣。而邵子之詩亦曰。冬至子之半。天心无改移。一陽初動處。萬物未生時。玄酒味方淡。大音聲正希。此言如不信。更請問包羲。至哉言也。學者宜盡心焉。

程傳 復亨。謂剛反而亨也。陽剛消極而來反。既來反則漸長盛而亨通矣。動而以順行。是以出入无疾。朋來无咎。以卦才言其所以然也。下動而上順。是動而以順行也。陽剛反而順動。是以得出入无疾。朋來而无咎也。朋之來亦順動也。其道反復往來。迭消迭息。七日而來復者。天地之運行如是也。消長相因。天之理也。陽剛君子之道長。故利有攸往。一陽復於下。乃天地生物之心也。先儒皆以靜爲見天地之心。蓋不知動之端乃天地之心也。非知道者孰能識之。

集說 程子曰。復其見天地之心。皆謂至靜能見天地之心。非也。復之卦下面一畫。便是動也。安得謂之靜自古儒者皆言靜見天地之心。惟某言動而見天地之心。或曰。莫是於動上求靜否。曰。固是。然最難。○又曰。復其見天地之心。一言以蔽之。天地以生物爲心。○張子曰。復言見天地之心。咸恒大壯言天地之情。心發乎微。情發乎顯。○朱子語類云。天地以生生爲德。元亨利貞乃生物之心也。但其靜而復。乃未發之體。動而通焉。則已發之用。一陽來復。其始生甚微。固若靜矣。然動之機日長。而萬物莫不資始焉。此天命流行之初。造化發育之始。天地生生不已之心。於是而可見也。若其靜而未發。則此心之體雖無所不在。然却有未發見處。此程子所以以動之端爲天地之心。亦舉用以該其體爾。○又云。伊川與濂溪說復字亦差不同。濂溪就回來處說。伊川却正就動處說。如元亨利貞。濂溪就利貞上說復字。伊川就元字頭說復字。以周易卦爻之意推之。則伊川之說爲正。然濂溪伊川之說。道理只一般。只是所指地頭不同。王弼之說與濂溪同。○胡氏炳文曰。天地生物之心。即人之本心也。皆於幾息而復萌之時見之。○俞氏琰曰。天地之心。謂天地生萬物之心也。天地生物之心。無乎不在。聖人於剝反爲復靜極動初見天地生物之心。未嘗一日息。非謂惟復卦見天地之心也。或謂靜爲天地之心。非也。或又謂動爲天地之心。亦非也。○吳氏曰愼曰。天地以生物爲心。所謂仁也。復之一陽初動。仁也。故曰復其見天地之心乎。

案天地之心。在人則爲道心也。道心甚微。故曰復小而辨於物。於是而惟精以察之。惟一以守之。則道心流行。而微者著矣。顏子有不善未嘗不知。是其精也。知之未嘗復行。是其一也。夫子以初爻之義當之者此也。惟精惟一者。所以執中而已矣。二五皆中。故二則休復而吉。五則敦復而无悔。初爻之外。惟此兩爻最善。三則頻復而厲者。所謂人心危而難安也。四之中行而獨者。所謂道心微而難著也。然皆能自求其心者也。至於上六。則不獨微而且迷。不獨危而且敗。迷而以至於敗。則所謂天君者。不能以自主矣。故夫子咎之曰反君道也。堯舜相傳之心學。皆於復卦見之。

象曰。雷在地中。復。先王以至日閉關。商旅不行。后不省方。

本義 安靜以養微陽也。月令。是月齋戒掩身。以待陰陽之所定。**程傳** 雷者。陰陽相薄而成聲。當陽之微。未能發也。雷在地中。陽始復之時也。陽始生於下而甚微。安靜而後能長。先王順天道。當至日陽之始生。安靜以養之。故閉關。使商旅不得行。人君不省視四方。觀復之象而順天道也。在一人之身亦然。當安靜以養其陽也。**集說** 劉氏蛻曰。雷在地中。殷殷隆隆。陽來而復。復來而天下昭融乎。○蘇氏舜欽曰。復其見天地之

心乎。王弼解云。復者反本之謂。天地以本爲心。寂然至
無。是其本也。故動息地中。乃天地之心見矣。予竊惑焉。
夫復也者。以一陽始生而得名也。彖曰剛反。又曰剛長。
安得謂寂然至無耶。安得謂動息耶。象曰雷在地中。復
雷者陽物也。動物也。今在地中。則是有陽動之象也。輔
嗣昧舉卦之體。乃以寂然至無爲復。斯失之矣。又云。冬
至陰之復。夏至陽之復。何冬夏陰陽之不辨耶。○朱子
語類問陽始生甚微。安靜而後能長。故復之象曰先王
以至日閉關。人善端之萌亦甚微。須莊敬持養。然後能
大。不然。復亡之矣。曰然。○問純坤之月。可謂至靜。然昨
日之靜。所以養成今日之動。一陽之復。乃是純陰養得
出來。在人則主靜而後善端始復。曰固有此意。但不是
此卦大義。大象所謂至日閉關者。正是於已動之後。要
以安靜養之。○楊氏啟新曰。閉關靜以養陽。施命動以
制陰。王者於姤
復。用意深矣。

繫辭下傳

子曰顔氏之子其殆庶幾乎有不善未嘗不知知之未嘗復行也易曰不遠復无祇悔元吉

初九不遠復无祗悔元吉

本義 一陽復生於下復之主也祇抵也又居事初失之未遠能復於善不抵於悔大善而吉之道也故其象占如此

程傳 復者陽反來復也陽君子之道故復爲反善之義初剛陽來復處卦之初復之最先者也是不遠而復也失而後有復不失則何復之有惟失之不遠而復則不至於悔大善而吉也祇宜音柢抵也玉篇云適也義亦同无祇悔不至於悔也坎卦曰祇既平无咎謂至既平也顔子无形顯之過夫子謂其庶幾乃无祇悔也過既未形而改何悔之有既未能不勉而中所欲不踰矩是有過也然其明而剛故一有不善未嘗不知既知未嘗不遽改故不至於悔乃不遠復也祇陸德明音支玉篇五經文字羣經音辨並見衣部

集說 楊氏時曰初九陽始生而未形動之微也吉凶悔吝生乎動者也未形而復其復不遠矣故不至於悔而

元吉。○俞氏琰曰。初居震動之始。方動即復。是不遠而復。復之最先者也。故不至於悔而元吉。

象曰。不遠之復。以脩身也。

程傳不遠而復者。君子所以脩其身之道也。學問之道无他也。唯其知不善。則速改以從善而已。集說王氏弼曰。所以不遠速復者。以能脩正其身。有過則改故也。

六二。休復。吉。

本義柔順中正。近於初九。而能下之。復之休美。吉之道也。程傳二雖陰爻。處中正而切比於初。志從於陽。能下仁也。復之休美者也。復者。復於禮也。復禮則爲仁。初陽復。復於仁也。二比而下之。所以美而吉也。集說朱子語類云。學莫便於近乎仁。既得仁者而親之。資其善以自益。則力不勞而學美矣。故曰休復吉。

象曰。休復之吉。以下仁也。

程傳 爲復之休美而吉者。以其能下仁也。仁者天下之公。善之本也。初復於仁。二能親而下之。是以吉也。

集說 孔氏穎達曰。陽爲仁行。已在其上。附而順之。是降下於仁。所以吉也。○張氏栻曰。易三百八十四爻未嘗言仁。此獨言之。蓋有深旨。克己復禮爲仁。克其私心。復其天理。所以爲仁。二去初未遠。上無係應。能從初而復。所以爲下仁也。至四但言從道而不謂之仁。蓋道者舉其大凡。不若仁爲至切也。○俞氏琰曰。仁者心之德。善之本。初九脩身而反本復善。可以爲仁矣。二之吉。蓋以親近初九而吉也。

六三。頻復。厲无咎。

本義 以陰居陽。不中不正。又處動極。復而不固。屢失屢復之象。屢失故危。復則无咎。故其占又如此。程傳三以陰躁處動之極。復之頻數而不能固者也。復貴安固。頻復頻失，不安於復也。復善而屢失，危之道也。聖人開遷善之道，與其復而危其屢失，故云厲无咎。不可以頻失而戒其復也。頻失則爲危，屢復何咎。過在失而不在復也。

集說郭氏忠孝曰：惟君子能久於其道，其餘則日月至焉而已。是以子夏之徒，出見紛華盛麗而悅，入聞夫子之道而樂。與夫回之爲人，拳拳服膺而弗失之者，固有間矣。○趙氏汝楳曰：三爲震動之極，故曰頻厲，危也。即人心惟危之危。

象曰：頻復之厲，義无咎也。

程傳 頻復頻失，雖爲危厲，然復善之義則无咎也。

六四：中行獨復。

本義四處羣陰之中。而獨與初應。爲與衆俱行。而獨能從善之象。當此之時。陽氣甚微。未足以有爲。故不言吉。然理所當然。吉凶非所論也。董子曰。仁人者。正其義。不謀其利。明其道。不計其功。於剝之六三及此爻見之。

程傳此爻之義。最宜詳玩。四行羣陰之中。而獨能復。自處於正。下應於陽剛。其志可謂善矣。不言吉凶者。蓋四以柔居羣陰之間。初方甚微。不足以相援。无可濟之理。故聖人但稱其能獨復。而不欲言其獨從道而必凶也。曰。然則不言无咎何也。曰。以陰居陰。柔弱之甚。雖有從陽之志。終不克濟。非无咎也。

集說孔氏穎達曰。中行獨復者。處於上卦之下。上下各有二陰。己獨應初。居在衆陰之中。故云中行。獨自應初。故云獨復

○繆氏昌期曰。中。即中以自考中字。獨。即中庸慎獨之獨。四能以中而行。而於獨知之中。憬然自覺。所謂復以自知也。蓋復之所以爲復。全在初爻。猶人之初念也。五陰皆復此而已。惟四在陰中有所專向。故發此義。

象曰：中行獨復，以從道也。

程傳：稱其獨復者，以其從陽剛君子之善道也。集說：郭氏雍曰：剝六三乃復六四反對，其義相類。在剝取其失上下以應乎陽，在復則取其獨復以從道。

六五：敦復，无悔。

本義：以中順居尊，而當復之時，敦復之象，无悔之道也。程傳：六五以中順之德處君位，能敦篤於復善者也，故无悔。雖本善，戒亦在其中矣。陽復方微之時，以柔居尊，下復无助，未能致亨吉也，能无悔而已。

集說：項氏安世曰：臨以上六為敦臨，艮以上九為敦艮，皆取積厚之極。復於五即言敦復者，復之上爻迷而不復，故復至五而極也。卦中復者五爻，初最在先，故為不遠；五最在後，故為敦。○蔡氏淵曰：敦，厚也。坤象，復主初陽。五雖與初無係，而處位得中，能自厚於復者也，可以无悔。○李氏簡曰：初九陽剛，君子之道也。相應相比者，復之易，二與四是也。遠而非應者，復之難，六五所以稱敦復。敦復者，厚之至也。不與初應，本當有悔，以其能復，是以无悔。○胡氏炳文曰：不遠復者，善心之萌。敦復者，善行之固。故初九无祗悔，敦復則可无悔矣。不遠復，入德之事也；敦復，其成德之事與。

象曰：敦復无悔，中以自考也。

本義　考，成也。　程傳　以中道自成也。五以陰居尊，處中而體順，能敦篤其志，以中道自成，則可以无悔也。自成，謂成其中順之德。　集說　王氏安石曰：能以中道自考，則動作不離於中。○丘氏富國曰：二四待初而復，故曰下仁，曰從道。五不待初而復，故曰自考。○李氏簡曰：中以自考，非自有降衷之性，則亦不能成此德也。○梁氏寅曰。中以自考。言以其有中德。故能自考其善不善也。

上六。迷復。凶。有災眚。用行師。終有大敗。以其國君凶。至于十年不克征。

本義 以陰柔居復終。終迷不復之象。凶之道也。故其占如此。以猶及也。

程傳 以陰柔居復之終。終迷不復者也。迷而不復。其凶可知。有災眚。災天災。自外來。眚已過。由自作。既迷不復善。在己則動皆過失。災禍亦自外而至。蓋所招也。迷道不復。无施而可。用以行師則終有大敗。以之爲國。則君之凶也。十年者。數之終。至于十年不克征。謂終不能行。既迷於道。何時而可行也。

集說 徐氏幾曰。上六位高而無下仁之美。剛遠而無遷善之機。厚極而有難開之蔽。柔終而無改過之勇。是昏迷而不知復者也。○楊氏啟新曰。心爲天君。以其國君。言喪失其本心也。○何氏楷曰。坤本先迷。今居其極。則迷之甚矣。言迷復。卽昏迷而不知所復之謂。行師以下。皆假象以喻一心不能馭衆動。何物必至喪其天君也。

象曰。迷復之凶。反君道也。

程傳　復則合道。既迷於復。與道相反也。其凶可知。以其國君凶。謂其反君道也。人君居上而治衆。當從天下之善。乃迷於復。反君之道也。非止人君。凡人迷於復者。皆反道而凶也。

集說　楊氏啟新曰。心爲天君。惟君能役羣動。而反以羣動役。與心之道相背馳者也。

總論　胡氏炳文曰。迷復與不遠復相反。初不遠而復。迷則遠而不復。敦復與頻復相反。敦無轉易。頻則屢易。獨復與休復相似。休則比初。獨則應初也。十年不克征。亦七日來復之反。

序卦傳
復則不妄矣，故受之以无妄。
雜卦傳
无妄，災也。

䷘ 震下乾上

程傳：无妄，序卦：「復則不妄矣，故受之以无妄。」復者，反於道也，既復於道，則合正理而无妄，故復之後受之以无妄也。為卦乾上震下，震，動也，動以天為无妄，動以人欲則妄矣，无妄之義大矣哉。

无妄，元亨利貞，其匪正有眚，不利有攸往。

本義：无妄，實理自然之謂，史記作无望，謂无所期望而有得焉者，其義亦通。為卦自訟而變，九自二來而居於初，又為震主，動而不妄者也，故為无妄。又二體震動而乾健，九五剛中而應六二，故其占大亨而利於正，若其不正，則有眚而不利有所往也。

程傳：无妄者，至誠也，至誠者，天之道也。天之化育萬物，生生不窮，各正其性命，乃无妄也。人能合无妄之道，則所謂與天地合其德也。无妄有大亨之理，君子行无妄之道，則可以

御纂周易折中 上經 无妄

无妄以初九、九五為主，蓋初九陽動之始，如人誠心之初動也；九五乾德之純，如人至誠之無息也。故彖傳曰

致大亨矣。无妄。天之道也。卦言人由无妄之道也。利貞法无妄之道。利在貞正。失貞正則妄也。雖无邪心。苟不合正理則妄也。乃邪心也。故有匪正則爲過眚。既已无妄。不宜有往。往則妄也。

集說 朱子語類云。无妄一卦。雖云禍福之來也無常。然自家所守者。不可不利於正。不可以彼之無常。而吾之所守。亦爲之無常也。故曰无妄元亨利貞。其匪正有眚。○問。雖無邪心。苟不合正理。則妄也。既無邪。何以不合正。曰。有人自是其心全無邪。而却不合於正理。如賢者過之。其心豈曾有邪。却不合正理。佛氏亦豈有邪心者。○丘氏富國曰。惟其无妄。所以無望也。若其處心未免於妄。則無道以致福而妄欲徼福。非所謂無望之福。有過以召災而妄欲免災。非所謂無望之災。此皆未免容心於禍福之間。非所謂无妄也。若眞實无妄之人。則純乎正理。禍福一付之天。而無苟得倖免之心也。○胡氏炳文曰。朱子解中庸誠字。以爲眞實无妄之謂。此解无妄則以爲實理自然之謂。自

剛自外來而爲主於內。指初也。又曰剛中而應。指五也。

然二字。已兼無所期望之意矣。○胡氏居仁曰。无妄誠也。誠。天理之實也。聖人只是循其實理之自然。無一毫私意造爲。故出乎實理无妄之外。則爲過眚。循此實理无妄而行之。則吉无不利。不幸而災疾之來。亦守此无妄之實理而不足憂。卦辭爻辭皆此意。

彖曰。无妄。剛自外來而爲主於內。動而健。剛中而應。大亨以正。天之命也。其匪正有眚。不利有攸往。无妄之往。何之矣。天命不祐。行矣哉。

本義 以卦變卦德卦體言卦之善如此。故其占當獲大亨。而利於正。乃天命之當然也。其有不正。則不利有所往。欲何往哉。蓋其逆天之命。而天不佑之。故不可以有行也。程傳 謂初九也。坤初爻變而爲震。剛自外而來也。震以初爻爲主。成卦由之。故初爲无妄之主。動以天爲无妄。動而以天動爲主也。以剛變柔。爲以正去妄之象。又剛正爲主於內。无妄之義也。九居初正也。下動而上健。是以動剛健也。剛健无妄之體也。剛中而應。五以剛居中正。二復以中正相應。是順理而不妄也。故其道大亨通而貞正。乃天之命也。天命謂天道也。所謂无妄也。所謂无妄。正而已。小失於正。則爲有過。乃妄也。所謂匪正。蓋由有往。若无妄而不往。何由有匪正乎。无妄者理之正也。更有往將何之矣。乃入於妄也。往則悖於天理。天道所不佑。可行乎哉。

集說　王氏宗傳曰。初九之剛。乾一索於坤而得之。是以爲震。而无妄之外體又乾也。則初九之剛。實自乾來。故曰剛自外來。震以初爻爲主。其在无妄則內體也。故曰爲主於內。

○趙氏彥肅曰。剛自外來。寄象爾。其實天之所賦。我固有也。

○胡氏炳文曰。外卦爲乾。震之剛自乾來也。无妄釋元亨利貞。與臨同。命即道也。无妄之往。程子以爲无妄而又往。本義只順上爻本意解。舉首尾句而包中間也。不可泥爻而失意。○何氏楷曰。震初一剛。其所從來。卽乾之初畫。无妄外乾內震。初九得外卦乾剛初爻。以爲內卦之主。故曰剛自外來而爲主於內。

案。彖言剛來柔來。未有言自外來者。則王氏諸家謂指外卦乾體者信矣。在卦爲震得乾最初之畫。在人爲吾心得天最初之理。此所以爲无妄也。天理非由外鑠我者。此特指卦象言之。見自乾來之意。趙氏之說是矣。

象曰。天下雷行。物與无妄。先王以茂對時育萬物。

本義天下雷行。震動發生。萬物各得其性命。是物物而與之以无妄也。先王法此以對時育物。因其所性而不爲私焉。程傳雷行於天下。陰陽交和。相薄而成聲。於是驚蟄藏。振萌芽。發生萬物。其所賦與。洪纖高下。各正其性命。无有差妄。物與无妄也。先王觀天下雷行發生賦與之象。而以茂對天時。養育萬物。使各得其宜。如天與之无妄也。茂盛也。茂對之爲言。猶盛行永言之比。對時。謂順合天時。天道生萬物。各正其性命而不妄。王者體天之道。養育人民。以至昆蟲草木。使各得其宜。乃對時育物之道也。

集說

九家易曰。天下雷行。陽氣普徧。無物不與。故曰物與也。○朱子語類問物與无妄。衆說不同。文蔚曰。是各正性命之意。曰然。一物與他一個无妄。○俞氏琰曰。天有是時。先王非能先後之也。對而循之耳。物有是生。先王非能損益之也。育而成之耳。中庸之所謂誠。即易之所謂无妄也。中庸云。唯天下至誠爲能盡其性。能盡其性。則能盡人之性。能盡人之性。則能盡物之性。能盡物之性。則可以贊天地之化育。可以贊天地之化育。則可以與天地參矣。子思之說。蓋本於此。○蔡氏清曰。物與无妄者。萬物各正其性命也。對時育物者。因其所性而不爲私。乃聖人盡物之性也。

初九无妄往吉。

本義 以剛在內。誠之主也。如是而往。其吉可知。故其象占如此。程傳 九以陽剛爲主於內。无妄之象。以剛實變柔而居內中。誠不妄者也。以无妄而往。何所不吉。卦辭言不利有攸往。謂既无妄。不可復有往也。過則妄矣。爻言往吉。謂以无妄之道而行則吉也。集說 蘭氏廷瑞曰。初則當行。終則當止。行止適當則无妄。不妄則吉。无妄之初。當行者也。故往則有吉。无妄之終。當止者也。故行則有眚。○胡氏炳文曰。彖曰剛自外來而爲主於內。本義於此曰以剛在內。誠之主也。主字最有力。蓋妄者誠之反也。誠之主如此。妄自然无矣。如此而往。其吉固宜。○何氏楷曰。此爻足蔽无妄全卦。震陽初動。誠一未分。是之謂无妄。以此而往。動與天合。何不

吉之有

象曰无妄之往得志也。

程傳 以无妄而往无不得其志也蓋誠之於物无不能動以之脩身則身正以之治事則事得其理以之臨人則人感而化无所往而不得其志也

六二不耕穫不菑畬則利有攸往

本義 柔順中正因時順理而无私意期望之心故有不耕穫不菑畬之象言其无所爲於前无所冀於後也占者如是則利有所往也

程傳 凡理之所然者非妄也人所欲爲者乃妄也故以耕穫菑畬譬之六二居中得正又應五之中正居動體而柔順爲動能順乎中正乃无妄者也故極言无妄之義耕農之始穫其

成終也。田一歲曰菑，三歲曰畬。不耕而穫，不菑而畬，謂不首造其事，因其事理所當然也。首造其事，則是人心所作爲，乃妄也。因事之當然，則是順理應物，非妄也。穫與畬是也。蓋耕則必有穫，菑則必有畬，是事理之固然，非心意之所造作也。如是則爲无妄。不妄則所往利而无害也。或曰：聖人制作以利天下者，皆造端也，豈非妄乎？曰：聖人隨時制作，合乎風氣之宜，未嘗先時而開之也。若不待時，則一聖人足以盡爲矣，豈待累聖繼作也。時乃事之端，聖人隨時而爲也。

集說

朱子語類：問：程傳爻辭恐未明白，竊謂無不耕而穫、不菑而畬之理。只是不於耕而計穫之利。如程子所解，象傳以解爻辭則可。曰：易傳爻象之辭，雖若相反，而意實相近，特辭有未足耳。爻辭言當循理，象傳言不計利。

○陳氏埴曰：伊川大意只謂不爲穫而耕，不爲畬而菑，凡有所爲而爲者，皆計利之私心，即妄也。但經文中不如此下語，故易傳中頗費言語，始謂不耕而穫，不菑而畬，謂不首造其事。則似以耕菑爲私意。中謂耕則必有穫。菑則必有畬。非心造意作。則以耕穫菑畬爲非私意。終謂旣耕則必有穫。旣菑則必成畬。非必以穫畬之富而爲。則又似以穫畬爲私意。三說不免自相抵捂。所以本義但據經文直說。謂無耕穫菑畬之私心。○胡氏炳文曰。耕穫者。種而斂之也。菑畬者。墾而熟之也。一歲之農。始於耕。終於穫。三歲之田。始於菑。終於畬。不耕穫。不菑畬。諸家以爲不耕而穫。不菑而畬。惟本義以爲始終無所作爲之象。而必曰因時順理者。理本自然。無所作爲。自始至終。絶無計功謀利之心。故其占曰利有攸往。○林氏希元曰。田必耕然後穫。必菑然後畬。其耕也。正以望穫。其菑也。正以望畬。豈有不耕穫不菑畬之理。爲此語者。特以明自始至終。絶無營爲計較之心焉耳。○何氏楷曰。人之有妄。在於期望。不耕穫者。不方耕而即望有其穫也。不菑畬者。不方菑而即望成其畬也。學者之除妄心而必有事焉。當如此矣。故曰則利有攸往。言必如此而後利也。

案何氏說與傳義頗異，質諸夫子先事後得、先難後獲之訓，則於理尤長。且象傳以未富釋之，正謂其無望穫之心，未必以耕爲可廢也。

象曰：不耕穫，未富也。

本義 富，如非富天下之富，言非計其利而爲之也。

程傳 未者，非必之辭，臨卦曰未順命是也。不耕而穫，不菑而畬，因其事之當然，既耕則必有穫，既菑則必成畬，非必以穫畬之富而爲也。其始耕菑，乃設心在於求穫畬，是以其富也。心有欲而爲者，則妄也。

集說 豐氏寅初曰：未，猶非也。富，謂利也。不於力耕之際遽有望穫之心，乃仁人不計功謀利，而天德全矣，其行之所以利也。

六三。无妄之災。或繫之牛。行人之得。邑人之災。

本義　卦之六爻。皆无妄者也。六三處不得正。故遇其占者。无故而有災。如行人牽牛以去。而居者反遭詰捕之擾也。

程傳　三以陰柔而不中正。是爲妄者也。又志應於上。欲也。亦妄也。在无妄之道。爲災害也。人之妄動。由有欲也。妄動而得。亦必有失。雖使得其所利。其動而妄。失已大矣。況復凶悔隨之乎。知者見妄之得。則知其失必與稱也。故聖人因六三有妄之象。而發明其理云。无妄之災。或繫之牛。行人之得。邑人之災。言如三之爲妄。乃无妄之災害也。設如有得。其失隨至。如或繫之牛。或謂設或也。或繫得牛。行人得之。以爲有得。邑人失牛。乃是災也。借使邑人繫得馬。則行人失馬。乃是災也。言有得則有失。不足以爲得也。行人邑人。但言有得則有失。非以爲彼已也。妄得之福。災亦隨之。妄得之得。失亦稱之。固不足以爲得也。人能知此。則不爲妄動矣。

集說關氏朗曰：无妄而災者，災也；有妄而災，則其所也，非災之也。運數適然，非已妄致，乃无妄之災。○朱子語類云：此卦六爻皆是无妄，但六三地頭不正，故有无妄之災，言無故而有災也。如行人牽牛以去，而居人反遭捕詰之擾，此正无妄之災之象。○胡氏炳文曰：匪正有眚，人自爲之也；无妄之災，天實爲之也。六爻皆无妄，三之時則无妄而有災者也。雜卦曰"无妄，災也"，其此之謂與。

象曰：行人得牛，邑人災也。

程傳：行人得牛，乃邑人之災也。有得則有失，何足以爲得乎。

集說豐氏寅初曰：邑人之災，所謂无妄之災。然無故被誣者，反已無作，君子求其无妄而已，禍福聽之於天，悉置度外也。

九四：可貞，无咎。

本義陽剛乾體，下无應與，可固守而无咎，不可以有爲之占也。程傳四剛陽而居乾體，復无應與，无妄者也。剛而无私，豈有妄乎？可貞固守此，自无咎也。九居陰，得爲正乎？曰：以陽居乾體，若復處剛，則爲過矣，過則妄也。居四，无尚剛之志也。可貞與利貞不同，可貞謂其所處可貞固守之，利貞謂利於貞也。集說胡氏炳文曰：貞，正而固也。曰利貞，則訓正字，而兼固字之義。曰不可貞，則專訓固字，而無正字之義。九四陽剛健體，下無應與，可貞正守之，而其占不可有爲也。○何氏楷曰：四剛陽而居乾體，本自无妄者也，可貞固守此則无咎。初九之无妄往吉，行乎其所當行者也。九四之可貞无咎，止乎其所當止者也。

象曰：可貞无咎，固有之也。

本義有，猶守也。程傳貞固守之，則无咎也。集說蘇氏軾曰：固有之者，生而性之，非外掠而取之也。○王氏宗傳曰：正者人之性也，非外鑠我者，我固有之也。因其固有而不失之，故曰可貞无咎。

九五，无妄之疾，勿藥有喜。

本義　乾剛中正，以居尊位，而下應亦中正，无妄之至也。如是而有疾，勿藥而自愈矣。故其象占如此。

程傳　九以中正當尊位，下復以中正順應之，可謂无妄之至者也。其道无以加矣。疾，為之病者也。以九五之无妄，如其有疾，勿以藥治，則有喜也。人之有疾，則以藥石攻去其邪以養其正，若氣體平和，本无疾病，而攻治之，則反害其正矣，故勿藥則有喜也。有喜，謂疾自亡也。无妄之所謂疾者，謂若治之而不治，率之而不從，化之而不革，以妄而為无妄之疾，舜之有苗，周公之管蔡，孔子之叔孫武叔是也。既已无妄，而有疾之者，則當自如。无妄之疾，不足患也。若遂自攻治，乃是渝其无妄而遷於妄也。五既處无妄之極，故惟戒在動，動則妄矣。

案勿者禁止之辭言无妄矣而偶有疾則亦順其自然而氣自復勿復用藥以生他候如人有无妄之災則亦順其自然而事自平勿復用智以生他咎也凡易中言勿者皆同義此爻之疾與六三之災同然此曰有喜者剛中正而居尊位德位固不同也

象曰无妄之藥不可試也

本義既已无妄而復藥之則反爲妄而生疾矣試謂少嘗之也程傳人之有妄理必脩改既无妄矣復藥以治之是反爲妄也其可用乎故云不可試也試暫用也猶曰少嘗之也集說林氏希元曰既无妄而復藥則爲以无妄之疾試无妄之藥反爲妄而生疾矣然則所處既當於理豈可因非意之事而改圖乎○錢氏志立曰九五陽剛中正本無致疾之道而有疾焉此无妄之疾也惟守正安常以處之疾且自去而試之

藥焉。則必以吾之常者爲非。而悉反其道。斯紛紛召疾之方至矣。故曰无妄之藥不可試也。

上九。无妄行有眚。无攸利。

本義 上九非有妄也。但以其窮極而不可行耳。故其象占如此。程傳 上九居卦之終。无妄之極者也。極而復行。過於理也。過於理則妄也。故上九而行。則有過眚而无所利矣。集說 龔氏煥曰。无妄者實理自然之謂。循是理則吉。拂是理則凶。初往吉。二利有攸往。循是理而動者也。四可貞无咎。守是理而不動者也。三有災。五有疾。不幸而遇無故非意之事。君子亦聽之而已。守是理而不爲動者也。或動或靜。惟理是循。所以爲无妄。上九居无妄之極。不可有行。若不循理而動。則反爲妄矣。其有眚而不利也宜哉。○何氏楷曰。象所謂匪正有眚。不利有攸往者。

象曰：无妄之行，窮之災也。

程傳 无妄既極而復加進，乃為妄矣，是窮極而為災害也。集說 趙氏玉泉曰：无妄之行，宜無災矣，但處時之窮，則有其德而無其時，故有災也。○何氏楷曰：无妄之行，猶象傳所云无妄之往，上九乾之窮，與乾亢龍義同，故二小象亦同。以其意於行，故曰眚；以其時位使然，故曰災。

總論 胡氏炳文曰：六爻皆无妄也。特初九得位，而為震動之主，時之方來，故无妄往吉。上九失位而居乾體之極，時已去矣，故其行雖无妄，有眚无攸利。是故善學易者在識時。初曰吉，二曰利，時也；三曰災，五曰疾，上曰眚，非有妄以致之也，亦時也。初與二皆可往，時當動而動也；四可貞，五勿藥，上行有眚，時當靜而靜也。

䷙ 乾下艮上

序卦傳

有无妄然後可畜故受之以大畜

雜卦傳

大畜時也

程傳大畜序卦有无妄然後可畜故受之以大畜无妄則爲有實故可畜聚大畜所以次无妄也爲卦艮上乾下天而在於山中所畜至大之象畜爲畜止又爲畜聚止則聚矣取天在山中之象則爲蘊畜取艮之止乾則爲畜止止而後有積故止爲畜義

大畜利貞不家食吉利涉大川。

本義大陽也以艮畜乾又畜之大者也又以內乾剛健外艮篤實輝光是以能日新其德而爲畜之大也以卦變言此卦自需而來九自五而上以卦體言六五尊而尚之以卦德言又能止健皆非大正不能故其占爲利貞而不家食吉也又六五下應於乾爲應乎天故其占又爲利涉大川也不家食謂食祿於朝不食於家也

程傳莫大於天而在山中艮在上而止乾於下皆蘊畜至大之象也在人爲學術道德充積於內乃

大畜以六五上九爲主彖傳所謂剛上而尚賢者是也

所畜之大也。凡所畜聚皆是。專言其大者。人之蘊畜宜
得正道。故云利貞。若夫異端偏學。所聚至多。而不正者
固有矣。既道德充積於內。宜在上位。以享天祿。施爲於
天下。則不獨於一身之吉。天下之吉也。若窮處而自食
於家。道之否也。故不家食則吉。所畜既大。宜施之於時。
濟天下之艱險。乃大畜之用也。故利涉大川。此只據大
畜之義而言。彖更以卦之才德而言。諸爻則　朱子
惟有止畜之義。蓋易體道隨宜。取明且近者。集說語類
云。某作本義。欲將文王卦辭。只大綱依文王本義略說。
至其所以然之故。却於孔子彖傳中發之。且如大畜利
貞不家食吉利涉大川。只是占得大畜者。爲利貞不家
食而吉。利於涉大川。至於剛上尚賢等處。乃孔子發明。
各有所主。爻象亦然。如此則不失文王本意。又可見孔
子之意。但今未暇整頓耳。○胡氏炳文曰。不家食是賢
者不畜於家而畜於朝。涉大川。又似有畜極而通之意。
要之兩利字。一吉字。占辭自分爲三。不必泥而一之也。

彖曰。大畜。剛健篤實輝光。日新其德。

本義以卦德釋卦名義。

程傳以卦之才德而言也。乾體剛健。艮體篤實。人之才剛健篤實。則所畜能大。充實而有輝光。畜之不已。則其德日新也。

集說鄭氏汝諧曰。畜有三義。以蘊畜言之。畜德也。以畜養言之。畜賢也。以畜止言之。畜健也。剛健篤實輝光日新其德。此蘊畜之大者。養賢以及萬民。此畜養之大者。乾天下之至健。而四五能畜之。此畜止之大者。故彖傳兼此三者言之。

剛上而尚賢。能止健。大正也。

本義以卦變卦體釋卦辭。

程傳剛上。陽居上也。陽剛居尊位之上。為尚賢之義。止居健上。為能止健之義。止乎健者。非大正則安能。以剛陽在上。與尊尚賢德。能止至健。皆大正之道也。

集說郭氏忠孝曰。大

有。有賢之卦也。大畜。畜賢之卦也。故曰剛上而尚賢。○朱子語類云。能止健。不說健而止。見得是艮來止這乾。

不家食吉。養賢也。

本義亦取尚賢之象。集說梁氏寅曰。養賢者。亦取尚賢之象。自剛上而言。則謂之尚賢。所以盡其禮也。自不家食而言。則謂之養賢。所以重其祿也。

利涉大川。應乎天也。

本義亦以卦體而言。程傳大畜之人所宜施其所畜以濟天下。故不食於家則吉。謂居天位享天祿也。國家養賢。賢者得行其道也。利涉大川。謂大有蘊畜之人。宜濟天下之艱險也。彖更發明卦才云。所以能涉大川者。以應乎天也。六五君也。下應乾之中爻。乃大畜之君。應乾而行也。所行能應乎天。无艱險之不可濟。況其他集說胡氏炳文曰。卦有乾體者多曰利涉大川。健故也。

案尚賢止健之義。六爻中皆可見。然夫子釋卦。必以剛健篤實一句居首者。蓋莫大於天德。剛健者天德也。人欲畜其天德。非篤實則不能。篤實者。論語所謂重。大學所謂靜。中庸所謂闇。雖至於達天德。而必有以固其聰明聖智。故篤實者。學之所以成始成終。如艮爲萬物之所成終而所成始也。此義最大。故首發之。

象曰。天在山中。大畜。君子以多識前言往行。以畜其德。

本義天在山中。不必實有是事。但以其象言之耳。

程傳天爲至大。而在山之中。所畜至大之象。君子觀象以大其蘊畜。人之蘊畜。由學而大。在多聞前古聖賢之言與行。考跡以觀其用。察言以求其心。識而得

之以畜成其德乃大畜之義也

集說 楊氏時曰君子多識前言往行非徒資聞見而已所以畜德也畜德則所畜大矣世之學者誇多鬭靡以資見聞而已亦烏用學爲哉○丘氏富國曰大畜言畜德小畜言懿文德畜德雖同而文德則德之小者也○張氏淸子曰天在山中畜其氣也凡山中有雷雨雲風之氣皆天也

初九有厲利已

本義 乾之三陽爲艮所止故內外之卦各取其義初九爲六四所止故其占往則有危而利於止也 程傳 大畜艮止畜乾也故乾三爻皆取被止爲義艮三爻皆取止之爲義初以陽剛又健體而居下必上進者也六四在上畜止於已安能敵在上得位之勢若犯之而進則有危厲故利在已而不進也在他卦則四與初爲正應相援者也在大畜則相應乃爲相止畜上與三皆陽則爲合志蓋陽皆上進之物故有同志之象而无

相止。集說蔡氏淸曰。初九不可進而未必能自不進。故之義。戒之云。進則有厲。惟利於已也。若九二之處中。能自止而不進者也。則以其所能言之曰輿說輹。

象曰。有厲利已。不犯災也。

程傳有危則宜已。不可犯災危而行也。不度其勢而進。有災必矣。

九二。輿說輹。

本義九二亦爲六五所畜。以其處中。故能自止而不進。有此象也。

程傳二爲六五所畜止。勢不可進也。五據在上之勢。豈可犯也。二雖剛健之體。然其處得中道。故進止无失。雖志於進。度其勢之不可。則止而不行。如車輿說去輪輹。謂不行也。

象曰：輿說輹，中无尤也。

程傳 輿說輹而不行者，蓋其處得中道，動不失宜，故无過尤也。善莫善於剛中，柔中者不至於過柔耳，剛中中而才也。初九處不得中，故戒以有危宜已。二得中，進止自无過差，故但言輿說輹，謂其能不行也，不行則无尤矣。初與二，乾體剛健，而不足以進，四與五，陰柔而能止。時之盛衰，勢之強弱，學易者所宜深識也。

集說 呂氏祖謙曰：二以剛而居中，能度其宜，見其不可，自說其輿輹而不行也。故曰中无尤。

九三：良馬逐，利艱貞。曰閑輿衛，利有攸往。

本義 三以陽居健極，上以陽居畜極，極而通之時也。又皆陽爻，故不相畜而俱進，有良馬逐之象焉。然過剛銳進，故其占必戒以艱貞閑習，乃利於有往也。曰當爲日月之日。程傳 三剛健之極，而上九之陽亦上進之物。又處畜之極而思變也。與三乃不相畜而志同相應以進者也。三以剛健之才。而在上者與合志而進。其進如良馬之馳逐。言其速也。雖其進之勢速。不可恃其才之健與上之應。而忘備與慎也。故宜艱難其事。而由貞正之道。輿者用行之物。衛者所以自防。當自日常閑習其車輿與其防衛。則利有攸往矣。三乾體而居正。能貞者也。當其銳進。故戒以知難與不失其貞也。志既銳於進。雖剛明有時而失。不得不戒也。

集說　項氏安世曰。初九在初。故稱童牛。九二以剛居柔無勢。故爲豶豕。九三純乾。故爲良馬。

象曰。利有攸往。上合志也。

程傳　所以利有攸往者。以與在上者合志也。上九陽性上進。且畜已極。故不下畜三而與合志上進也。

集說　趙氏汝楳曰。他卦陰陽應爲得。此則爲畜。他卦陰陽敵爲不胥與。此則爲合。

六四。童牛之牿。元吉。

本義 童者。未角之稱。牿。施橫木於牛角以防其觸。詩所謂楅衡者也。止之於未角之時。爲力則易。大善之吉也。故其象占如此。學記曰。禁於未發之謂豫。正此意也。

程傳 以位而言。則四下應於初。畜初者也。初居最下。陽之微者。微而畜之則易制。猶童牛而加牿。大善而吉也。槩論畜道。則四艮體。居上位而得正。是以正德居大臣之位。當畜之任者也。大臣之任。上畜止人君之邪心。下畜止天下之惡人。人之惡。止於初。則易。既盛而後禁。則扞格而難勝。故上之惡既甚。則雖聖人救之。不能免違拂。下之惡既甚。則雖聖人治之。不能免刑戮。莫若止之於初。如童牛而加牿。則元吉也。牛之性。觝觸以角。故牿以制之。若童犢始角而加之以牿。使觝觸之性不發。則易而无傷。以況六四能畜止上下之惡於未發之前。則大善之吉也。

集說 朱子語類云。大畜下

卦取其能自畜而不進，上卦取其能畜彼而不使進，然四能止之於初，故爲力易，五則陽已進而止之，則難以柔居尊，得其機會可制，故亦吉，但不能如四之元吉耳。

象曰：六四元吉，有喜也。

程傳　天下之惡已盛而止之，則上勞於禁制，而下傷於刑誅，故畜止於微小之前，則大善而吉，不勞而无傷，故可喜也。四之畜初是也，上畜亦然。

六五，豶豕之牙，吉。

本義　陽已進而止之，不若初之易矣，然以柔居中而當尊位，是以得其機會而可制，故其象如此，占雖吉而不言元也。　程傳　六五居君位，止畜天下之邪惡。夫以億兆之衆，發其邪欲之心，人君欲力以制之，雖密法嚴刑。不能勝也。夫物有總攝。事有機會。聖人操得其要。則視億兆之心猶一心。道之斯行。止之則戢。故不勞而治。其用若豶豕之牙也。豕剛躁之物。而牙爲猛利。若強制其牙。則用力勞而不能止其躁猛。雖縶之維之。不能使之變也。若豶去其勢。則牙雖存而剛躁自止。其用如此。所以吉也。君子法豶豕之義。知天下之惡不可以力制也。則察其機。持其要。塞絕其本原。故不假刑法嚴峻而惡自止也。且如止盜。民有欲心。見利則動。苟不知教而迫於饑寒。雖刑殺日施。其能勝億兆利欲之心乎。聖人則知所以止之之道。不尚威刑。而脩政教。使之有農桑之業。知廉恥之道。雖賞之不竊矣。故止惡之道。在知其本。得其要而已。不嚴刑於彼。而脩政於此。是猶患豕牙之利。不制其牙而豶其勢也。

象曰。六五之吉。有慶也。

程傳在上者不知止惡之方嚴刑以敵民欲則其傷甚而无功若知其本制之有道則不勞无傷而俗革天下之福慶也

集說呂氏大臨曰六四六五皆以柔畜剛止健者也牛之剛健在角豕之剛健在牙初九居健之始其健未著若童牛然禁於未發以牿閑之及其長也無所用其健豈特不暴而已安於馴柔可駕而服故有喜也九二居健之中其健已具若豕之牙漸不可制六五居尊守中能以柔道殺其剛暴之氣若豶豕然其牙雖剛莫之能暴可以養畜而無虞故有慶也○項氏安世曰喜者據己言之慶則其喜及人五居君位故及人也若論止物之道則制之於初乃爲大善故四爲元吉五獨得吉而已○蔡氏淸曰五不如四所處之易者時不同也四不如五所濟之廣者位不同也

上九何天之衢亨。

本義何天之衢。言何其通達之甚也。畜極而通。豁達无礙。故其象占如此。程傳予聞之胡先生曰。天之衢亨。誤加何字。事極則反。理之常也。故畜極而亨。小畜畜之小。故極而成。大畜畜之大。故極而散。極既當變。又陽性上行。故遂散也。天衢。天路也。謂空虛之中。雲氣飛鳥往來。故謂之天衢。天衢之亨。謂其亨通曠闊。无有蔽阻也。在畜道則變矣。變而亨。非畜道之亨也。集說張氏浚曰。剛在上爲何。何謂勝其任。○王氏宗傳曰。彖傳曰剛上而尚賢。則上九是也。以陽德而居五之上。爲五所尚。此所以有何天之衢之象。天衢通顯之地也。下之三陽由已上進。故九三曰良馬逐。又曰上合志也。此賢者之道所以亨也。何如何校之何。釋文曰。梁武帝讀音賀是也。言以身任天下之責。當畜賢之時。爲五所尚。主張賢路。賢者之得志。莫盛於斯也。○吳氏澄曰。從漢王延壽魯靈光殿賦云。荷天衢以元亨。何作荷。何天之衢。其辭猶詩言何天之休。何天之龍。大畜者。一陽上於外而三陽藏畜於內畜極則散止極則行故上九雖艮體至畜之終則不止而行也○胡氏炳文曰隨畜隨發不足爲大畜惟畜之極而通豁達無礙如天衢然此不徒爲仕者之占大學章句所謂用力之久一旦豁然貫通者亦是此意多識前言往行以畜其德者以之可也○蔡氏淸曰觀畜極而通之意則知君子患屈之未至耳不患其不伸也

案何字程傳以爲誤加本義以爲發語而諸家皆以荷字爲解義亦可從蓋剛上尚賢者惟上九一爻當之且爲艮主是卦之主也故取尚賢之義則是賢路大通卦所謂不家食者此已取艮主之義則能應天止健卦所謂涉大川者此已故天衢者喻其通也荷天之衢者言其遇時之通也雜卦云大畜時也正謂此也吳氏引商頌之詩者語意尤近

象曰何天之衢道大行也。

程傳何以謂之天衢。以其无止礙。道路大通行也。以天衢非常語。故象特設問曰。何謂天之衢。以道路大通行。取空豁之狀也。以象有何字。故爻下亦誤加之。

集說游氏酢曰。畜道之成。賢路自我而四達矣。故曰何天之衢亨。象曰剛上而尚賢。則大畜之義。主於上九也。崇俊良以列庶位。推轂賢路。使天下無家食之賢者。上九之任也。天下至於無家食之賢。則道之大行。就盛於此。○沈氏該曰。何天之衢。尚賢也。大畜之時。已獨居上。五以柔尚之。畜盛德而處上。止衆賢而聚王庭。以天衢之亨。爲己之任。畜道至此。賢路不塞。其道盛矣。故曰道大行也。○呂氏祖謙曰。畜極則散。如伊尹樂堯舜之道。居畎畝之中。其畜可謂大矣。必佐湯以發其所蘊。是得時如天之衢也。故曰道行。得時行道之謂也。○何氏楷曰。備於身之謂德。達於世之謂道。道可大行。其亨可知。彖所謂不家食吉而利涉大川者此也。

總論

胡氏炳文曰。他卦取陰陽相應。此取相畜。內卦受畜。以自止爲義。外卦能畜。以止之爲義。獨三與上居內外卦之極。畜極而通。不取止義。○葉氏良佩曰。卦彖兼取畜止畜聚二義。大象專取畜聚義。六爻專取畜止義。初九進則有厲。惟利於已。知難而止者也。九二處得中道。能說輹而不行。時止而止者也。九三與上合志其進也。如良馬之馳逐。此畜極而通之象。然猶以艱貞閑習爲戒者。慮其可進而鋭於進也。六四當大畜之任能止惡於初。若童牛始角而加之以牿。則大善之吉也。六五制惡有道。得其機會。故其象爲豶豕之牙。其占雖吉。然比之於四。則有間矣。或問六四元吉。傳曰有喜。六五之吉。乃曰有慶。何也。曰論爲力之難易。則四爲易。故曰元吉。論其功之廣狹。則五爲廣。故曰有慶。上九之亨。畜極而大通也。故以天之衢爲象。雲行雨施。天下平也。

其斯以爲道大行乎。案有厲說輹。則猶家食者也。阻於大川者也。牿牛豶豕則猶治不肖者也。弘濟艱難者也。至艮馬逐則漸通矣。然猶防賢路之崎嶇。而日閑輿衛。故至於何天之衢然後大道夷而險阻去也。卦爻義之相關者在此

序卦傳

物畜然後可養。故受之以頤。頤者養也

雜卦傳

頤養正也

䷚ 震下艮上

程傳頤序卦物畜然後可養。故受之以頤。夫物既畜聚。則必有以養之。无養則不能存息。頤所以次大畜也。卦上艮下震。上下二陽爻。中含四陰。上止而下動。外實而中虛。人頤頷之象也。頤養也。人口所以飲食。養人之身。故名爲頤。聖人設卦推養之義。大至於天地養育萬物。聖人養賢以及萬民。與人之養生養形養德養人。皆頤養之道也。動息節宣以養生也。飲食衣服以養形也。威儀行義以養德也。推己及物以養人也。

頤亦以六五上九爲主。彖傳所謂養賢以及萬民者是也

頤貞吉觀頤自求口實

本義頤口旁也口食物以自養故爲養義爲卦上下二陽內含四陰外實內虛上止下動爲頤之象養之義貞吉者占者得正則吉觀頤謂觀其所養之道自求口實謂觀其所以養身之術皆得正則吉也程傳頤之道以正則吉也人之養身養德養人養於人皆以正道則吉也天地造化養育萬物各得其宜者亦正而已矣觀頤自求口實觀人之所頤與其自求口實之道則善惡吉凶可見矣

集說朱子語類云養須是正則吉觀頤是觀其養德正不正自求口實是觀其養身正不正未說到養人處○林氏希元曰人之所養有二一是養性一是養身二者皆不可不正觀其所養之道如大學聖賢之道正也異端小道則不正矣又必自求其口實如重道義而略口體正也急口體而輕道義則不正矣皆正則吉不正則凶○陳氏琛曰集義以養

其氣寡欲以養其心守聖道而不溺於虛無崇聖學而不流於術數則所以養德者正矣窮而不屑於嘑蹴達而不至於素餐不以貧賤飢渴害其心不以聲色臭味汨其性則所以養身者正矣○陸氏銓曰觀頤即考其善不善自求口實即於已取之而已矣

案陸氏說與傳義異蓋云觀其所養者以自求養而已如所養者德乎則當自求其所以養德之道如所養者身乎則當自求其所以養身之方與夫子彖傳語意尤合也

彖曰頤貞吉養正則吉也觀頤觀其所養也自求口實觀其自養也

本義釋卦辭 程傳貞吉所養者正則吉也所養謂所養之人與養之之道自求口實謂其自求養

身之道。皆以正則吉也。

集說李氏舜臣曰。古之觀人。每每觀其所養。而所養之大小。則必以其所自養者觀之。夫重道義之養而略口體。此養之大者也。急口體之養而輕道義。此養之小者也。養其大體則爲大人。養其小體。則爲小人。天之賦予。初無小大之別。而人之所養各殊。則其所成就者亦異。○谷氏家杰曰。觀頤者。當於所養觀之。又當於所養中自養處觀之。

案李氏谷氏說。皆得孟子考其善不善之意。

天地養萬物。聖人養賢以及萬民。頤之時大矣哉。

本義極言養道而贊之。 程傳聖人極言頤之道而贊其大。天地之道。則養育萬物。養育萬物之道。

正而已矣。聖人作養賢才。與之共天位。使之食天祿。俾施澤於天下。養賢以及萬民也。養賢所以養萬民也。夫天地之中。品物之衆。非養則不生。聖人裁成天地之道。輔相天地之宜。以養天下。至於鳥獸草木。皆有養之之政。其道配天地。故夫子推頤之道。贊天地與聖人之功。曰頤之時大矣哉。或云義。或云用。或止云時。以其大者也。萬物之生與養。時爲大。故云時。

集說 趙氏汝楳曰。聖人之於萬民。豈能家與之粟而人與之衣。其急先務者。亦曰養賢而已。賢得所養。則仁恩自及於百姓矣。

案 卦有曰尚賢養賢者。皆是六五上九相遇。大有大畜頤鼎是也。此卦頤爲養義。而六五又賴上九之養以養人。故曰聖人養賢以及萬民也。

象曰。山下有雷頤。君子以慎言語。節飲食。

本義二者養德養身之切務。

程傳以二體言之。山下有雷。雷震於山下。山之生物。皆動其根荄。發其萌芽。爲養之象。以上下之義言之。艮止而震動。上止下動。頤頷之象。以卦形言之。上下二陽。中含四陰。外實中虛。頤口之象。口所以養身也。故君子觀其象以養其身。慎言語以養其德。節飲食以養其體。不唯就口取養義。事之至近而所繫至大者。莫過於言語飲食也。在身爲言語。於天下則凡命令政教。出於身者皆是。慎之則必當而无失。在身爲飲食。於天下則凡貨資財用。養於人者皆是。節之則適宜而无傷。推養之道。養德養天下。莫不然也。

集說　朱子語類。或云。諺有禍從口出。病從口入。甚好。曰。此語前輩曾用以解頤之象。慎言語。節飲食。○馮氏椅曰。法雷之動。以慎其所出。法山之止。以節其所入。○趙氏汝楳曰。雷之聲爲言語。山之養爲飲食。言語飲食。出入乎頤者也。○俞氏琰曰。頤乃口頰之象。故取其切於頤者言之。曰慎言語。節飲食。充此言語

之類則凡號令政教之出於已者皆所當慎而不可悖出充此飲食之類則凡貨財賦稅之入於上者皆所當節而不可悖入

初九舍爾靈龜觀我朵頤凶

本義靈龜不食之物朵垂也朵頤欲食之貌初九陽剛在下足以不食乃上應六四之陰而動於欲凶之道也故其象占如此程傳蒙之初六蒙者也爻乃主發蒙而言頤之初九亦假外而言爾謂初也舍爾之靈龜乃觀我而朵頤我對爾而設初之所以朵頤者四也然非四謂之也假設之辭耳九陽體剛明其才智足以養正者也龜能咽息不食靈龜喻其明智而可以不求養於外也才雖如是然以陽居動體而在頤之時求頤人所欲也上應於四不能自守志在上行說所欲而朵頤者也心既動則其自失必矣迷欲而失已以陽而

從陰則何所不至。是以凶也。朶頤爲朶動其頤頷。人見食而欲之。則動頤垂涎。故以爲象。

集說

王氏弼曰。朶頤者嚼也。以陽處下。而爲動始。不能令物由己養。動而求養者也。夫安身莫若不競。脩己莫若自保。守道則福至。求祿則辱來。居養賢之世。不能貞其所履以全其德。而舍其靈龜之明兆。羨我朶頤而躁求。凶莫甚焉。○蘇氏軾曰。養人者陽也。養於人者陰也。君子在上足以養人。在下足以自養。初九以一陽而伏於四陰之下。其德足以自養而無待於物者。如龜也。不能守之而觀於四。見其可欲。朶頤而慕之。爲陰之所致也。故凶。○鄭氏汝諧曰。頤之上體皆吉。而下體皆凶。上體止也。下體動也。在上而止。養人者也。在下而動。求養於人者也。動而求養於人者。必累於口體之養。故雖以初之剛陽。未免於動其欲而觀朶頤也。○何氏楷曰。初與上。陽剛之德同。而吉凶不同者。初爲動之主。上爲止之主。養道宜靜故也。

附錄

項氏安世曰。頤卦惟有二陽。上九在

上。謂之由頤。固爲所養之主。初九在下。亦足爲自養之賢。靈龜伏息而在下。初九之象也。朵頤在上而下垂。上九之象也。上九爲卦之主。故稱我。羣陰從我而求養。固其所也。初九本無所求。乃亦仰而觀我。有靈而不自保。有貴而不自珍。宜其凶也。初九本靈本貴。聖人以其爲動之主。居養之初。故深戒之以明自養之道。

案項氏以觀我朵頤爲上九。亦備一說。

象曰。觀我朵頤。亦不足貴也。

程傳　九動體。朵頤謂其說陰而志動。既爲欲所動。則雖有剛健明智之才。終必自失。故其才亦不足貴也。人之貴乎剛者。爲其能立而不屈於欲也。貴乎明者。爲其能照而不失於正也。既惑所欲而失其正。何剛明之有。爲可賤也。

集說　楊氏簡曰。明其本有良貴。今觀夫朵頤。則失其所謂貴矣。○俞氏琰曰。孟子云養其大體爲大人。養其小體爲小人。又云飲食之人。則人賤之矣。今初九陽德之大。本有可貴之質。乃內捨其大。而外觀其小。豈不爲人所賤。故曰亦不足貴也。

六二。顛頤。拂經于丘頤。征凶。

本義　求養於初。則顛倒而違於常理。求養於上。則往而得凶。丘。土之高者。上之象也。

程傳　女不能自處。必從男。陰不能獨立。必從陽。二陰柔不能自養。待養於人者也。天子養天下。諸侯養一國。臣食君上之祿。民賴司牧之養。皆以上養下。理之正也。二既不能自養。必求養於剛陽。若反下求於初。則爲顛倒。故云顛頤。顛則拂違經常。不可行也。若求養于丘。則往必有凶。丘在外而高之物。謂上九也。卦止二陽。既不可顛頤於初。若求頤於上九。往則有凶。在頤之時。相應則相養者也。上非其應而往求養。非道妄動。是以凶也。顛頤則拂經。不獲其養爾。安求於上。往則得凶也。今有人才不足以自養。見在上者勢力足以養人。非其族類。妄往求之。取辱得凶必矣。六二中正。在他卦多吉。而凶何也。曰時然也。陰柔既不足以自養。初上二爻皆非其與。故往求則悖理而得凶也。

集說 項氏安世曰。二五得位得中而不能自養。反由頤於無位之爻。與常經相悖。故皆爲拂經。上艮體。故爲于丘。○黃氏幹曰。頤之六爻。只是顛拂二字。求養於下則爲顛。求養於上則爲拂。六二比初而求上。故顛頤當爲句。拂經于丘頤爲句。征凶則其占辭也。六三拂頤。雖與上爲正應。然是求於上以養己。故凶。六四顛頤。固與初爲正應。然是賴初之養以養人。故雖顛而吉。六五拂經。是比於上。然是賴上九之養以養人。所以居貞而亦吉。

案項氏黃氏說。深得文意可從。本義雖從程傳以征凶屬之丘頤。然至其解象傳六二征凶行失類也。則曰初上皆非其類也。則亦以征凶總承兩義矣。

象曰。六二征凶。行失類也。

本義 初上皆非其類也。 程傳 征而從上則凶者。非其類故也。往求而失其類。得凶宜矣。行。往也。

六三。拂頤。貞凶。十年勿用。无攸利。

本義 陰柔不中正。以處動極。拂於頤矣。既拂於頤。雖正亦凶。故其象占如此。 程傳 頤之道。惟正則吉。三以陰柔之質。而處不中正。又在動之極。是柔邪不正而動者也。其養如此。拂違於頤之正道。是以凶也。得頤之正。則所養皆吉。求養養人。則合於義。自養則成其德。三乃拂違正道。故戒以十年勿用。十。數之終。謂終不可用。无所往而利也。 集說 張子曰。履邪好動。繫說於上。不但拂頤之經而已。害頤之正莫甚焉。故凶。○楊氏時曰頤正則吉六三不中正而居動之極拂頤之正也十年勿用則終不可用矣何利之有○鄭氏汝諧曰三應於上若得所養而凶莫甚於三蓋不中不正而居動之極所以求養於人者必無所不至是謂拂於頤之正凶之道也十年勿用无攸利戒之也因其多欲妄動示之以自反之理作易之本意也

象曰十年勿用道大悖也

程傳所以戒終不可用以其所由之道大悖義理也

集說項氏安世曰拂頤貞三字當連讀頤之卦辭曰頤貞吉三之爻辭曰拂頤貞凶卦中惟此一爻與卦義相反故曰道大悖也

六四顛頤吉虎視眈眈其欲逐逐无咎

本義柔居上而得正所應又正而賴其養以施於下故雖顛而吉虎視眈眈下而專也其欲逐逐求而繼

也。又能如是，則无咎矣。程傳：四在人上，大臣之位。六以陰居之，陰柔不足以自養，況養天下乎？初九以剛陽居下，在下之賢也。與四為應，四又柔順而正，是能順於初，賴初之養也。以上養下則為順，今反求下之養，顛倒也，故曰顛頤。然已不勝其任，求在下之賢而順從之，以濟其事，則天下得其養，而已无曠敗之咎，故為吉也。夫居上位者，必有才德威望，為下民所尊畏，則事行而衆心服從。若或下易其上，則政出而人違，刑施而怨起，輕於陵犯，亂之由也。六四雖能順從剛陽，不廢厥職，然質本陰柔，賴人以濟，人之所輕，故必養其威嚴，眈眈然如虎視，則能重其體貌，下不敢易。又從於人者，必有常，若間或无繼，則其政敗矣。其欲，謂所須用者，必逐逐相繼而不乏，則其事可濟。若取於人而无繼，則困窮矣。既有威嚴，又所施不窮，故能无咎也。二顛頤則拂經，四則吉，何也？曰：二在上而反求養於下，下非其應類，故為拂經。四則居上位，以貴下賤，使在下之賢由己以行其道。上下之志相應而施於民。何吉如之。自三以下。養口體者也。四以上。養德義者也。以君而資養於臣。以上位而賴養於下。皆養德也。

集說

蘇氏軾曰。自初而言之。則初之見養於四爲凶。自四言之。則四之得養初九爲吉。○游氏酢曰。以上養下。頤之正也。若在上而反資養於下。則於頤爲倒置矣。此二與四所以俱爲顛頤也。然二之志在物。而四之志在道。故四顛頤而吉。而二則征凶也。○朱子語類問音辯載馬氏曰。眈眈虎下視貌。則當爲下而專矣。曰然。又問其欲逐逐如何。曰求於下以養人。必當繼繼求之。不厭乎數。然後可以養人而不窮。○吳氏澄曰。自養於內者莫如龜。求養於外者莫如虎。故頤之初九六四。取二物爲象。四之於初。其下賢求益之心。必如虎之視下求食而後可。其視下也專一而不他。其欲食也繼續而不歇。如是則於人不貳。於己不自足。乃得居上求下之道。○林氏希元曰。苟下賢之心不專。則賢者不樂告以善道。求益之心不繼。則纔有

所得而遽自足

象曰顚頤之吉上施光也。

程傳顚倒求養而所以吉者蓋得剛陽之應以濟其事致己居上之德施光明被於天下吉孰大焉。集說谷氏家杰曰養逮於下則上施光是養賢及民也。

六五拂經居貞吉不可涉大川。

本義六五陰柔不正居尊位而不能養人反賴上九之養故其象占如此。程傳六五頤之時居君位養天下者也然其陰柔之質才不足以養天下上有剛陽之賢故順從之賴其養己以濟天下君者養人者也反賴人之養是違拂於經常既以己之不足而順從於賢師傅上師傅之位也必居守貞固篤於委信則能輔翼其身，澤及天下，故吉也。陰柔之質，无貞剛之性，故戒以能居貞則吉。以陰柔之才，雖倚賴剛賢，能持循於平時，不可處艱難變故之際，故云不可涉大川也。以成王之才，不至甚柔弱也，當管蔡之亂，幾不保於周公，況其下者乎。故書曰王亦未敢誚公，賴二公得終信，故艱險之際，非剛明之主，不可恃也。不得已而濟艱險者，則有矣。發此義者，所以深戒於爲君也。於上九則據爲臣致身盡忠之道言，故不同也。

集說：丘氏富國曰：豫五不言豫，以豫由乎四也。頤五不言頤，以頤由乎上也。

○林氏希元曰：不能養人而反賴上九以養於人，故其象爲拂經，言反常也。然在已不能養人，而賴賢者以養，亦正道也。故居貞而吉。若不用人而自用，則任大責重，終不能勝，如涉大川，終不能濟，故不可。

象曰：居貞之吉，順以從上也。

程傳 居貞之吉者，謂能堅固順從於上九之賢，以養天下也。集說 張氏清子曰：五能柔順以從上九之賢，賴之以養天下，眞聖人養賢以及萬民之事也。

上九：由頤，厲吉，利涉大川。

本義 六五賴上九之養以養人，是物由上九以養也。位高任重，故厲而吉；陽剛在上，故利涉川。

程傳 上九以剛陽之德，居師傅之任，六五之君柔順而從於已，賴已之養，是當天下之任，天下由之以養也。以人臣而當是任，必常懷危厲則吉也。如伊尹、周公，何嘗不憂勤兢畏，故得終吉。夫以君之才不足，而倚賴於己，身當天下大任，宜竭其才力，濟天下之艱危，成天下之治安，故曰利涉大川。得君如此之專，受任如此之重，苟不濟天下艱危，何足稱委遇而謂之賢乎？當盡誠竭力而不顧慮，然惕厲則不可忘也。

集說 王氏弼曰：以陽

處上而履四陰陰不能獨爲主必宗於陽也故莫不由之以得其養○李氏舜臣曰豫九四曰由豫者卽由頤之謂也由豫在四猶下於五也而已有可疑之迹由頤在上則過中而嫌於不安故厲○丘氏富國曰陽實陰虛實者養人虛者求人之養故四陰皆求養於陽者然養之權在上是二陽爻又以上爲主而初陽亦求養者也故直於上九一爻曰由頤焉

象曰由頤厲吉大有慶也

程傳若上九之當大任如是能兢畏如是天下被其德澤是大有福慶也

集說王氏宗傳曰豫之九四天下由之以豫故曰大有得頤之上九天下由之以頤故曰大有慶○項氏安世曰六五上九二爻皆當以小象解之六五之居貞非自守也貞於從上也故曰居貞之吉順以從上也上九之厲吉非能自吉也得六五

之委任而吉也故曰

由頤厲吉大有慶也

總論 吳氏曰慎曰養之爲道以養人爲公養己爲私自養之道以養德爲大養體爲小艮三爻皆養人者震三爻皆養己者初九六二六三皆自養口體私而小者也六四六五上九皆養其德以養人公而大者也公而大者吉得頤之正也私而小者凶失頤之貞也可不觀頤而自求其正邪

䷛ 巽下兌上

大過

程傳 大過序卦曰頤者養也不養則不可動故受之以大過凡物養而後能成成則能動動則有過大過所以次頤也爲卦上兌下巽澤在木上滅木也澤者潤養於木乃至滅沒於木爲大過之義大過者陽過也故爲大者過過之大與大事過也聖賢道德功業大過於人凡事之大過於常者皆是也夫聖人盡人道非過於

繫辭上傳

古之葬者厚衣之以薪葬之中野不封不樹喪期无數後世聖人易之以棺椁蓋取諸大過

大過以九二九四爲主蓋九二剛中而不過者

序卦傳

不養則不可動故受之以大過

雜卦傳

大過顛也

理也其制事以天下之正理矯時之用小過於中者則有之如行過乎恭喪過乎哀用過乎儉是也蓋矯之小過而後能及於中乃求中之用也所謂大過者常事之大者耳非有過於理也惟其大故不常見以其比常所見者大故謂之大過如堯舜之禪讓湯武之放伐皆由道也道无不中无不常以世人所不常見故謂之大過於常也

也九四棟而不橈者也

大過棟橈利有攸往亨

本義　大陽也四陽居中過盛故爲大過上下二陰不勝其重故有棟橈之象又以四陽雖過而二五得中內巽外說有可行之道故利有所往而得亨也

程傳　小過陰過於上下大過陽過於中陽過於中而上下弱矣故爲棟橈之象棟取其勝重四陽聚於中可謂重矣九三九四皆取棟象謂任重也橈取其本末弱中強

而本末弱。是以橈也。陰弱而陽強。君子盛而小人衰。故利有攸往而亨也。棟。今人謂之檩。

集說　王氏宗傳曰。天下之事。固有正理。豈可過耶。然古今固有所謂非常之事者。以理而論。亦無非君子之時中。特其事大勢重。不常見爾。○朱子語類問大過小過先生與伊川之說不同。曰。然。伊川此論。正如以反經合道爲非。相似。殊不知大過自有大過時節。小過自有小過時節。處大過之時。則當爲大過之事。處小過之時。則當爲小過之事。在事雖是過。然適當其時。合當如此作。便是合義。○胡氏一桂曰。或疑頤與大過對者也。何不名爲小過。中孚與小過對者也。何不名爲大過。蓋大過以四陽在中言。小過以四陰在外言。此是聖人內陽外陰之意。○胡氏炳文曰。既曰棟橈。又曰利有攸往亨。何也。曰。棟橈以卦象言也。利往而後亨。是不可無大有爲之才。而天下亦無不可爲之事。以占言也。○何氏楷曰。棟。說文謂之極。爾雅謂之桴。其義皆訓中也。即屋之脊檁。惟大過。是以棟橈。是以利有攸往。惟有攸往。是以亨。翼傳乃字當玩。卦辭言棟。槩指二三四五言也。爻辭專及三四者。舉中樞也。

彖曰。大過。大者過也。

本義以卦體釋卦名義。程傳大者過。謂陽過也。在事爲事之大者過。過與其過之大。集說俞氏琰曰。大過。謂陽之過也。在人事則泛言萬事大者之過。凡大者皆是。非一端也。

棟橈。本末弱也。

本義復以卦體釋卦辭。本謂初。末謂上。弱謂陰柔。程傳謂上下二陰衰弱。陽盛則陰衰。故爲大者過。在小過則曰小者過。陰過也。集說何氏楷曰。剛過始致本末之弱。本末既弱。剛亦不能獨支。本末弱。即大過之象。乃棟所由橈也。

剛過而中。巽而說行。利有攸往。乃亨。

本義又以卦體卦德釋卦辭。程傳言卦才之善也。剛雖過而二五皆得中。是處不失中道也。下巽上兌。是以巽順和說之道而行也。在大過之時。以中道巽說而行。故利有攸往。乃所以能亨也。集說朱氏震曰。剛過而中。所謂時中也。過非過於理也。以過爲中也。猶之治疾。疾勢沈痼。必攻之以瞑眩之藥。自其治微疾之道視之。則謂之過。自藥病相對言之。則謂之中。大過之時。君子過越常分以濟弱。能達乎時中矣。○項氏安世曰。棟橈二字。以六爻之象言之。中四爻強。初上二爻弱。有棟橈之象。此禍變之大者也。利有攸往亨。以六爻之才言之。中四爻剛雖大過。而得時措之中。初上二爻又能巽而說。不失人心。故利於有行。雖遇大變而可以亨。此才略之大者也。巽而說之下加行字者，能以巽說而行，是以利有攸往也。○又曰：先言亨，後言利有攸往者，亨自亨，利自利也。今先言利有攸往，後言亨者，明亨因於往也。故彖曰利有攸往乃亨，言往乃亨，不往則不亨也。

大過之時大矣哉。

本義 大過之時，非有大過人之材，不能濟也，故歎其大。 程傳 大過之時，其事甚大，故贊之曰大矣哉。如立非常之大事，興不世之大功，成絕俗之大德，皆大過之事也。 集說 胡氏炳文曰：大過之事甚大，無其時不可過，有其時無其才，愈不可過。○蔡氏淸曰：大過之時，非時大過也，人當大過之時也，以其時事宜於大過也。其理正小過所謂過以利貞，與時行者也。大過二字屬人。

繫辭上傳
初六藉用白茅无

象曰。澤滅木。大過。君子以獨立不懼。遯世无悶。

本義 澤滅於木。大過之象也。不懼无悶。大過之行也。程傳 澤潤養於木者也。乃至滅沒於木。則過甚矣。故爲大過。君子觀大過之象。以立其大過人之行。君子所以大過人者。以其能獨立不懼。遯世无悶也。天下非之而不顧。獨立不懼也。舉世不見知而不悔。遯世无悶也。如此然後能自守。所以爲大過人也。

集說 劉氏牧曰。用之則獨立不懼。舍之則遯世无悶。○趙氏汝楳曰。獨立如巽木。无悶如兌說。○李氏簡曰。君子進則大有爲。獨立不懼可也。或退而窮居。則堅貞不移。遯世无悶可也。皆大過之事。

初六。藉用白茅。无咎。

本義 當大過之時。以陰柔居巽下。過於畏慎而无咎者也。故其象占如此。白茅。物之潔者。程傳 初以

咎子曰苟錯諸地而可矣藉之用茅何咎之有慎之至也夫茅之爲物薄而用可重也慎斯術也以往其无所失矣

陰柔巽體而處下過於畏慎者也以柔在下用茅藉物之象不錯諸地而藉以茅過於慎也是以无咎茅之爲物雖薄而用可重者以用之能成敬慎之道也慎守斯術而行豈有失乎大過之用也繫辭云苟錯諸地而可矣藉之用茅何咎之有慎之至也夫茅之爲物薄而用可重也慎斯術也以往其无所失矣言敬慎之至也茅雖至薄之物然用之可甚重以之藉薦則爲重慎之道是用之重也人之過於敬慎爲之非難而可以保其安而无過苟能慎斯道推而行之於事其无所失矣

集說 胡氏瑗曰爲事之始不可輕易必須恭慎然後可以免咎況居大過之時是其事至重功業至大尤不易於有爲必當過分而慎重然後可也苟於事始慎之如此則可以立天下之大功興天下之大利又何咎之有哉○朱氏震曰茅之爲物薄而用重過慎也過慎者慎之至也大過君子將有事焉以任至大之事過而无咎者其惟過於慎乎過非正也初六執柔處下不犯乎

剛。於此而過。其誰咎之。○趙氏玉泉曰。當過時而陰居巽下。是以過慎之心任事。謹始慮終。無所不至。如物措諸地。又藉之以白茅焉。如是則視天下無可忽之事者。舉天下無不可爲之事。身無過動。行無敗謀。何咎之有。

案胡氏朱氏趙氏說。極於卦義相關。蓋大過者。大事之卦也。自古任大事者。必以小心爲基。故聖人於初爻發義。任重大者棟也。基細微者茅也。棟支於上。茅藉於下。故繫傳云。茅之爲物薄而用可重也。正對棟爲重物重任而言。

象曰。藉用白茅。柔在下也。

程傳以陰柔處卑下之道。雖當過於敬慎而已。以柔在下。爲以茅藉物之象。敬慎之道也。

集說錢氏志立曰。以卦象論之。初與四應而在下。初者四之本也。本弱而藉茅。則敬慎之至。以善處者。故四之棟不至於傾也。

案高以下爲基。剛以柔爲本。柔在下。對剛在上。

九二。枯楊生稊。老夫得其女妻。无不利。

本義 陽過之始。而比初陰。故其象占如此。稊。根也。榮於下者也。榮於下則生於上矣。夫雖老而得女妻。猶能成生育之功也。

程傳 陽之大過。比陰則合。故二與五皆有生象。九二當大過之初。得中而居柔。與初密比而相與。初既切比於二。二復无應於上。其相與可知。是剛過之人。而能以中自處。用柔相濟者也。過剛則不能有所爲。九三是也。得中用柔則能成大過之功。九二是也。楊者。陽氣易感之物。陽過則枯矣。楊枯槁而復生稊。陽過而未至於極也。九二陽過而與初。老夫得女妻之象。老夫而得女妻。則能成生育之功。二得中居柔而與初。故能復生稊。而无過極之失。无所不利也。任大過陽爻居陰則善。二與四是也。二不言吉。方言无所不利。未遽至吉也。稊。根也。劉琨勸進表云。生繁華於枯荑。謂枯根也。鄭康成易亦作荑字。與稊同。

集說

司馬氏光曰。大過剛已過矣。止可濟之以柔。不可濟之以剛也。故大過之時。皆以居陰爲吉。不以得位爲美。○楊氏時曰。聞之蜀僧云。四爻之剛。雖同爲木。然或爲楊。或爲棟。棟負衆榱。則木之強者也。楊爲旱凋。則木之弱者也。此卦本末皆弱。二近於本。五近於末。故均爲木之弱也。○項氏安世曰。二五皆濱於澤。楊澤木也。當大過之時。故稱枯焉。過則木枯也。○王氏申子曰。大過諸爻以剛柔適中者爲善。初以柔居剛。二以剛居柔而比之。是剛柔適中。相濟而有功者也。其陽過也。如楊之枯。如夫之老。其相濟而有功也。如枯楊而生稊。如老夫得女妻。言陽雖過矣。九二處之得中。故无不利。○胡氏炳文曰。巽爲木。兌爲澤。楊近澤之木。故以取象。枯楊。大過象。稊。初在下象老夫。九象女妻。初柔在下象九二陽雖過而下比於陰。如枯楊雖過於老。稊榮於下。則復生於上矣。老夫而得女妻。雖過以相與。終能成生育之功。無他以陽從陰。過而不過。生道也。

象曰。老夫女妻。過以相與也。

程傳老夫之說少女。少女之順老夫。其相與過於常分。謂九二初六陰陽相與之和。過於常也。集說王氏申子曰。老夫而女妻。雖過乎常。然陰陽相與。以成生育之功。則无不利也。

九三。棟橈。凶。

本義三四二爻。居卦之中。棟之象也。九三以剛居剛。不勝其重。故象橈而占凶。程傳夫居大過之時。興大過之功。立大過之事。非剛柔得中。取於人以自輔。則不能也。既過於剛強。則不能與人同。常常之功。尚不能獨立。況大過之事乎。以聖人之才。雖小事必取於人。當天下之大任。則可知矣。九三以大過之陽。復以剛自居而不得中。剛過之甚者也。以過甚之剛。動則違於中和。而拂於衆心。安能當大過之任乎。故不勝其任。如棟之橈。傾敗其室。是以凶也。取棟爲象者。以其无輔而不能勝重任也。或曰。三巽體而應於上。豈无用柔之象乎。曰。言易者貴乎識勢之重輕。時之變易。三居過而用剛。巽既終而且變。豈復有用柔之義。應者。謂志相從也。三方過剛。上能繫其志乎。

集說

俞氏琰曰。卦有四剛爻。而九三過剛特甚。故以卦之棟橈屬之。○吳氏愼曰。九三棟橈。自橈也。所謂太剛則折。故彖有取於剛過而中。巽而說行也。

象曰。棟橈之凶。不可以有輔也。

程傳 剛強之過。則不能取於人。人亦不能親輔之。如棟橈折。不可支輔也。棟當室之中。不可加助。是不可

以有輔也

集說

楊氏時曰棟居中而衆材輔之者也九三以剛居剛過而不中也剛過而不中則不可以有輔也此棟之所以橈也○項氏安世曰全卦有棟橈之象而九三乃獨有之全卦有利往之象而九二乃獨有之蓋九二當剛過之時獨能居柔而用中在六爻之中獨此一爻不過故无不利也卦體本以中太強而本末弱是以爲橈九三以剛居剛在六爻之中獨此一爻爲過故棟愈橈而不可輔也

九四棟隆吉有它吝

本義 以陽居陰過而不過故其象隆而占吉然下應初六以柔濟之則過於柔矣故又戒以有它則吝也

程傳 四居近君之位當大過之任者也居柔爲能用柔相濟既不過剛則能勝其任如棟之隆起是以吉也隆起取不下橈之義大過之時非陽剛不能濟以剛處柔爲得宜矣若又與初六之陰相應則過也既剛柔

得宜而志復應陰是有它也有它則有累於剛雖未至於大害亦可吝也蓋大過之時動則過也有它謂更有他志吝爲不足之義謂可少也或曰二比初則无不利四若應初則爲吝何也曰二得中而比於初爲以柔相濟之義四與初爲正應志相繫者也九旣居四剛柔得宜矣復牽繫於陰以害其剛則可吝也

集說劉氏牧曰大過之時陽爻皆以居陰爲美有應則有它吝。李氏過曰下卦上實而下弱下弱則上傾故三居下卦之上而曰棟橈凶言下弱而無助也上卦上弱而下實下實則可載故四居上卦之下而曰棟隆吉言下實而不橈也此二爻當分上下體看。胡氏炳文曰屋以棟爲中三視四則在下棟橈於下之象四在上棟隆於上之象。吳氏曰愼曰三四居卦之中皆有棟象三橈而四隆者三以剛居剛四以剛居柔一也三在下四在上二也三於下卦爲上實下虛四於上卦爲下實上虛三也

象曰棟隆之吉不橈乎下也

程傳棟隆起則吉不橈曲以就下也謂不下繫於初也

九五枯楊生華老婦得其士夫无咎无譽

本義九五陽過之極又比過極之陰故其象占皆與二反 程傳九五當大過之時本以中正居尊位然下无應助固不能成大過之功而上比過極之陰其所相濟者如枯楊之生華枯楊下生根稊則能復生如大過之陽興成事功也上生華秀雖有所發无益於枯也上六過極之陰老婦也五雖非少比老婦則爲壯矣於五无所賴也故反稱婦得過極之陰得陽之相濟不爲无益也以士夫而得老婦雖无罪咎殊非美也故云无咎无譽象復言其可醜也 集說沈氏該曰九二比於初近本也生稊之象也九五承於上近末也生

華之象也○何氏楷曰生稊則生機方長生華則洩且竭矣二所與者初初本也又巽之主爻爲木爲長爲高木已過而復芽又長且高故有往亨之理五所與者上上末也又兌之主爻爲毀折爲附決皆非木之所宜木已過而生華又毀且折理無久生已

象曰枯楊生華何可久也老婦士夫亦可醜也

程傳枯楊不生根而生華旋復枯矣安能久乎老婦而得士夫豈能成生育之功亦爲可醜也

集說

蘇氏軾曰稊者顛而復蘖反其始也華者盈而畢發速其終也○項氏安世曰二五皆無正應而過以與陰者也二所與者初初本也故爲稊稊者木根新生之芽也過而復芽故有往亨之理五所與者上上末也故爲華木已過而生華故無久生之理也○王氏申子曰木枯而華是速其枯老婦士夫是過乎常而爲柔邪所惑○

何氏楷曰：盛極將枯，而又生華，以自耗竭，不能久矣。二以剛居柔，初以柔居剛，此未甚過者也，又在卦初，故過以相與，可成生育之功。五以剛居剛，上以柔居柔，皆過者也，又在卦終，故陰陽相比，祗以爲醜，其相反如此。

上六，過涉滅頂，凶，无咎。

本義 處過極之地，才弱不足以濟，然於義爲无咎矣。蓋殺身成仁之事，故其象占如此。

程傳 上六以陰柔處過極，是小人過常之極者也。小人之所謂大過，非能爲大過人之事也，直過常越理，不恤危亡，履險蹈禍而已，如過涉於水，至滅沒其頂，其凶可知。小人狂躁以自禍，蓋其宜也，復將何尤？故曰无咎，言自爲之，无所怨咎也。因澤之象而取涉義。

集說 錢氏志立曰：澤之滅木，上之所以滅頂也。雖至滅頂，然有不容不涉，即不得不過者。孔子所以觀卦象而有獨立不懼之思也。

案此爻程傳以爲履險蹈禍之小人本義以爲殺身成仁之君子本義之說固比程傳爲長然又有一說以爲大過之極事無可爲者上六柔爲說主則是能從容隨順而不爲剛激以益重其勢故雖處過涉滅頂之凶而无咎也如東京之李范李之徒適足以推波助瀾非救時之道況上六居無位之地委蛇和順如申屠蟠郭泰者君子弗非也此說亦可並存

象曰過涉之凶不可咎也

程傳過涉至溺乃自爲之不可以有咎也言无所怨咎

集說蘇氏軾曰過涉至於滅頂將有所救也勢不可救而徒犯其害故凶然其義則不可咎也

總論馮氏椅曰易大抵上下畫停者從中分反對爲象非他卦相應之例也頤中孚小過皆然而此卦尤

明三與四對皆爲棟象上隆下橈也二與五對皆爲枯楊之象上華下稊也初與上對初爲藉用白茅之慎上爲過涉滅頂之凶也○龔氏煥曰大過本爲陽過若復以陽居陽則愈過矣故諸爻以陽居陰者皆吉以陽居陽者皆凶與大壯諸爻取義畧同

☵
坎下
坎上

習坎

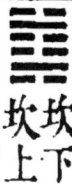

說卦傳　雨以潤之　勞乎坎　坎者水也正北方之卦也勞卦也萬物之所歸也故曰勞乎坎　潤萬物者莫潤乎水　坎陷也　坎爲

序卦物不可以終過故受之以坎坎者陷也

坎以二五二陽爲主而五尤爲主水之積滿者行也

程傳　理无過而不已過極則必陷坎所以次大過也習謂重習他卦雖重不加其名獨坎加習者見其重險險中復有險其義大也卦中一陽上下二陰陽實陰虛上下无據一陽陷於二陰之中故爲坎陷之義陽居陰中則爲陷陰居陽中則爲麗凡陽在上者止之象在中陷之象在下動之象陰在上說之象在中麗之象在下巽之象陷則爲險習重也如學習溫習皆重複之義也坎

木　坎爲耳　坎再索而得男故謂之中男　坎爲水爲溝瀆爲隱伏爲矯輮爲弓輪其於人也爲加憂爲心病爲耳痛爲血卦爲赤其於馬也爲美脊爲亟心爲下首爲薄蹄爲曳其於輿也爲多眚爲通爲月爲盜其於木也爲堅多心

序卦傳

物不可以終過故受之以坎坎者陷陷也卦之所言處險難之道坎水也一始於中有生之最先者也故爲水陷水之體也

習坎有孚維心亨行有尚

本義習重習也坎險陷也其象爲水陽陷陰中外虛而中實也此卦上下皆坎是爲重險中實爲有孚心亨之象以是而行必有功矣故其占如此　程傳陽實在中爲中有孚信維心亨維其心誠一故能亨通至誠可以通金石蹈水火何險難之不可亨也行有尚謂以誠一而行則能出險有可嘉尚謂有功也不行則常在險中矣　集說孔氏穎達曰坎是險陷之名習者便習之義險難之事非經便習不可以行故須便習於坎事乃得用故云習坎也案諸卦之名皆於卦上不加其字此坎卦之名特加習者以坎爲險難故特加習名○胡氏瑗曰此卦在八純之數其七卦皆一字名獨此加習字者何也蓋乾主於健坤主於順若是之類率皆

也

雜卦傳

離上而坎下也

一字可以盡其義而此卦上下皆險以是爲險難重疊之際君子之人必當預積習之然後可以濟其險阻故聖人特加習字者此也○蘇氏軾曰坎險也水之所行而非水也惟水爲能習行於險其不直曰坎而曰習坎取於水也○吕氏大臨曰習坎更試乎至難也八卦乾健坤順震動艮止離明坎險巽入兌說惟險非吉德君子所不取故於坎也獨以習坎爲名更試重險乃君子所有事也○薛氏温其曰坎非用物以習爲用故名異它卦蓋言用坎之人也○張氏浚曰習安行不息之稱習坎險可出矣夫陽陷於陰非出險則功無自與曰習坎求以出險也○鄭氏汝諧曰服習温習皆有重義水雖至險而習乎水者雖出入乎水而不能溺然則習乎險難者斯能無入而不自得也○李氏舜臣曰坎之中實是爲誠離之中虛是爲明中實者坎之用中虛者離之用也作易者因坎離之中而寓誠明之用古聖人之心學也○胡氏炳文曰他卦亨字本義例以爲占惟此

則曰中實爲有孚心亨之象蓋他卦事之亨也此心之亨也陽實有孚之象陽明心亨之象○章氏潢曰六十四卦獨於坎卦指出心以示人可見心在身中眞如一陽陷於二陰之內所謂道心惟微者此也○吳氏曰愼曰陽陷陰中所以爲坎中實有孚所以處險有孚則誠立心亨則明通心之體靜而常明如一陽藏於二陰中也心之用動而不息如二陰中一陽之流行也一陽者流行之本體二陰者所在之分限流而不踰限動而靜也限之而安流靜而動也有孚心亨之義發於習坎至矣哉

彖曰習坎重險也

本義 釋卦名義 集說 孔氏穎達曰釋習坎之義險難也若險難不重不須便習今險難既重是險之甚者若不便習不可濟也故注云習坎者習重險也

水流而不盈，行險而不失其信。

本義 以卦象釋有孚之義，言內實而行有常也。程傳 習坎者，謂重險也。上下皆坎，兩險相重也。初六云坎窞，是坎中之坎，重險也。水流而不盈，陽動於險中而未出於險，乃水性之流行而未盈於坎，既盈則出乎坎矣。行險而不失其信，陽剛中實，居險之中，行險而不失其信者也。坎中實，水就下，皆為信義，有孚也。

集說 朱子語類云：坎水只是平，不解滿，盈是滿出來。○胡氏炳文曰：水字當讀，流而不盈，行險而不失其信，兩句皆指水言，以水之內實行有常者，釋卦辭有孚之義也。○俞氏琰曰：坎水，流水也。晝夜常流，流則不盈，故曰水流而不盈。水之流迂迴曲折，不知更歷幾險，而終至於海，茲非行險而不失其信者乎。○梁氏寅曰：流而不盈，時止則止也。盈而後進，時行則行也。坎以能止為信，以能行為功。時止時行，其君子處險之道與。

維心亨乃以剛中也行有尚往有功也

本義以剛在中心亨之象如是而往必有功也程傳維其心可以亨通者乃以其剛中也中實爲有孚之象至誠之道何所不通以剛中之道而行則可以濟險難而亨通也以其剛中之才而往則有功故可嘉尚若止而不行則常在險中矣坎以能行爲功

天險不可升也地險山川丘陵也王公設險以守其國險之時用大矣哉

本義極言之而贊其大也程傳高不可升者天之險也山川丘陵地之險也王公君人者觀坎之象知險之不可陵也故設爲城郭溝池之險以守其國保其民人是有用險之時其用甚大故贊其大矣哉山河

城池設險之大端也。若夫尊卑之辨，貴賤之分，明等威，異物采，凡所以杜絕陵僭、限隔上下者，皆體險之用也。

集說　王氏應麟曰：下陽舉而虢亡，虎牢城而鄭懼，西河失而魏蹙，大峴度而燕危，故曰設險以守其國。○

俞氏琰曰：時用，謂有時乎用，而非用之常也。○

案：彖辭發習險之義，彖傳又發用險之義。習險者，練習於艱難之事而無所避，立身之大本也。用險者，自然有嚴峻之象而不可干，禦物之大權也。天之崇窿不可升，地之脩阻不可越，此天地用險之著者。在人則所謂忠信以爲甲冑，禮義以爲干櫓，皆此意也。其大者則又莫如王公之設險守國，蓋用天之道而刑賞之威莫敢以干犯，因地之利而河山之固莫敢以窺伺，險之用豈不大哉！大抵八卦之德皆有其善，坎之德險，雖微與諸卦不同，然以其用言之，則亦與諸卦之德同歸矣。

象曰水洊至習坎君子以常德行習教事

本義 治已治人皆必重習然後熟而安之 程傳 坎爲水水流仍洊而至兩坎相習水流仍洊之象也水自涓滴至於尋丈至於江海洊習而不驟者也其因勢就下信而有常故君子觀坎水之象取其有常則常久其德行人之德行不常則僞也故當如水之有常取其洊習相受則以習熟其教令之事夫發政行教必使民熟於聞聽然後能從故三令五申之若驟告未喻遽責其從雖嚴刑以驅之不能也故當如水之洊習

集說 司馬氏光曰水之流也習而不已以成大川人之學也習而不止以成大賢故君子以常德行習教事○蘇氏軾曰事之待教而後能者教事也君子平居常其德行故遇險而不變習其教事故遇險而能應○陸氏佃曰離言明兩作坎言水洊至起而上者作也趨而下者至也○王氏宗傳曰坎者水之科也故以水洊至爲

習坎之象上坎既盈至於下坎此孟子所謂盈科而後進也盈科而後進不舍其晝夜之功也君子德行貴其有常而教事貴於習熟此不舍晝夜之功也○俞氏琰曰常德行謂德行有常而不改習教事謂教事練習而不輟

初六習坎入于坎窞凶。

本義以陰柔居重險之下其陷益深故其象占如此 程傳初以陰柔居坎險之下柔弱无援而處不得當非能出乎險也唯益陷於深險耳窞坎中之陷處已在習坎中更入坎窞其凶可知 集說張氏浚曰陰居重坎下迷不知復以習於惡故凶失正道也傳曰小人行險以僥倖初六之謂

案如張氏說習坎兩字纔不虛設時俗所謂機深禍轉深者

象曰習坎入坎失道凶也

程傳由習坎而更入坎窞失道也是以凶能出於險乃不失道也　集說朱氏震曰君子處險當以正道乃可出險初六不正不能出險失道而凶也○錢氏志立曰行險而不失其信此是出險之道若小人行險以僥倖則爲初六上六失道之凶也

九二坎有險求小得

本義處重險之中未能自出故爲有險之象然剛而得中故其占可以求小得也　程傳二當坎險之時陷上下二陰之中乃至險之地是有險也然其剛中之才雖未能出乎險中亦可小自濟不至如初益陷入於深險是所求小得也君子處險難而能自保者剛中而已剛則才足自衛中則動不失宜　集說楊氏

時曰求者自求也外雖有險而心常亨故曰求小得○陳氏仁錫曰求其小不求其大原不在大也涓涓不已流爲江河如掘地得泉不待溢出外然後爲流水也

案楊氏陳氏之說極是凡人爲學作事必自求小得始如水雖涓涓而有源乃行險之本也

象曰求小得未出中也

程傳方爲二陰所陷在險之地以剛中之才不至陷於深險是所求小得然未能出坎中之險也

集說郭氏雍曰一離乎中則失之矣故象言未出中也○許氏聞至曰君子不爲險困者非能遽出於險之外也但能心安於險之中而已人在險中思旦夕出於險者求其大得君子第從其小者而求之所謂有孚心亨者以此

六三來之坎坎險且枕入于坎窞勿用

本義以陰柔不中正而履重險之間來往皆險前險而後枕其陷益深不可用也故其象占如此枕倚著未安**程傳**六三在坎險之時以陰柔而居不中正其處之意不善進退與居皆不可者也來下則入於險之中之上則重險也退來與進之皆險故云來之坎坎既進退皆險而居亦險枕謂支倚居險而支倚以處不安之甚也所處如此唯益入於深險耳故云入于坎窞如三所處之道不可用也故戒勿用

集說朱子語類云險且枕只是前後皆險來之自是兩字謂下來亦坎上往亦坎之往也進退皆險也○王氏申子曰下卦之險已終上卦之險又至進退皆險則寧於可止之地而暫息焉且者聊爾之辭枕者息而未安之義能如此雖未離乎險亦不至深入于坎窞之中也其進而入則陷益深爲不可用勿者止之之辭也

案險且枕傳義與王氏分爲三說王氏以爲戒處險者順聽之意似與需之六四義足相發

象曰來之坎坎終无功也

程傳進退皆險處又不安若用此道當益入於險終豈能有功乎以陰柔處不中正雖平易之地尚致悔咎況處險乎險者人之所欲出也必得其道乃能去之求去而失其道益困窮耳故聖人戒如三所處不可用也

六四樽酒簋貳用缶納約自牖終无咎

本義晁氏云先儒讀樽酒簋爲一句貳用缶爲一句今從之貳益之也周禮大祭三貳弟子職左執虛豆右執挾匕周旋而貳是也九五尊位六四近之在險之時剛柔相際故有但用薄禮益以誠心進結自牖之象

牖非所由之正而室之所以受明也始雖艱阻終得无咎故其占如此

程傳

六四陰柔而下无助非能濟天下之險者以其在高位故言爲臣處險之道大臣當險難之時唯至誠見信於君其交固而不可間又能開明君心則可保无咎矣夫欲上之篤信唯當盡其質實而已多儀而尚飾莫如燕享之禮故以燕享喻之言當不尚浮飾唯以質實所用一樽之酒二簋之食復以瓦缶爲器質之至也其質實如此又須納約自牖納約謂進結於君之道牖開通之義室之暗也故設牖所以通明自牖言自通明之處以況君心所明處詩云天之牖民如壎如篪毛公訓牖爲道亦開通之謂人臣以忠信善道結於君心必自其所明處乃能入也人心有所蔽有所通所蔽者暗處也所通者明處也當就其明處而告之求信則易也故云納約自牖能如是則雖艱險之時終得无咎也且如君心蔽於荒樂唯其蔽也故爾雖力詆其荒樂之非如其不省何必於所不蔽之事推

而及之則能悟其心矣自古能諫其君者未有不因其所明者也故訐直強勁者率多取忤而溫厚明辯者其說多行且如漢祖愛戚姬將易太子是其所蔽也羣臣爭之者多矣嫡庶之義長幼之序非不明也如其蔽而不察何四老者高祖素知其賢而重之此其不蔽之明心也故因其所明而及其事則悟之如反手且四老人之力孰與張良羣公卿及天下之士其言之切孰與周昌叔孫通然而不從彼而從此者由攻其蔽與就其明之異耳又如趙王太后愛其少子長安君不肯使質於齊此其蔽於私愛也大臣諫之雖強既曰蔽矣其能聽乎愛其子而欲使之長久富貴者其心之所明也故左師觸龍因其明而導之以長久之計故其聽也如響非惟告於君者如此爲教者亦然夫教必就人之所長所長者心之所明也從其心之所明而入然後推及其餘孟子所謂成德達才是也

集說 王氏弼曰處重險而履正以柔居柔履得其位以承於五五亦得位剛柔

各得其所皆無餘應以相承比明信顯著不存外飾處坎以斯雖復一樽之酒二簋之食瓦缶之器納此至約自進於牖乃可羞之於王公薦之於宗廟故終无咎也○崔氏憬曰於重險之時居多懼之地比五而承陽脩其絜誠進其忠信則終无咎也○郭氏雍曰有孚者坎之德君子行險而不失其信所以法其德也一樽之酒二簋之食瓦缶之器至微物也苟能虛中盡誠以通交際之道君子不以爲失禮所謂能用有孚之道者也傳曰苟有明信蘋蘩蘊藻之菜筐筥錡釜之器可薦於鬼神可羞於王公者無他焉以誠爲主故也○潘氏夢旂曰樽酒簋貳用缶與損之二簋可用享同意皆言不事多儀而尚誠實也納約自牖與睽之遇主于巷同意皆言自間道而通於君也六四居大臣之位當坎險之時盡其誠實雖自牖而納約而終无咎惟睽坎之時爲然

○何氏楷曰貳副也謂樽酒而副以簋也禮天子大臣出會諸侯主國樽桮簋副是也

案簋貳之說，何氏得之。

象曰：樽酒簋貳，剛柔際也。

本義 晁氏曰：陸氏釋文本无貳字，今從之。

程傳 象只舉首句，如此比多矣。樽酒簋貳，質實之至，剛柔相際接之道，能如此則可終保无咎。君臣之交，能固而常者，在誠實而已。剛柔指四與五，謂君臣之交際也。

集說 王氏弼曰：剛柔相比而相親焉，際之謂也。○姜氏寶曰：觀孔子小象以樽酒簋貳爲句，則晁氏之說以貳用缶爲句者非矣。

九五：坎不盈，祇既平，无咎。

本義 九五雖在坎中，然以陽剛中正居尊位，而時亦將出矣，故其象占如此。

程傳 九五在坎之中

是不盈也盈則平而出矣祗宜音祗抵也復卦云无祗悔必抵於已平則无咎既曰不盈則是未平而尚在險中未得无咎也以九五剛中之才居尊位宜可以濟於險然下无助也二陷於險中未能出餘皆陰柔无濟險之才人君雖才安能獨濟天下之險居君位而不能致天下出於險則爲有咎必祗既平乃得无咎

集說

朱子語類云坎不盈祗既平祗字他無說處看來只得作抵字解復卦亦然○俞氏琰曰坎不盈以其流也彖傳云水流而不盈是也不盈則適至於既平故无咎○何氏楷曰祗適也猶言適足也言適於平而已即彖傳所謂水流而不盈也

案如程傳說則不盈爲未能盈科出險之義與彖傳異指矣須以俞氏何氏之說爲是蓋不盈水德也有源之水雖涓微而不舍晝夜雖盛大而不至盈溢惟二五剛中之德似之此所以始於小得而終於不盈也

象曰坎不盈中未大也

本義有中德而未大程傳九五剛中之才而得尊位當濟天下之險難而坎尚不盈乃未能平乎險難是其剛中之道未光大也險難之時非君臣協力其能濟乎五之道未大以无臣也人君之道不能濟天下之險難則爲未大不稱其位也集說朱子語類云水之爲物其在坎只能平自不能盈故曰不盈盈者高之義中未大者平則是得中不盈是未大也○項氏安世曰水流而不盈謂不止也坎不盈謂不滿也不止故有孚不滿故中未大凡物盈則止水盈則愈行故坎有時而盈水無時而盈也○陸氏振奇曰知二之得小則知五之未大矣○陳氏仁錫曰水流不盈纔盈便横流泛溢五爻曰不盈象曰未大以五有中德故不侈然自大未大明其所以不盈

上六係用徽纆寘于叢棘三歲不得凶

本義以陰柔居險極故其象占如此程傳上六以陰柔而居險之極其陷之深者也以其陷之深取牢獄爲喻如係縛之以徽纆囚寘于叢棘之中陰柔而陷之深其不能出矣故云至於三歲之久不得免也其凶可知

集說王氏弼曰囚執寘於思過之地自脩三歲乃可以求復故曰三歲不得凶○吳氏澄曰周官司圜收教罷民能改者上罪三年而舍其不能改而出圜土者殺三歲不得其罪大而不能改者與案不得者不能得其道也如悔罪思愆是謂得道則其困苦幽囚止於三歲矣聖人之教人動心忍性以習於險者雖罪咎已成而猶不忍棄絕者如此

象曰上六失道凶三歲也

繫辭下傳
作結繩而爲網罟

程傳以陰柔而自處極險之地是其失道也故其凶至於三歲也三歲之久而不得免焉終凶之辭也言久有曰十有曰三隨其事也陷於獄至於三歲久之極也他卦以年數言者亦各以其事也如三歲不興十年乃字

集說朱氏震曰上六無出險之才歲險極之時如是也

集說人陷於狴犴之中坐而省過雖上罪也不過三歲得出矣妄動求出則陷之愈深雖三歲豈得出哉

總論龔氏煥曰坎卦本以陽陷爲義至爻辭則陰陽皆陷不以陽陷於陰爲義矣二小得五既平是陽之陷爲可出初與三之入于坎窞上之三歲不得則陰之陷反爲甚易卦爻取義不同多如此

䷝ 離下離上

程傳離序卦坎者陷也陷必有所麗故受之以離離者麗也陷於險難之中則必有所附麗理自然也離離以二五二陰

以佃以漁蓋取諸離

說卦傳 日以烜之 相見乎離 離也者明也萬物皆相見南方之卦也聖人南面而聽天下嚮明而治蓋取諸此也 燥萬物者莫熯乎火 離麗也 離爲雉 離爲目 離再索而得女故謂之中女 離爲火爲日爲電爲中女爲甲胄爲戈

所以次坎也離麗也明也取其陰麗於上下之陽則爲附麗之義取其中虛則爲明義離爲火火體虛麗於物而明者也又爲日亦以虛明之象

離利貞亨畜牝牛吉

本義 離麗也陰麗於陽其象爲火體陰而用陽也物之所麗貴乎得正牝牛柔順之物也故占者能正則亨而畜牝牛則吉也 程傳 離麗也萬物莫不皆有所麗有形則有麗矣在人則爲所親附之人所由之道所主之事皆其所麗也人之所麗利於貞正得其正則可以亨通故曰離利貞亨畜牝牛吉牛之性順而又牝焉順之至也既附麗於正必能順於正道如牝牛則吉也畜牝牛謂養其順德人之順德由養以成既麗於正當養習以成其順德也 集說 王氏弼曰離之爲卦以柔爲正故必貞而後乃亨柔處於內而履正中牝

爲主而二尤爲主火之方發者明也

兵其於人也爲大腹爲乾卦爲鼈爲蟹爲蠃爲蚌爲龜其於木也爲科上槁

序卦傳

陷必有所麗故受之以離離者麗也

雜卦傳

離上而坎下也

之善也外強而內順牛之善也離之爲體以柔順爲主者也故不可以畜剛猛之物而吉於畜牝牛也○郭氏忠孝曰乾爲馬坤爲牝馬坤爲牛離爲牝牛象之宜也○朱子語類問離卦是陽包陰占利畜牝牛便也是宜畜柔順之物曰然○吳氏澄曰牛牝皆坤象離中畫一陰坤之中畫也故象牝牛○胡氏炳文曰坎之明在內以剛健而行之於外離之明在外當柔順以養之於中○吳氏曰愼曰坎性就下下不已則入坎窞離性炎上炎之盛則突如焚如坎陷欲之類也離炎忿之類也坎維心亨以剛中則不陷離畜牝牛以中順則不突

案畜牝牛胡氏吳氏之說爲切蓋離明也高明柔克則用明而不傷矣

彖曰離麗也日月麗乎天百穀草木麗乎土重明以麗乎正乃化成天下

本義釋卦名義。程傳離麗也謂附麗也如日月則麗於天百穀草木則麗於土萬物莫不各有所麗天地之中无无麗之物在人當審其所麗麗得其正則能亨也。重明以麗乎正以卦才言也上下皆離重明也五二皆處中正麗乎正也君臣上下皆有明德而處中正可以化天下成文明之俗也

集說項氏安世曰日月麗乎天而成明百穀草木麗乎土而成文故離爲文又爲明○齊氏夢龍曰龜山楊氏云火無常形麗物而有形最得本旨人之生也得水爲精得火爲神其合也氣聚而形成於有其分也氣散而神泯於無蓋精所以爲形而神麗於形者也天地形之大者也日月麗天百穀草木麗土其神之發見而可見者也

案項氏齊氏說則是陽麗乎陰而以爲陰麗乎陽者非矣惟張子正蒙之說得之

柔麗乎中正故亨是以畜牝牛吉也

本義以卦體釋卦辭程傳二五以柔順麗於中正所以能亨人能養其至順以麗中正則吉故曰畜牝牛吉也或曰二則中正矣五以陰居陽得爲正乎曰離主於所麗五中正之位六麗於正位乃爲正也學者知時義而不失輕重則可以言易矣集說項氏安世曰重明以麗乎正此統論一卦之義以釋卦名也柔麗乎中正此以二五成卦之爻釋卦辭也○胡氏炳文曰坎之剛中九五分數多故九五曰坎不盈卦辭釋有孚亦曰水流而不盈離之中正六二分數多故卦辭曰畜牝牛吉而六二爻辭亦曰黃離元吉

象曰明兩作離大人以繼明照于四方

本義作起也程傳若云兩明則是二明不見繼明之義故云明兩明而重兩謂相繼也作離明兩而爲離繼明之義也震巽之類亦取洊隨之義然離之義尤重也大人以德言則聖人以位言則王者大人觀

離明相繼之象以世繼其明德照臨于四方大凡以集明相繼皆繼明也舉其大者故以世襲繼照言之

説王氏弼曰繼謂不絕也明照相繼不絕曠也○孔氏穎達曰繼續其明乃照于四方若明不繼續則不得久爲照臨○朱子語類云明兩作猶言水洊至今日明來日又明明字便是指日而言只是一箇明兩番作○徐氏在漢曰繼明者無時不明也照于四方者無處不照也惟其無時不明所以無處不照是之謂明明德於天下也

初九履錯然敬之无咎

本義以剛居下而處明體志欲上進故有履錯然之象敬之則无咎矣戒占者宜如是也程傳陽固好動又居下而離體陽居下則欲進離性炎上志在上麗幾於躁動其履錯然謂交錯也雖未進而跡已動矣

動則失居下之分而有咎也然其剛明之才若知其義而敬慎之則不至於咎矣初在下无位者也明其身之進退乃所履之道也其志旣動不能敬慎則妄動是不明所履乃有咎也

集說

孔氏穎達曰身處離初故其所履踐恆錯然敬慎不敢自寧故云履錯然敬之无咎若能如此恭敬則得避其禍而无咎○王氏昭素曰處萬物相見之初履錯雜之時○胡氏瑗曰錯然者敬之之貌也居離之初如日之初生於事之初則當常錯然警懼以進德脩業所以得免其咎○馮氏當可曰敬日方出人夙興之晨也履錯然動之始也於其始而加敬則終必吉禍福幾微每萌於初動之時故戒其初○趙氏彥肅曰能敬則動與物交皆天理也不能敬則役於物而生咎矣日出而作故發此象○胡氏一桂曰錯然是事物紛錯之意能敬則心有主宰酬應不亂可免於咎不能敬則反是

案履錯然王氏馮氏胡氏之說爲是蓋錯雜者處應物之初也敬者養明德之本也人心之德敬則明不敬則昏於應物之初而知敬其卽於咎者鮮矣

象曰履錯之敬以辟咎也

程傳履錯然欲動而知敬愼不敢進所以求辟免過咎也居明而剛故知而能辟不剛明則妄動矣

集說徐氏在漢曰敬以直內坤之德也履錯之敬是體坤之德所謂畜牝牛吉者也咎不期遠而自遠故曰以辟咎也

六二黃離元吉

本義黃中色柔離乎中而得其正故其象占如此 程傳二居中得正麗於中正也黃中之色文之

美也文明中正美之盛也故云黃離以文明中正之德上同於文明中順之君其明如是所麗如是大善之吉也。集說王氏弼曰居中得位以柔處柔履文明之盛而得其中故曰黃離元吉也。劉氏牧曰離爲火之象焰猛而易燼九四是也過盛則有衰竭之凶九三是也惟二得中離之元吉也。郭氏雍曰離之六爻二五爲美五得中而非正柔麗中正者惟六二盡之黃爲中之色而德之至美者也故言元吉其義與坤六五相類。俞氏琰曰九三言日昃之離六二其日中之離乎居下卦之中而得其中道故比他爻爲最吉六二蓋離之主爻也。楊氏啓新曰畜牝牛而利貞六二得之明而不失其中正故曰黃離

象曰黃離元吉得中道也

程傳所以元吉者以其得中道也不云正者離以中爲重所以成文明由中也正在其中矣 集說

郭氏忠孝曰離之所以亨柔麗乎中正故亨也黃離之所以元吉文明而用中故元吉也故盡一卦之美其惟六二乎

九三日昃之離不鼓缶而歌則大耋之嗟凶

本義重離之閒前明將盡故有日昃之象不安常以自樂則不能自處而凶矣戒占者宜如是也 程傳八純卦皆有二體之義乾內外皆健坤上下皆順震威震相繼巽上下順隨坎重險相習離二明繼照艮內外皆止兌彼已相說而離之義在人事最大九三居下體之終是前明將盡後明當繼之時人之始終時之革易也故爲日昃之離日下昃之明也昃則將沒矣以理言之盛必有衰始必有終常道也達者順理爲樂缶常用之器也鼓缶而歌樂其常也不能如是則以大耋爲嗟憂乃爲凶也大耋傾沒也人之終盡達者則知其

常理樂天而已遇常皆樂如鼓缶而歌不達者則恐怛有將盡之悲乃大耋之嗟爲其凶也此處死生之道也耋與胅同

集說 荀氏爽曰初爲日出二爲日中三爲日昃

梁氏寅曰三居下離之終乃日昃之時也夫持滿定傾非中正之君子不能三處日之夕而過剛不中其志荒矣故不鼓缶而歌則大耋之嗟其歌也樂之失常也其嗟也哀之失常也哀樂失常能無凶乎君子値此之時則思患之心與樂天之誠並行而不悖是固不暇於歌矣而亦何至於嗟乎

案梁氏之說獨得爻義蓋日昃者喻心之昏非喻境之變也

象曰日昃之離何可久也

程傳 日既傾昃明能久乎明者知其然也故求人以繼其事退處以休其身安常處順何足以爲凶也

案日昃喻心德之昏也心德明則常繼昏則不能以久

九四突如其來如焚如死如棄如

本義後明將繼之時。而九四以剛迫之故其象如此程傳九四離下體而升上體繼明之初故言繼承之義在上而近君繼承之地也以陽居離體而處四剛躁而不中正且重剛以不正而剛盛之勢突如而來非善繼者也夫善繼者必有巽讓之誠順承之道若舜啟然今四突如其來失善繼之道也又承六五陰柔之君其剛盛陵爍之勢。氣焰如焚然故曰焚如四之所行不善如此必被禍害故曰死如。失繼紹之義承上之道。皆逆德也衆所棄絕故云棄如至於死棄禍之極矣故不假言凶也集說章氏潢曰明之於人猶火之於木火宿於木而能焚木明本於人而能害人顧用之何如耳九四不中不正剛氣燥暴其害若此○何氏楷曰

三處下卦之盡似日之過中四處上卦之始似火之驟烈

案離明德也繼明者所謂有緝熙于光明其明不息也與繼世之義全無交涉因先儒有以明兩爲繼世者故程傳用說九四爻義於經意似遠章氏何氏謂燥暴驟烈者得之不能以順德養其明之過也

象曰突如其來如无所容也

本義无所容言焚死棄也　程傳上陵其君不順所承人惡衆棄天下所不容也

案突如其來如書所謂昏暴者是也非人不容之自若无所容爾

六五出涕沱若戚嗟若吉

本義以陰居尊柔麗乎中然不得其正而迫於上下之陽故憂懼如此然後得吉戒占者宜如是也　程

傳六五居尊位而守中有文明之德可謂善矣然以柔居上在下无助獨附麗於剛強之閒危懼之勢也唯其明也故能畏懼之深至於出涕憂慮之深至於戚嗟所以能保其吉也出涕戚嗟極言其憂懼之深耳時當然也居尊位而文明知憂畏如此故得吉若自恃其集文明之德與所麗中正泰然不懼則安能保其吉也

說蔡氏淵曰坎離之用在中二五皆卦之中也坎五當位而二不當位故五爲勝離二當位而五不當位故二爲勝○劉氏定之曰坎者陰險之卦惟剛足以濟之沈潛剛克也離者陽躁之卦惟柔足以和之高明柔克也二五同歸於吉以柔而然也

案惟六二爲得明德之正三之歌嗟四之突來則明德昏而性情蕩然慾仍而災患至矣能返之者其惟哀悔之心乎五有中德又適昏極將明之候故取象如此三之嗟樂過而悲也五之嗟自怨自艾也

象曰六五之吉離王公也

程傳 六五之吉者所麗得王公之正位也據在上之勢而明察事理畏懼憂虞以持之所以能吉也不然豈能安乎

集說 趙氏彥肅曰明極故憂深憂深故禍弭又麗於尊位故致吉也○蔡氏清曰味離王公也之詞則知諸卦之五所謂尊位者不必皆謂天王凡諸侯之各君其國者亦足當五也

上九王用出征有嘉折首獲匪其醜无咎

本義 剛明及遠威震而刑不濫无咎之道也故其象占如此

程傳 九以陽居上在離之終剛明之極者也明則能照剛則能斷能照足以察邪惡能斷足以行威刑故王者宜用如是剛明以辨天下之邪惡而行其征伐則有嘉美之功也征伐用刑之大者夫明極則无微不照斷極則无所寬宥不約之以中則傷於嚴

察矣去天下之惡若盡究其漸染詿誤則何可勝誅所傷殘亦甚矣故但當折取其魁首所執獲者非其醜類則无殘暴之咎也書曰

殲厥渠魁脅從罔治

案上九承四五之後有重明之象故在人心則為克己而盡其根株在國家則為除亂而去其元惡詩云如火烈烈則莫我敢遏苞有三櫱莫遂莫達此爻之義也

象曰王用出征以正邦也

程傳王者用此上九之德明照而剛斷以察除天下之惡所以正治其邦國剛明居上之道也